世界科普名著经典译丛

一本书读懂25部科学名著

[韩]丁仁京 著
雷 挺 译

中国科学技术出版社
华语教学出版社
·北京·

图书在版编目（CIP）数据

一本书读懂 25 部科学名著 /（韩）丁仁京著；雷挺译 . -- 北京：中国科学技术出版社：华语教学出版社，2024.3

ISBN 978-7-5236-0319-2

Ⅰ.①一…　Ⅱ.①丁…　②雷…　Ⅲ.①自然科学—著作—介绍—世界　Ⅳ.① Z835

中国国家版本馆 CIP 数据核字（2023）第 239299 号

著作权合同登记号：01-2023-6278

Originally published as Read Science: How to Insight Science Copyright 2022 Jung, In-Gyeong
Simplified Chinese Edition copyright © 2022 Wit & Willow Press Published by China Science and Technology Press

本作品中文简体版权由中国科学技术出版社有限公司所有

总 策 划	秦德继
策划编辑	张敬一　高立波
责任编辑	高立波　王寅生
封面设计	锋尚设计
正文设计	中文天地
责任校对	邓雪梅
责任印制	徐　飞

出　　版	中国科学技术出版社　华语教学出版社
发　　行	中国科学技术出版社有限公司发行部
地　　址	北京市海淀区中关村南大街 16 号
邮　　编	100081
发行电话	010-62173865
传　　真	010-62173081
网　　址	http://www.cspbooks.com.cn

开　　本	710mm×1000mm　1/16
字　　数	230 千字
印　　张	18.5
版　　次	2024 年 3 月第 1 版
印　　次	2024 年 3 月第 1 次印刷
印　　刷	北京顶佳世纪印刷有限公司
书　　号	ISBN 978-7-5236-0319-2 / Z・351
定　　价	118.00 元

（凡购买本社图书，如有缺页、倒页、脱页者，本社发行部负责调换）

序 言
大象与诗人

人生值得一过吗？人生的意义是什么？你为什么没有自杀，而是活着呢？"真正严肃的哲学问题只有一个，那就是自杀。"出生于阿尔及利亚的法国小说家阿尔贝·加缪（Albert Camus，1913—1960）在其著作《西西弗神话》（*The Myth of Sisyphus*）开篇就抛出了如此令人震惊的一句话。感受不到生存意义的人们，认为人生没有意义的人们，只能选择自杀。加缪认为，人们为自己的生命赋予意义是十分重要的一件事。他断言，倘若在人生中选择生存价值或科学真理中的一个，那么价值肯定是最紧要的问题。回顾历史，许多人为了宗教价值和政治信念赴死，却没有人为了证明科学真理献出生命。

加缪在《西西弗神话》中公然嘲笑近代科学英雄伽利略。"伽利略曾经坚持过重要的科学真理，然而，当这一真理危及他的生命时，他就轻易放弃了自己的主张。从某种意义上讲，他做得对。为这个真理遭受火刑是不值得的。地球或太阳哪个围绕哪个转，从根本上讲

是无关紧要的。"在加缪的口中，科学瞬间变成了生活中微不足道的问题。

但科学家并不喜欢加缪的这种态度。美国物理学家布赖恩·格林（Brian Greene，1963— ）在《宇宙的结构》（*The Fabric of the Cosmos*）中提到了加缪的《西西弗神话》。"即便加缪把物理问题分离出来并置于从属地位，我仍然相信物理问题才是人类生活的根本问题。"布赖恩·格林认为，站在加缪的对立面，去理解我们生活中的宇宙、时间与空间，才是理解生活的捷径，也有利于提高生活的价值。

布赖恩·格林提到探索科学可以提高生活的价值，听上去像是只有在科学教材中才会出现的物理学观点。说实话，我们并不能感受到科学带来的生活价值。正如加缪所说，地球和太阳哪个围绕哪个转有什么关系呢？早晨太阳升起后，对于投入到忙碌工作中的我们而言，无论宇宙的结构如何运转，都几乎不会影响到我们的日常生活。对我们来说，重要的是即将到来的考试、工资的上涨等生活问题，而不是科学问题。无论是谁，了解很多科学知识，只能说明他的博学，但那并不是生活中必需的知识。

科学对于我们的生活真的是微不足道的吗？看似不是这样，但我们很难真正发现科学是否与生活紧密相连。当我在加缪嘲讽性的语言和格林教科书般的语言中徘徊不定时，发现了一首好诗。那就是小说家崔仁勋在《大海的信》一书中的诗——《大象与诗人》。崔仁勋因小说《广场》成名，他的每部作品都展现了对历史和世界的卓越洞察力。与其说他是一位小说家，不如说是思想家更为贴切，他的历史意识和哲学世界深远且全面。崔仁勋在《大海的信》中展现了惊人的科学见解，这首诗就是其中之一。

大象与诗人

几个盲人摸象。

一个盲人说:"大象长得像根柱子。"

另一个盲人说:"大象长得像一艘大船。"

剩下的盲人说:"大象长得像又细又长的蛇。"

他们分别摸到了大象的腿、肚子和尾巴。

这是我们所熟知的盲人摸象的故事。

如果,将"生活"当成那头大象,

各门科学就是在各自选择的框内看待生活,

窥一斑而知全貌并非各门科学的本质。

即使再精密,科学在接触整体时,也无法摆脱其部分性。

如果科学遗忘了这一事实,将部分性的认知当成整体的认知,

那么科学无异于故事里的盲人。

把一位哲学家带到大象面前,

他是用眼睛观察大象的人,

认为大象是头体形庞大的野兽。

哲学家把"生活"整体联系在一起。

又有人来看大象了。

他看到来自异国他乡的大象无法进食而患病,

默默流泪的样子时,

自己也情不自禁流下泪水。

这个人我们称之为诗人。

他不是观察或思考大象,而是在感受大象。

> 他成了大象。
>
> 这就是世上的诗人所做的事。[1]

回味这首诗，字字句句触动人心。这是一首洞察科学、哲学和文学在我们生活中作用的诗歌。诗中科学家对大象进行了科学的描述，而诗人感知到的是大象的苦痛，并因怜惜大象流下泪水。"他不是观察或思考大象，而是在感受大象。他成了大象。"如果科学家像诗人在这首诗中那样，拥有一颗诗人之心的话，即，如果缩小科学与人文学的距离，科技朝着更人性化的方向发展，我们的世界会变得更好。因此，了解科学的价值，寻找科技的发展方向是非常重要的事情。现在，科学应该走出科学家的实验室，流着眼泪回答世界的痛苦。只有这样，科学才能成为我们生活中必须了解的知识，而非微不足道的存在。

本书是我的拙作《牛顿的无情世界》的续作。《牛顿的无情世界》提出了"科学为何困难"的问题，批判性地回顾了没能发展出科学的韩国的历史。在韩国，因为科学不是知识，而是实现近现代化的工具，所以韩国从一开始就缺乏感受和学习科学的人文学土壤。因此，科学对我们来说是无情的。在写《牛顿的无情世界》时，我总是觉得需要写一部续作。《牛顿的无情世界》中提到了"科学是如何无情地对待我们"，接下来似乎应该提出"如何让科学不再无情"才对。换言之，不能只是批评我们没能发展科学，还应该提出方法，以便科学的发展。

有一天，在和出版社编辑交流时，我们谈到了科学畅销书。贾雷德·戴蒙德的《枪炮、病菌与钢铁》、理查德·道金斯的《自私的基因》、卡尔·萨根的《宇宙》等都是难得一见的好书，只是读者很难从头到尾读完整本书。编辑们提到的科学畅销书是一般爱书者"绝对不会读或者读不懂的书",却会出现在自家书架上的书。也就是说,读者之所以购买这些书,是因为他们认为阅读科学书是必要的,但又无法真正享受科学书的乐趣。

为什么会出现这样的问题呢？首先,科学畅销书并不是符合韩国读者阅读习惯的书。对于不了解科学文化和科学发展史的我们来说,科学书极其晦涩、无聊和不友好。其次,大家阅读科学书的方式也存在问题。我们的科学教育侧重于学习知识,抱着学到的知识越多越好的想法,无条件投入到钻研科学知识中,这是一种词典式学习科学的方式。所谓词典式学习,就是读懂并学会词典从 A 到 Z 的所有单词。如此盲目地学习,读者们就会无法从中感受到乐趣,而且肯定会心理受挫。

我们学习科学的目标不在于知识本身。认识知识为何重要,掌握知识与自身生活相联系的方法,比如理解存在于宇宙和地球上的人类,思考如何实现可持续的发展,这才是学习科学的目标。我认为"人类是进化而来的""心理是大脑的活动"等科学事实不是知识,而是洞察力。已逝医生、科普作家奥利弗·萨克斯(Oliver Sacks,1933—2015)曾说:"能够在这个美丽的星球上,成为一个富有感情的生命体,成为一种能够思考的动物,于我,这本身就是巨大的荣幸和冒险之旅。"这句话体现了他令人动容的科学洞察力。

在演讲时,经常有读者问我如何轻松学习科学,能否提供实用的小技巧。虽然不是实用的小技巧,就像"骑自行车的方法"或"游泳的方法"一样,我在思考科学的捷径时,找到了"洞察科学的方法"。为此,我从历史、哲学、宇宙、人类、心理等观点出发,推荐值得一读,能够确认科学价值的书籍。有在历史上占有重要地位的科学经典

著作，比如艾萨克·牛顿的《自然哲学的数学原理》、查尔斯·达尔文的《人类的由来》、弗朗西斯·克里克的《惊人的假说》等，以及科学畅销书《枪炮、病菌与钢铁》《宇宙》《自私的基因》等。通过阅读这些书籍，读者可以从宏观的人文学角度，理解和洞察科学。

在本书创作过程中，我苦恼了很久。如何才能"正确"阅读科学书呢？读科学书籍会给读者带来什么帮助？有创作这种书的必要吗？带着这些问题，我在初稿几乎已经完成的时候，有幸给韩国高丽大学科学技术学专业的研究生们授课。在和同学们一起读书、研究的过程中，消除了之前的顾虑。通过接触多个专业的学生，我确认了科学书籍确实很难，阅读起来很有压力，也发现了学生对于科学真正感到好奇的是什么。我也深刻意识到人为什么要学习科学，领悟其意义的过程比任何东西都重要。课程结束后，我重新修改了原稿的不足之处，以便使"每个人"都能读懂科学。

本书分为历史、哲学、宇宙、人类、心理五大主题。

第一章"历史"关注的是人类的生活问题。哲学家维特根斯坦曾说"没有生活就没有了问题"。世上所有的问题都是人类在地球上出现并在生存过程中产生的。站在《枪炮、病菌与钢铁》大历史的观点上，我们可以看到从人类出现至今，面临的世界问题是什么。世界不平等且不可持续！如此关注生活问题的原因在于，只有确立明确的问题意识，我们才能在科学学习中产生明确的目标。

第二章"哲学"揭示了知识在历史上的价值。哲学有两个重要问题。世界是什么？我们该如何生活？人类从诞生到现在，探索的所有知识都包含在这两个哲学问题中。世界是什么？揭示真实存在的世界和了解真相对人类而言是非常重要的问题，因为真相会影响我们的生活。当科学家通过科学革命解开了太阳系运转的奥秘，人们的世界观发生了变化,随之也就引发了近代社会的变革。知识改变人的生活!这就是我们探索真实世界的理由。

第三章"宇宙"揭示了我们该如何客观地认识宇宙,了解其中蕴含的意义。在地球上生活的人类看不到地球外广阔的宇宙,在日常生活中也感受不到宇宙中存在的重力。仅凭人类的感觉与直觉,无法认识到宇宙的本质与作用。现在地球围绕太阳旋转的日心说已深入人心,而在过去,人们眼中看到的是太阳在旋转,人们认为地心说才是正确的。为证明地心说是错的,日心说是正确的,就要克服人类在生物学上的局限性。科学家们制作望远镜等工具进行观察与实验,并从数学上推导出了宇宙的起源。我们终于摆脱了以人类为中心的世界观,开始直面真实的宇宙。

第四章"人类"揭示了我们为什么要认识自己。我们认为要打造一个像人类一样生活的世界,可是何谓"像人类"?其实我们也不知道"像人类"到底是指什么。我们是谁?我们对自己了解多少?与了解宇宙相比,客观地了解人类更加困难。物理学家理查德·费曼看到那么多国家热衷于开发核武器,不由发出感叹:"为什么我们不能控制自己呢?"如果人类本性暴力,无论科学技术如何发展,人类都会随时沦为暴力的工具。因此,探索人类在生物学上的奥秘,了解人类的本性十分重要。同时,我们也应该注意人类通过进化论等科学修正并扩大了关于我们自身的概念。

第五章"心理"层层解说了心理是大脑的活动这一问题。当今科学的核心主题是宇宙和心理。有科学家预测,继哥白尼的日心说和达尔文的进化论之后,脑革命的时代即将到来。但大脑藏在人的头骨中,无法看到大脑是如何运作的。心理是大脑活动的结果,这一毋庸置疑的事实难以被大众接受也是这个原因。然而迄今为止,我们对世界和人类存在的认知，都是通过来自人类心理活动的哲学、道德和科学等获得的。什么是合理的、正确的、妥当的？我们的大脑知道这些。当探索脑科学后，人们自然会明白在我们的人生中了解脑科学是多么重要。人人都渴望有价值的生活，但生活的价值是从每个人自身大脑中储存的知识开始的。由此可见，加缪对科学真理不屑一顾的说法是错误的。

想要感受科学吗？如果读科学书籍时让你心动不已，想必没有比这更好的"学习"了。本书试图打破专业科学的壁垒，让读者从人文学的感性角度感受科学。每一章以文学作品作为开始也是出于这个原因。通过罗兰·巴特、卡伦·阿姆斯特朗、伊塔洛·卡尔维诺、乔治·奥威尔、普里莫·莱维的作品，可以让人们从生活中获得的问题意识中看待科学。本书想要讲述的不是为了应付考试而去死记硬背，之后忘得一干二净的科学，而是用心去感受和思考的科学。任何人只要想，就能看清自身在历史（生活）、哲学（知识）、宇宙、人类与心理等所处的位置。在此向金英美、金允珍、金在恩、金振夏、徐允乔、安胜贤、李允河、全美贤（以上人名均为音译）等表示感谢，是你们帮助我坚定了这种信念。

目 录

序言　大象与诗人 / 001

01 历史：迫切的生活现场

罗兰·巴特《哀悼日记》　我因那人而痛苦 / 005

唐纳德·约翰逊《露西——人类的祖先》　人类没有伊甸园 / 017

史蒂文·米森《歌唱的尼安德特人》　陷入爱情的尼安德特人 / 029

贾雷德·戴蒙德《枪炮、病菌与钢铁》　科学家书写的历史书，人类的宏伟史诗 / 041

贾雷德·戴蒙德《崩溃》　世界是不平等且不可持续的 / 051

02 哲学：对知识的极度渴望

卡伦·阿姆斯特朗《轴心时代》　宗教，创造人类文明 / 061

亚里士多德《形而上学》　求知是人的本性 / 068

艾萨克·牛顿《自然哲学的数学原理》　牛顿是如何克服形而上学的？ / 077

伊曼努尔·康德《纯粹理性批判》　何为知识？ / 085

路德维希·维特根斯坦《逻辑哲学论》　对哲学的全新定义，哲学不是学说 / 093

03 宇宙：万物的起源

伊塔洛·卡尔维诺《宇宙连环图》 我们想听的宇宙故事 / 105

伽利略《星际使者》 探索真实存在的意义 / 115

EBS 纪录片《光物理学》 理解万物之源——光 / 125

卡尔·萨根《宇宙》 谁在惧怕科学 / 139

斯蒂芬·霍金《大设计》 哲学已死！/ 148

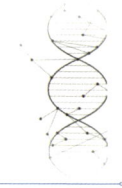

04 人类：思考机器的出现

乔治·奥威尔《行刑》 揭露人类的本性 / 163

恩斯特·迈尔的《进化是什么》 进化是种群里的遗传性状在世代之间的变化 / 173

查尔斯·达尔文《人类的由来》 啊，你是个唯物论者！/ 183

理查德·道金斯《自私的基因》 生命是什么？/ 194

尤瓦尔·赫拉利《人类简史》 我们想要什么？/ 204

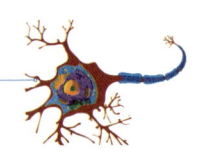

05 心理：大脑的活动

普里莫·莱维《如果这是一个人》 越过记忆的痛苦 / 217

鲁道夫·利纳斯《漩涡中的我：从神经元到自我》 思考是由进化产生的内化运动 / 227

弗朗西斯·克里克的《惊人的假说》 人类不过是一束神经元！/ 238

保罗·萨伽德《大脑与生活的意义》 道德直觉是天生的 / 249

萨姆·哈里斯《道德景观：科学如何决定人性价值》 没有无价值的事实 / 260

参考文献 / 270

后记　在韩国"记录科学" / 275

著者、译者简介 / 282

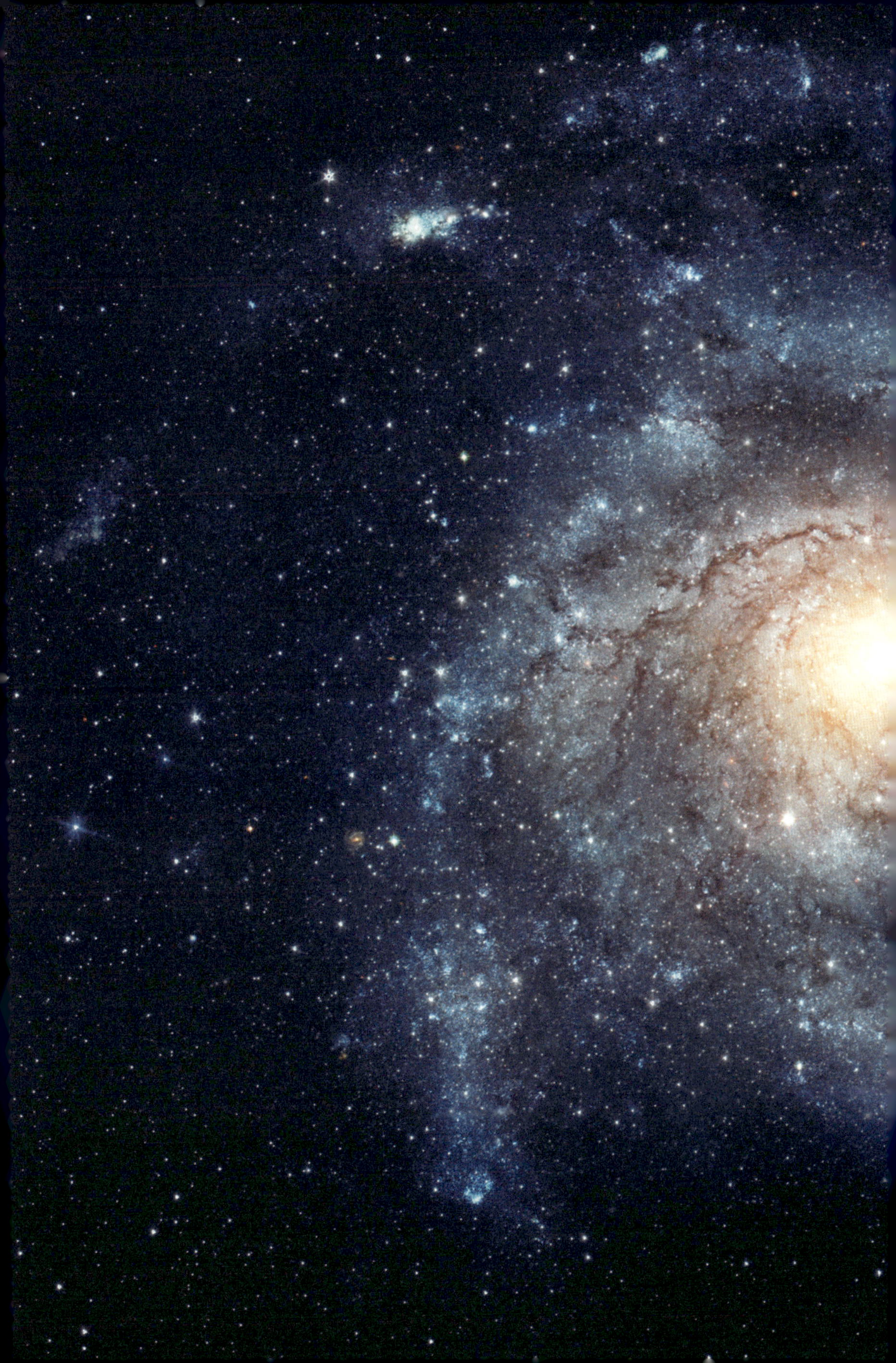

贾雷德·戴蒙德在《枪炮、病菌与钢铁》中讲述了人类进化过程的历史。这本书回顾了人类作为生物物种建设人类历史和文明，追求人性化生活的历史。如今我们已经从生物学上的人类成长为富有哲学的人类、具有文明的人类，但人类随时都可能遭遇生物学上的灭绝。据科学家推测，截至目前，地球上99.9%的物种已经灭绝。在地球上，生存比灭绝更加艰难。

01

——

历史

——

迫切的生活现场

JARED DIAMOND

STEVEN MITHEN

DONALD JOHANSON

ROLAND BARTHES

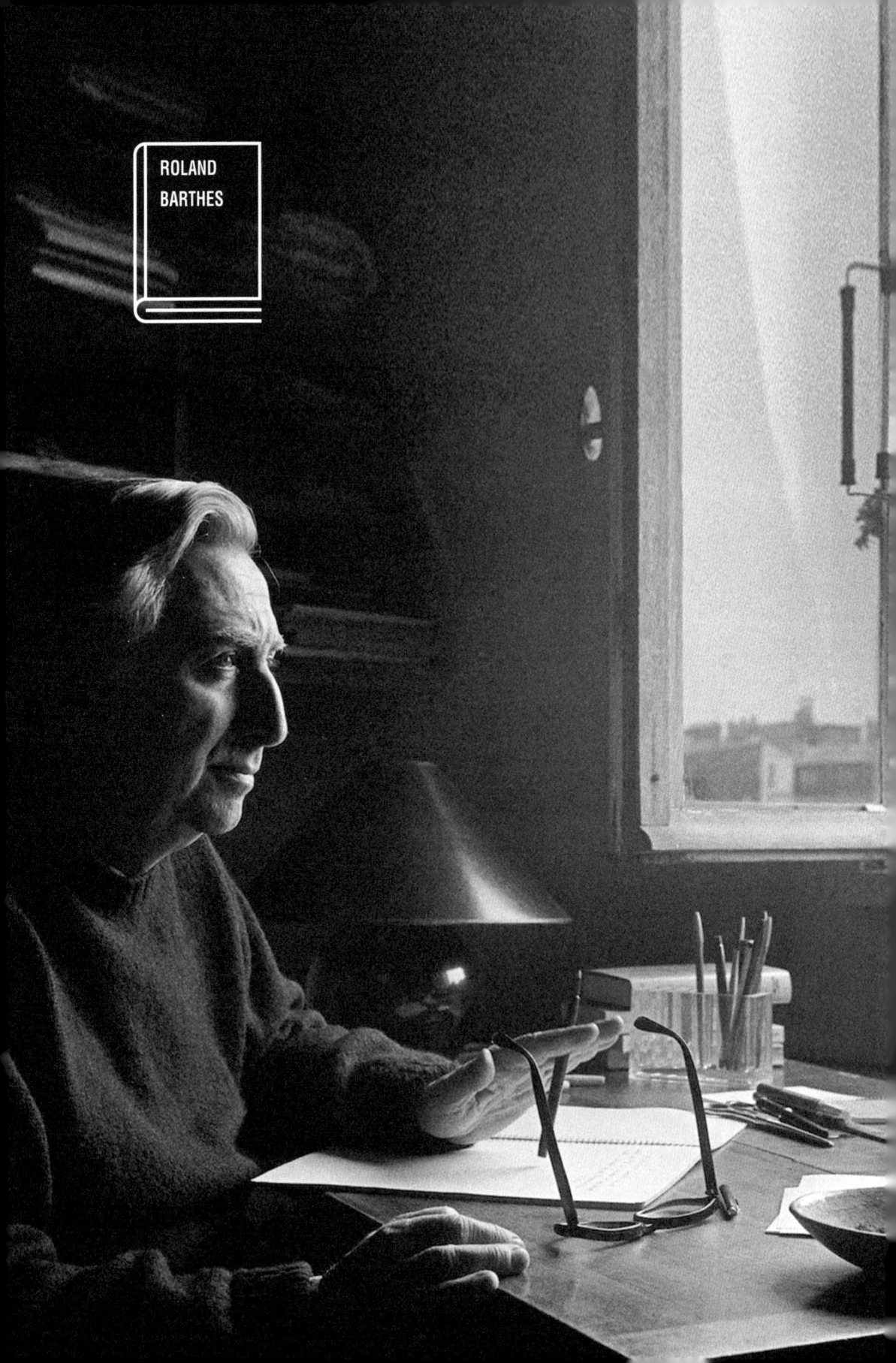

ROLAND
BARTHES

罗兰·巴特《哀悼日记》
我因那人而痛苦

"我因那人而痛苦。"这是法国哲学家、评论家罗兰·巴特（Roland Barthes，1915—1980）在《恋人絮语》中所说的一句话。这句话也被某位歌手引用到歌词中，由此可见这句话引发了很多人对爱情痛苦的共鸣。"我因那人而痛苦"也可以写成"我爱那人，所以感到痛苦"。不爱的话，就没有了痛苦。那么爱情的痛苦源于哪里呢？每当因爱情而痛苦时，我都会感受到生而为人的身份，所以会痛苦。

罗兰·巴特的母亲于1977年10月25日去世。他每天都在纸条上记录失去母亲的悲痛。"1977年11月6日，浓雾像棉花一样弥漫的星期天早晨，我忍受了每周的日常循环。我遭遇了没有她的漫长的时间序列。（……）我的悲伤不是因为没有重新生活产生的。我的悲伤是因为爱的弦断了。"罗兰·巴特和他的母亲彼此深爱对方，而她已经不在人世。"1978年2月12日。下雪了。巴黎下起了暴雪，非常罕见。我自言自语着。并为之心痛：她再也不会出现在这里，来看

这场雪，从我这里听到下雪的消息。"

罗兰·巴特的母亲在 20 岁时结婚，22 岁生下儿子巴特。巴特出生的第二年，她成了战争遗孀。在她 84 岁去世前，一直与单身的巴特共同生活了 60 多年。当母亲去世后，巴特伤心欲绝，几乎无法提笔创作。"1978 年 4 月 2 日。我还有什么可失去的，我已经失去了生活下去的理由——为一个人的生命担心的理由。"他陷入了深深的失落感和空虚感中，并对此感到十分绝望。"1957 年 5 月 1 日。我和她不是一体。无法和她一起（同时）死亡。"[2]

图书《哀悼日记》

1980 年 2 月 25 日，巴特被一辆小卡车撞倒。住院后，他拒绝接受治疗，并于 4 周后伤重身亡。虽说巴特死亡的直接原因是交通事故，但人们认为他是自杀的。巴特去世后，人们在他书桌的盒子里发现了他自失去母亲后写了两年多的纸条。同年，法国的瑟伊（Le Seuil）出版社收集整理了巴特的纸条，出版了《哀悼日记》一书。

在读《哀悼日记》的过程中，我曾几次忍不住落泪。"我的悲伤是因为爱的弦断了。"他的文字表达出失去深爱之人的失落，也加重了我的痛苦。他思念母亲的样子，让我联想到无法忘怀父母逝去的孩子。我想到了美国艺术评论家苏珊·桑塔格（Susan Sontag，1933—2004）去世后，她的儿子写下了《母亲的死亡》一书，也想到了法国小说家马塞尔·普鲁斯特（Marcel Proust，1871—1922）所著的《追忆逝水年华》中的逸闻趣事。我还突然想到了珍·古道尔（Jane Goodall，1934—　）发现的黑猩猩芙洛和弗林特，它们虽然不是人类，却有着亲密的母子关系。

自 20 世纪 60 年代开始，珍·古道尔以研究坦桑尼亚贡贝溪国家公园的黑猩猩而闻名。古道尔为每只黑猩猩取名，长期观察它们的性格和行为。其中一只黑猩猩古道尔取名为芙洛。芙洛是一只深受雄性黑猩猩喜欢的雌性黑猩猩，也是认真抚育子女的好母亲。古道尔被芙洛温柔细心照顾小猩猩的场景所深深感动。1972 年，当芙洛死后，古道尔说道："在看着芙洛的尸体时，我内心的悲伤久久不能平息。我们已相识 11 年，它是我深爱的芙洛。"

芙洛的儿子弗林特也未能摆脱母亲去世的悲伤。弗林特是一只已经 8 岁的雄性黑猩猩，也是一只深深依恋母亲的妈宝猩猩。它每天与母亲吃住在一起，与其形影不离，缠着母亲为它梳理毛发。弗林特难以接受母亲死亡的事实，死活不离开发现芙洛尸体的溪边。它似乎想要拼命找出母亲还活着的证据，走到母亲身边，拖拽母亲的胳膊。太阳落山后，它在母亲死亡的溪边睡觉，第二天醒来后爬到树上呆呆地望着曾经和母亲一起居住的地方。连续几天，它独自待着，几乎不动也不吃。在芙洛去世 3 周后，人们发现了弗林特的尸体。尸检结果显示，它死于肠胃炎和腹膜炎。但人们都知道，这并不是弗林特死亡的真正原因，真正的原因是母亲去世而过度悲伤所致。

将《哀悼日记》里的罗兰·巴特和黑猩猩弗林特相提并论可能有些不敬，但面对失去母亲的悲痛，人类和黑猩猩的无力和绝望是一样的。即使人类和黑猩猩在进化的过程中都拥有了哺乳类动物的大脑，又能如何！科学家认为，人类和同为哺乳类动物的黑猩猩在面对感情深厚的母子关系中一方的死亡时，都会产生一种无法言语的痛苦。哺乳类动物在进化过程中，大脑也会进化，以便区别于爬虫类生物，即少生优生子女。所以哺乳类的母亲和子女总是在一起，一分开就会感到不安。回溯遥远的进化史，正因为我们是哺乳类生物，所以与深爱之人的生离死别总会让我们感到万分痛苦，这是我们不可避免的宿命。由于人

在看着芙洛的尸体时,
我内心的悲伤久久不能平息。
我们已相识 11 年,它是我深爱的芙洛。

珍·古道尔

类的大脑进化自哺乳类动物,正如罗兰·巴特所说,在相爱关系破裂和断裂时,我们会不自觉地陷入"人类的悲惨"当中。

在这一章,我本想要讲述人类的历史,却莫名其妙地以罗兰·巴特的《哀悼日记》作为开头。也许有读者能察觉到,这是为了在讲述人类的爱与痛苦时,再次让我们自己确认我们人类的存在而为的。在人类生活中,没有什么比爱更重要。而爱需要借用人类身体的形式进行。当一个人患上阿尔茨海默病,大脑受损,会忘记深爱的子女。因为我们具有人类的身体,是依托人类身体存在的生物学物种。作为生物物种,人类经历了长时间的进化。我们不是一开始就是智人这一存在形式的人类,而是从一群灵长类动物进化成了人类。站在宏观角度,可以将人类的历史分为两部分:一部分是人类作为生物学物种的"成为人类的历史",另一部分是出现文明、追求人类生活的历史。

我们现在主要学习的是人类文明的历史。世界史、科技史等都主要讲述新石器时代以后人类建设的文明历史。而"大历史"关注的却是生物学上的人类出现以后,"成为人类的历史"。大约700万年前,最初的人类开始用双脚走路。而人科人属的智人大约在10万年前出现。农业革命爆发的简易文明建设大约发生在1万年前。人类历史中有99%的历史是"成为人类的历史"。也就是说,在漫长的700万年的岁月里,我们经历了严峻的考验,成了人类。这时,我们常说的人类本性、价值、气质和心理也就诞生了。

人类的本性是什么?我们是谁?这是几千年来我们人类探求的终极问题。我认为,可以在哲学、历史、文学、艺术、宗教和科学等所有领域寻找答案。我们为什么会好奇这些问题?因为我们是智慧的存在。出生在地球上的人类,有着认识自身价值和生活方向的知识渴望。这些问题为什么如此重要?当面临生存危机,人类便会千方百计

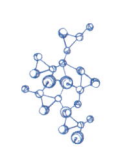

尽力克服危机。如果人类认识到自己的价值和优点，就能从容自信地发挥价值和优点解决问题。为此，我们不断地挖掘人类的价值和本性，试图有新的发现。因为认识我们到底是谁这一问题，关系着人类在地球上的生死存亡。

因此，我们有必要扩大认知，了解更多的人类历史。在没有文字记载的史前时代，数百万年来，我们为了成为人类而孤军奋战。在苦难中，人类的身体得以进化，人的本性和心理融入其中。如果说人类历史既是苦难史，又是激烈的生存现场，那么成为人类的历史亦如此。只不过，我们不知道在成为人类的过程中，人类经历了什么样的痛苦。人们常说，"我们人类不过是曾经在非洲草原被猛兽追赶的灵长类动物"，这是为了强调我们现在力量的强大，已经支配了地球。但是，人们应该放下人类的自豪感和安全感，想象一下当初被猛兽追赶的灵长类动物有多么痛苦吗？

我们再来谈谈 1924 年在南非发掘的"汤恩幼儿（Taung Baby）"。据推测，南方古猿汤恩幼儿的头骨化石是 3~4 岁幼童的。人们在汤恩幼儿的骨头上发现了冕雕的爪印和嘴啄的痕迹。也就是说，大约在 230 万年前，一只冕雕捕猎了一个南方古猿幼童。看到这个化石，我们可以想象孩子的母亲经历的悲伤与痛苦。失去孩子后，母亲可能陷入悲痛中，痛苦度日。也许她不知道如何用语言表达悲痛，但她能够感受到。那么人类从什么时候开始学会诉说悲痛，并宽慰自己的呢？在说出"我因那人而痛苦"前，人类的身体和心理经历过何种变化，我们不得而知。截至目前，我们无法用科学揭示这一奥秘，只是找到了"我们是谁"这一提问的解答方向。

为此迈出第一步的是达尔文（Charles Darwin，1809－1882）的进化论。达尔文在 1859 年出版的《物种起源》初版绪论中宣称"人类的起源、人类的历史将出现一线光明",开始了对人类的科学探索。人类是进化而来的,进化的动力是新物种的出现和灭绝这一自然选择的过程。到目前为止,人类的物种并不仅仅只是一个智人。还有许多我们所不知道的人类物种,在灭绝过程中出现了我们。达尔文进化论的核心词是灭绝。他在物种灭绝和变异新物种的诞生中发现了进化的原理。在《物种起源》第 4 章中,他用"生命树"解释了物种灭绝和诞生的过程。树木上有新的枝条长出,并开始发芽。另外,一些或大或小的树枝枯萎了。新长出来的枝条是现在的物种,已经消失的枝条没有留下任何后代,只能被看作是化石生物。据我们所知,实际上 99.9% 的物种已经灭绝。

我们需要关注的是生命树树枝分叉的地方。树枝分叉意味着从一个共同的祖先向不同的方向进化。人类和猴子就是在大约 2500 万年前从共同的祖先中分离出来的。目前我们还没有查明共同祖先是谁,但这个共同祖先应该更接近于猴子。理解了达尔文的进化论,就能知道在进化成现在的人类前,曾出现过很多人类的祖先,但现在都灭绝了。如果没有达尔文《物种起源》和《人类的由来》的问世,人们就不会开始寻找灭绝的人类物种。达尔文的追随者托马斯·赫胥黎(Thomas Huxley,1825—1895)曾留下这样一段意味深长的话:"在更古老的地层深处,是否埋藏着我们迄今为止没有发现的,更接近人类的类人猿或接近类人猿的人的骨化石,等待古人类学家前往发掘呢?"[3]

20 世纪,古人类学家都希望成为达尔文和赫胥黎的接班人。所有古人类学家的梦想是什么?找到人类的化石,历史上最早的人类化石。正如达尔文所说,从类人猿进化到人类的过程是渐进式的。因此,人们无法明确指出以哪一节点为界限,以前是类人猿,以后是人类。也就是说,我们找不到第一个人类。古人类学家想要找出距离我

们最近的人类祖先。这是基于假设已经灭绝的人类祖先，曾经生活在大猩猩和黑猿生活的广阔非洲土地上。寻找未知的人类化石是孤独且无聊的工作，而且争议颇多。

在不知道灭绝的人类物种是什么样的情况下，古人类学家为了溯源古老的人类生活，开始寻找化石。化石看上去只是石头，但其骨架上处处都是秘密。无论是人类还是动物，都保留着"过去的时间"。也许爱的人死亡之所以令人痛苦，是因为再也无法共度时间了。"过去的时间"留下的痕迹会成为活下来的人的记忆，虽然最终这些记忆也消失了。时间与记忆就这样消散、反复、死亡和灭绝，但幸运的是有几个化石被人们发掘，成为历史的纪念碑，永不磨灭。

发掘化石是找回尸体上遗留的过去时间。据说化石形成的概率大概只有十亿分之一。也就是说，目前生活在地球上的 70 亿人口中，

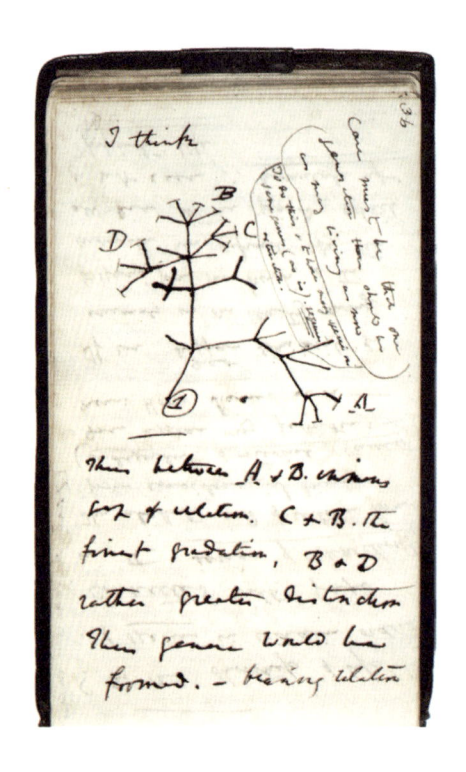

1837 年 7 月，达尔文首次在笔记本上画的插画——进化树

只有 7 人才能够成为化石。另外，化石即使完好无损，也要期待奇迹的发生，才能被人们发现。目前我们眼前的化石，宛如能使时光穿梭回过去的时光机器。博物馆的化石如美术馆名画里的人物一样，是真实存在的。1974年发掘的南方古猿"露西"，也曾经像达·芬奇的《蒙娜丽莎》一样是活生生的人类。展现数百万年前人类生活的化石极其珍贵，具有不可估量的价值。

1959 年，路易斯·利基（Louis Leakey，1903—1972）和他的妻子玛丽·利基（Mary Leakey，1913—1996）在坦桑尼亚奥杜威峡谷发现了"能人（Homo habilis）"，标志着古人类学终于取得了成果。此后，利基夫妇在肯尼亚图尔卡纳湖同时发掘了 2700 多件石器和 100 多件头骨碎片。从南方古猿进化而来的能人大约生活在 200 万年前，他们已经可以使用石器等工具。利基夫妇为他们取名"能人"，意为"手巧的人""手艺好的人"。能人可以制作类人猿和南方古猿无法制作的工具，成了最早的人类。而将人类变成人类的正是石器。

路易斯·利基的儿子理查德·利基（Richard Leakey，1944—　）所著《人类的起源》（*origin*）在首页将化石称为"连接过去与现在的石头"。

> 石器是连接我们与祖先不可分割的一环。现存石器与其他石器共同保存于内罗毕的肯尼亚博物馆。想到制作工具的双手、制作工具的内心遗传到了我们身上，内心激动不已。如今我们也可以用双手制作出工具，可以追溯当时制作工具的心情[4]。

一块小小的石头居然能够揭示人类的本性，真是令人惊讶。"制作工具的双手、制作工具的内心"无一不像我们人类。让我们从能人的石刀、石锤中寻找他们的足迹。首先，他们会在脑海中想象如何制

一块小小的石头居然能够揭示人类的本性，
真是令人惊讶。制作工具的双手、
制作工具的内心无一不像我们人类一样。

能人[3]

造石器。其次，为了收集制作石器的原料，他们会四处寻找，互相交换信息。在奥杜威峡谷和图尔卡纳湖发现的石刀主要是用凝灰岩砾石制作而成。在这些地方的不远处，正是石刀原料凝灰岩的所在地。能人可能是事先了解凝灰岩的性质后采集的。

挑选出合适石块的能人，一手拿着石锤，一手拿着石块。思考预测着如何击碎石块，然后将石锤砸向石块。为了制造出一种工具而使用另一种工具，这是人类才会做的事情。另外，能人重复同样的动作，制作出多个形状相似的石器。他们制作了大量的石刀和石斧，以便日后使用。狩猎成功后，能人用石刀和石斧砸碎骨头，将肉切割，然后把食物运到族群居住地和大家分享。每一把石刀都饱含着人类相互分享的爱心和精巧的手法。人类自己制造了世界上并不存在，曾经只存在于想象中的工具，这也是为了让族群的其他人可使用的工具。

就这样，古人类学家在思考什么是人类的过程中，绘制出了人类的系统图和谱系。不过人类谱系中的学术用语和分类体系对于普通人来说非常困难和复杂。在古人类书籍中，将人类的祖先称为人科（Hominidae）、人族（hominin）、人类化石、人种等。在本书中，我不打算使用人科、人族等学术用语，而是将所有类似人类的物种统称为人类物种。现存人类智人在动物界的门、纲、目、科、属、种中的分类是脊索动物门、灵长目、人属、智人种。要知道，这种学名和分类体系是科学家们为了方便而创造的办法。自然界的生物可能没有按照我们创造的学名或分类体系进化。寻找人类起源就像复杂的分类体系一样，我们不知道的东西远远多于我们所知道的。万一明天某个地方发掘出一个新的化石，人类的谱系可能将重新修改。不过有一点可以肯定，除了我们，现在地球上所有的其他人类物种都灭绝了！那么我们人类的祖先究竟是谁呢？为什么他们会灭绝，而只有我们生存下来了呢？

DONALD JOHANSON

唐纳德·约翰逊《露西——人类的祖先》
人类没有伊甸园

"1974年11月30日，感觉棒极了。"唐纳德·约翰逊（Donald Johanson，1943— ）成为最幸运的一名古人类学家。他发现了一具保留了头部、胸部、臀部和腿部，骨化石多达整体骨骼40%的人类化石。在埃塞俄比亚的阿法尔沙漠地区几年的辛苦勘探，终于获得了回报。整个团队沉浸在兴奋和喜悦之中，他们听了一整晚披头士乐队的歌曲《露西在缀满钻石的天空中》（*Lucy in the Sky with Diamonds*）。就这样，露西像夜空中闪烁的星星般走到我们身边。令人惊讶的是，露西的腿骨像黑猩猩一样笔直，一点都不弯曲。人们发现了比能人更古老的南方古猿居然直立行走。在见到露西时，我们可以想象350万年前人类的样子。唐纳德·约翰逊在1981年出版的《露西——人类的祖先》中兴奋地说道：

"她叫露西吗？"

见到化石的每个人都会这样问，每次我都会解释："是的，那个化石是个女人。就像披头士的那首歌一样，发现她的时候我们感觉自己飞上了天空。"

接下来总会有人问："你们怎么知道那个化石是个女人？"

"通过骨盆得知。我们发现了完整的骨盆和骶骨。人科中，相对于整体骨骼，女性的骨盆要大于男性。这是为了让女性生孩子而出现的进化。通过骨盆就能区分男女。"

通常接下来是这些问题。

"露西是人科吗？"

"是，露西可以直立行走。和诸位一样，能够直立行走。"

"所有的人科都能够直立行走吗？"

"是的。"[5]

露西被发现时，最大的话题是人科的直立行走。350万年前的人类可以直立行走这件事为什么会让人感到惊讶呢？就像前面提到的那样，从类人猿进化到人类是一个漫长的过程。也就是说，人们很难找到区别类人猿和人类的明显节点。可我们是谁？我们是人类。我们急切地想要找出区分类人猿和人类的界限点。古人类学家的目标也在于明确区分人类和类人猿的差异，找出人类的特征，定义"什么是人类"。现在，地球上只有人类能直立行走。发现有直立行走的人类，令人感慨万千！在过去的数千年间，人们对于什么是人类有过无数的思考。而1974年，也就是大概40多年前，发现露西后，人们发现了人类的真相，许多人开始将之前的哲学思考视为无用之物。

约翰逊的《露西——人类的祖先》讲述了发掘露西的有趣故事。当时，约翰逊与《人类的起源》作者理查德·利基同为30多岁的古人类学家，他们是死对头。约翰逊性格轻率，有时过于直白地真实描写了古人类学界的情况。这本书出版于 1981 年，虽然内容存在许多错误，但故事生动，足以令人忽略书中的错误。

《露西——人类的祖先》就像过去与现在交织穿插的电视剧一样，书中的现在是 20 世纪的古人类学界，书中的过去是数百万年前各种人类物种生活的非洲和欧洲大陆。首先，现在的我们发现了化石这一能够窥见过去时光的拼图碎片。为了补齐完整的拼图，人们发挥想象提出了无数个可能。过去的一个拼图碎片引起的风波展现了我们现在的模样。先入为主和偏见，以及内心的矛盾都暴露了人类的真实面目。我们是否真的了解人类？我们本以为对自己了如指掌，难道只是错觉吗？当过去的真相浮出水面的刹那，我们无法掩饰内心的困惑。《露西——人类的祖先》让我们认识到人类是欲望不断且懂得美化自己。

其次，我们人类对大脑的认知也非常执着。就像帝国主义者和种族主义者认为的，大脑越大，民族或种族就越优越一样，大脑是优秀人类的象征。人类的进化是从大脑开始，还是从直立行走开始的呢？人们理所当然地认为人类的进化是从大脑开始的。但是，进化却以不同的形式展开。直到科学界爆出皮尔丹人（Piltdown man）骗局事件，人们才开始意识到自己的想法是错误的。1912 年，一位业余考古学家查尔斯·道森（Charles Dawso）在英国皮尔丹发现了一具头骨很大、颌骨像类人猿的骨化石。将化石委托给英国人类学研究所所长阿瑟·基思（Arthur Keith，1866—1955）鉴定后，阿瑟·基

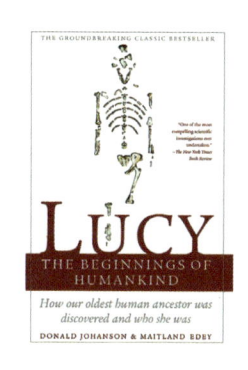

图书《露西——人类的祖先》

思宣布皮尔丹人是人类的化石,并且斩钉截铁地表示,雷蒙德·达特(Raymond Dart,1893—1988)在南非发掘的南方古猿不可能是人类的祖先。因为南方古猿的大脑很小。关于皮尔丹人事件的始末,《露西——人类的祖先》是这样描述的:

> 简单来说,皮尔丹人否定了其他化石的证据。这未必是件坏事。一直以来,我们都以自己的智力而自豪,认为人类比任何其他动物都高级,是最光荣、独一无二的存在。皮尔丹人证明了我们的这种偏见。拥有大容量大脑的皮尔丹人比其他化石更能满足我们的自豪感。相比较那种长相类似人类、大脑却很小的化石,这种长相类似类人猿、大脑却很大的化石更让人满意。更何况,皮尔丹人是在距离伦敦只有几十千米的英国土地上发现的化石,英国科学界的两位大师伍德沃德和基思也都出面保证了它的真实性。[6]

然而,在40年后的1953年,人们发现皮尔丹人是彻头彻尾的骗局。经过碳-14测定骨头的年代,发现皮尔丹人的头骨来自生活在13—14世纪的中世纪的人,下颌骨来自打磨后的猩猩下颌骨,皮尔丹人是伪造的假化石。英国科学界沦为笑柄,更令人哭笑不得的是找不到这场骗局的犯人到底是谁。因为已经过去了40年,犯罪的痕迹早已彻底消失。皮尔丹人事件也成了一个未解之谜。但是,通过这件事可以看出,我们曾经预测过灭绝的人类物种应该长得就像皮尔丹人。嘴部长得像类人猿一样突出,头骨像现代人一样大,这就是我们想象中的人类祖先。皮尔丹人不仅得到了古人类学家,还得到了古生物学家、解剖学家、普通人的广泛支持,这也更加证明了这一点。

在皮尔丹人事件发生后,人们并没有放弃对考证大脑进化的坚持。1959 年，利基夫妇发现了能人，能人使用的石斧等工具也成了证明人类大脑发达的证据。直立行走再次被排在大脑进化的后面。人们认为，正因为大脑发达，能人才会为了制造工具、解放双手而直立行走。也就是说，使用工具和大脑进化发达开始于直立行走之前，并且成为人们直立行走的契机。这样的推测和假设在 20 世纪 60 年代广为流传。但唐纳德·约翰逊发掘的露西推翻了这一说法。因为露西直立行走，她的大脑容量只有 450 毫升，与今日的黑猩猩相似。

那么我们什么时候开始直立行走的呢？近年来，人们发现最早开始直立行走的人类物种大概出现在 700 万年前。经过解剖学认定，350 万年前的露西的骨骼相较之走路，更适合站立。她用双脚走路，但在树上的时间似乎更多。完全用双脚走路的人类物种是生活在 180 万年前的匠人（*Homo ergaster*）。1984 年，人们在肯尼亚的纳里奥科托姆发掘出了脑容量为 880 毫升的少年，这名少年具备了像我们一样走路、跳跃、奔跑的身体条件。也就是说，从 700 万年前最早的人类物种到 350 万年前的露西，人类进化为站直走路用了 350 万年的时间。而学会真正的走路和跑步则花了超过 500 万年的时间。

从双脚站立的露西到人类完全适应直立行走，又过了大概 170 万年，人类的大脑容量增加到原先的两倍。也就是说，一开始两条腿走路并不是很容易，就像黑猩猩和大猩猩两腿站立只能摇摇晃晃走出几步路一样。想要两条腿走路，从解剖学角度来看，胳膊和腿的长度、臀部、膝盖、脚踝关节、脚趾形状都要进化才行。另外，还需要更发达的大脑和神经系统，以便使腿部肌肉和胳膊、身体灵活连接，更加自由地使用双手和双臂。有的人类学家说，人类的智力不过是双脚走路的产物，并非是我们想象的——大脑的发达引发了直立行走。也就是说，实际上是直立行走让大脑变得发达。

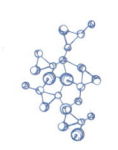

生活在地面的类人猿——南方古猿[7]
既是人类又不是人类,
可以称之为类人猿。

那么人类为什么会直立行走呢？是因为非洲的环境，也就是气候变化的原因。非洲大陆在大约 2000 万年前，是猴子的天堂。非洲大陆大部分地区是热带雨林区，各种水果随处可见。但是，从东部的非洲开始，气候逐渐变得干燥凉爽。郁郁葱葱的热带雨林消失了，变成了只有几棵树矗立在草丛中的草原地区，也就是我们经常在电视节目《动物王国》中见到的一望无际的非洲大草原的景象。猴子很难找到水果等食物，也没办法躲藏在密密麻麻的树林中。总之，通往果园和树木的道路变得漫长而危险。为了躲避大草原上的掠食者，人类物种开始利用双腿直立行走。

直立行走是人类适应大草原环境的进化方式。首先，后腿站直时视野会变得广阔，便于躲开掠食者。与指背行走（背部向前弯曲，双臂接触地面走路）相比，直立行走最多可减少消耗 35% 的能量。热带草原地区在炎热的赤道阳光照射下，正午时分的温度可高达 40 摄氏度以上。在树木稀少的地面，暴露在阳光底下的时间越长，炎热带给人们的压力也会越大。指背行走时，整个背部会受到太阳照射；而直立行走时只有头部和肩膀会受到太阳照射，而且身体可以与暴热的地面拉开距离，走路时更加凉爽。随着逐步进化，人类物种身上的毛渐渐变少。当皮肤没有毛时，走路才可以排出更多的汗水，使身体降温。这样，两脚走路的人类物种就可以在食肉动物躲开烈日的午休时间，悠闲地穿梭在热带草原上。

露西化石很有名，想必读者见过相关图片。在看到她的头骨、肋骨、胫骨等骨头排列整齐的样子时，可能没有什么感觉。但是在看到给骨骼外层做好皮肤和肌肉的复原图后，会非常震惊。南方古猿与其说是人类，不如说是"站着的类人猿"更为贴切。我似乎可以理解阿瑟·基思坚决否定南方古猿是人类的心情了。关于南方古猿，阿

瑟·基思认为："虽然南方古猿有着和人一样的身形、走路姿势、牙齿结构，但脸部长相和大小仍然与猿类相似，是生活在地面的猿类。"除了不承认南方古猿属于人类物种外，这句话也准确地描述了南方古猿。也就是说，南方古猿既是人类又不是人类，可以称之为人类一类人猿。如果人们像阿瑟·基思一样对人类抱有幻想的话，那么对南方古猿的抵触心理如此之大也便是必然的了。

在《露西——人类的祖先》一书中有一张关于南方古猿的想象素描[8]：一只豹把南方古猿拖到洞穴附近树上的图画。树下南方古猿的两名同类焦急地呼喊，但南方古猿的腰部被豹子咬中，明显已经断气了。1947年，人们在南非马卡潘斯盖洞穴勘探时发现，南方古猿是野兽们的猎物。人们在洞穴中发现了大约15万件哺乳动物的骨骼化石，其中包括南方古猿的化石。南方古猿为何会进入洞穴呢？古人类学家在化石上发现了豹子獠牙的痕迹，于是提出了如图画所描述的假设。他们认为豹子在树上吃掉南方古猿后，南方古猿的骨头掉进了洞穴。

暂且不提这个假设的对错，人类物种曾经是被猛兽追赶捕猎的灵长类动物，这是毋庸置疑的事实。350万年前，非洲草原的黑夜一片漆黑，当时还不懂得用火的南方古猿也许每天晚上都活在恐惧之中。听着狮子与豹子那毛骨悚然的吼声，他们互相依偎着入睡。人类没有伊甸园！700万年前开始用双脚站立的人类物种逐渐放弃了类人猿的样子，进化成接近人类的物种。这一过程是在"满是鲜血的牙齿和爪子"中自然生存的斗争。即便是人类，也不可能躲避残酷的自然法则。正如达尔文所说，在大自然中生存下来，只能依靠遗传变异和环境这一偶然因素。在长达700万年的漫长岁月里，由于遗传变异，出现了新的人类物种，这些人类物种由于无法适应环境，反复多次灭绝。我们发掘出的南方古猿化石和能人也是这样诞生并灭绝的人类物种。

700万年前开始用双脚站立的人类物种逐渐放弃了类人猿的样子，进化成接近人类的物种。这一过程是在"满是鲜血的牙齿和爪子"中自然生存的斗争。

把南方古猿叼到树上的豹子

南方古猿、能人和直立人曾经同时生活在地球上。同样，智人和尼安德特人也曾经共同生活在欧洲大陆。像这样，过去曾有多个人类物种同时生活在地球上，意味着一个物种灭绝了，另一个物种存活下来。成为人类的那段历史并不像我们想象中那般浪漫、诗意。700万年间，究竟出现过多少个人类物种呢？《仅存的猿》(*Last Ape Standing*)中提到，迄今为止人们发现的人类物种共有27种。在这27种人类物种中，只有1种智人存活下来，其余26种都灭绝了。对于这一过程，这本书的作者奇普·沃尔特（Chip Walter）这样说道：

关于人类的进化过程，由于不断发现新的证据，我们关于祖先的假设也经常发生变化。在写本书的过程中也发生了几次变化。但是，无论细节如何变化，有一个事实是不容置疑的。包括被认为是我们直系祖先的物种在内，对迄今为止出现过并消失的所有人类物种而言，过去的700万年十分艰难。生存需要人们全力以赴，也是最难实现的目标（对于目前生活在地球上的大部分人类来说也是如此）。[9]

人类生活的每一天都在全力以赴，生存仍然是最大的问题。像南方古猿和尼安德特人等已经灭绝的人类物种的遗传性生存战略，已经深深镌刻在我们的DNA中，一直在影响着我们。我们从他们那里继承了可以完全与其他手指相互协作的大拇指，帮助站直身体的大脚趾，发达的大脑，宽额头，语言能力以及音乐才能等。如果没有他们为生存开展的斗争，就不会有我们的存在。

例如，我们是如何拥有现在发达的大脑的呢？人类的大脑容量，从与黑猩猩相似的350~500毫升，到现在的1500毫升，几乎是原来的3~4倍。之所以能够拥有巨大复杂的大脑，是因为"饥饿"。350

万年前,与露西生活在同时代的人类每天都饱受饥饿之苦。想象一下人类数百万年来每天都忍饥挨饿的生活,在非洲草原,人类为了寻找食物,填饱肚子,不惜付出所有。但是,他们不仅没有摆脱饥饿的痛苦,反而经常成为野兽的猎物。为了活下去,人类展开殊死搏斗,最后进化了自己的身体。

动物在饥饿时会发生什么事情呢?所有的生命面临饥饿时,会将新陈代谢消耗的能量减至最低,以应对最坏的情况。细胞也会为了生存而奋斗。细胞会变得更强,同时更慎重地成长,以减缓成长速度。但是,人类却发生了奇怪的事情。那就是人类细胞开始停止生长,大脑却活跃起来。由于新脑细胞的快速生成,大脑也更加活跃起来。至此,人体便形成了把身体中的营养成分投入大脑的系统。

食物的缺乏对于饱受饥饿折磨的生物是非常可怕的情况。但站在进化论的观点来看,这是非凡的事情,因为会有新变异出现的可能。营养的缺乏不仅会延长生物的生命,而且减少其繁衍后代的数量,提高整个物种在这场进化竞赛中生存的可能性。另外,后代数量变少,也会减少食物缺乏带来的困难。生命在整个过程中都采取了屏住呼吸、静待暴风雨过去的态度。虽然从所有层面来看,细胞生长缓慢,但是只有一个例外值得人们关注,那就是脑细胞生长的加速。(……)为了生存,身体和大脑齐心协力。为了支持新神经元的迅速成长,身体的其余部分减少营养摄取,将原本就不足的营养资源输送给大脑。换一种说法就是延缓了身体衰老,促进了智力发展。如此来看,350万年前,露西和同时代的人类物种在危机四伏的地面上拼命寻找食物时,他们所经历的慢性匮乏促进了大脑的迅速生长。[10]

人类为了解决饥饿而促进大脑发育，为了活下来选择大脑作为最后的生产战略。大脑发达后的人类在危机四伏的环境中应对能力明显增强，他们可以预测危险，善于寻找食物，解读族人的心理，相互合作狩猎。另外，他们发现了火，这对人类的大脑产生了决定性的影响。用火煮熟食物后食用，食物不仅变得丰富，消化能力也大幅提高。即使只吃少量食物，也能补充足够的蛋白质，使得大脑容量在200万年间增加了两倍。弱小的人类站在大脑和肠胃的十字路口，选择大脑作为进化方向。每当遇到难关时，进化就会找到惊人的解决办法，最终使人类成为人类。

　　《仅存的猿》一书的核心问题就是："700万年间进化的27种人类物种，为什么只有我们一个物种存活？"也许大部分人从未想到或好奇这个问题。因为在人类的进化过程中，我们将活下来视为理所当然的事情。如果我们一直坚信自己比其他任何物种都聪明坚强，在生物学上具有优越性，那么这本书会让你受到冲击。在27种物种中，成为地球的主人的我们，实际上平平无奇。

　　人类是如何出现的这件事仍然是未解之谜。人人都知道我们的祖先直立行走，并且拥有发达的大脑。但是进化的谜团并未就此结束。人类天生具有不同于其他动物的智力。我们可以预测和推断肉眼见不到的原因和结果。人类利用语言进行抽象思考，自行计划并指挥自己行动。不仅如此，人类还能解读别人的内心，说服别人，牺牲自己，帮助困境中的族人。人类是如何拥有这种能力的呢？让我们在下一本书《歌唱的尼安德特人》中解开这个疑问吧！

史蒂文·米森《歌唱的尼安德特人》
陷入爱情的尼安德特人

STEVEN MITHEN

我们偶尔会感到一个人的孤独。当我们独自留在空荡荡的教室时,在陌生的地方独自旅行时,或者在地铁或咖啡厅等人潮汹涌的地方,会感到莫名的孤独。那么人类是从什么时候感到孤独的呢?洛伦·科里·艾斯利(Loren Corey Eiseley,1907—1977)的《永无尽头的旅程》(The Immense Journey)中有这样一段话:"40 亿年来,第一次有生命体开始思索自身,深夜听到芦苇随风摇曳,喃喃细语,不由感到一种难以言喻的孤独。"这句话说,在地球形成的 40 亿年后,出现了对自己进行思考的特殊物种。深夜在芦苇丛中感到孤独,思念故人,追悔过去时光,充满悔恨的物种就是我们人类。

动物们不会写日记,而我们会写。今天过得怎么样,把内心的想法记录并珍藏下来。想必我们每个人都有小时候写图画日记的回忆。

在记录今天天气的空格里，有太阳露出笑脸的晴天，画着云彩的阴天，雨伞上雨点滴答的雨天。直到今天长大了，我仍然还记得小时候曾经在日记里用天气阴晴代表一天的心情。我记得，有一天被妈妈训斥，一个人感到很孤独。漆黑的夜晚哭泣着在日记本上写下了当天犯下的错误。我是从什么时候开始倾听内心的想法的呢？我从什么时候开始担心未来，懂得反省错误的呢？对于这些，我只有模糊的回忆，没办法记起准确的时间。

而有一点毋庸置疑，小时候我是在日记本上萌生了自我。我是谁？我算什么？我在想什么？"下雨了，我心情有点低落。走的时候忘记带雨伞，于是我又回家取了雨伞。"日记本上面的内容，仔细说明了自己看到了什么，感受如何，自己如何处理了事情等。在我们的大脑中，有一种声音在向我们自己传递自己的感受和思考。这个声音就是读懂我们自己内心的"自我意识"和"自我"。不知从何时起，我们的大脑中开始响起了名为"我的内心"的声音。

想要读懂自己的内心，就必须学会读懂他人的内心。我们几乎每天都要去读懂他人的内心。例如，"当我回到家取伞时，妈妈皱着眉头，看上去很生气的样子。要是她知道上次我把雨伞弄丢了，她会更生气吧。于是我偷偷拿起姐姐的雨伞出门了。"我看到妈妈僵硬的表情，读懂了妈妈生气的心情，预测妈妈会做出什么样的行为。为了避免被妈妈训斥，我想到了欺骗妈妈。这段话中我能够读懂他人的心理，预测未来，甚至使用欺骗手段，是因为我们可以"读心（mind reading）"。

读心是人类特有的能力。读心能力也被称为"心智理论（theory of mind）"，心智理论是一种能够理解和感受自己及他人心理状态的能力。"万一知道自己被骗了，妈妈该多伤心啊。应该实话实说，告诉妈妈自己把雨伞丢了才对。"正因为我们有读心的能力，才会为之前做过的事情后悔。"妈妈会心痛，所以我的心也会痛。"我们具有感受他人心理、读懂自己内心的能力，为了表达出这种读心的能力，我们需要语言。

设想一下"我心痛"的情景吧。当发觉我的内心感受时，需要与之匹配的语言来表达。没有语言就不能理解自我的感受，也不能向别人表达自己的感受。日记里我的感受、想法、对他人的揣测等都是用语言表达出来的。有了语言，才使感受有了自我意识，读懂他人心理的心智理论才有实现的可能。"我""心""痛"等语言是人类创造的典型象征体系。"我"就是我们创造的象征符号。

我们的大脑看到象征性物体时能联想到其他东西。比如，孩子们挥舞木棍充当刀剑来玩游戏时，孩子们把木棍"符号推理"为刀剑，只要被木棍击中，就得装出要死的样子。也许到了第二天，这个木棍就会从刀变成拐杖，而两个木棍交叠在一起可能会变成十字架。木棍所具备的特征和意义都是通过想象产生的。能够把木棍想象成刀，就是人类所特有的智力。

更进一步，我们还可以创造出实际并不存在的事物。比如1、2、3、4、5等数字或a、b、c、d等字母都是象征符号。我们利用直线和曲线创造文字和图形，并赋予其意义。"w"和"o"实际没有任何意义，但我们将两个字母组合在一起，就成了"我"。只要所有人都同意什么象征着什么，就可以诞生新的象征符号。"我心痛"这句话结合了这些象征，具有好几重含义。我们说话、写字、画画、计算等能力都是从符号推理开始的。

自我意识、解读心理、符号推理、语言对我们来说似乎是理所当然的事情，但地球上除了人类，任何动物都不具备这种能力。我们什

么时候开始拥有这种能力的呢？当然南方古猿没有这种能力，能人和海德堡人也不具备读心能力。那么只有智人才能读心吗？事实并非如此。据考证，大约 20 万年前，在智人和尼安德特人居住的地球上，至少有 4 种萌发了自我意识的人类物种。研究证明，我们的近亲尼安德特人不仅可以读心，还会唱歌，并且拥有自己的语言。

尼安德特人最早为人熟知是在 1856 年，比达尔文出版《物种起源》的 1859 年早了 3 年。人们在德国杜塞尔多夫以东约 13 千米的尼安德（Neander）山谷发现了尼安德特人的化石，因此被命名为"尼安德特［特（Thal）意为山谷］人"。几十年后的 1908 年，人们在法国西南部圣莎贝尔（La Chapelle aux-Saints）的洞穴中也发现了尼安德特人。当时法国古人类学家玛瑟兰·蒲勒将化石还原为身形高大、像个怪物一样的样貌。也就是说，尼安德特人是身材高大、笨拙、力量强大的野蛮人形象，与现代的克罗马努人形成了鲜明的对比。我们迄今为止对尼安德特人的粗犷印象就是那时候形成的。在过去的 150 年间，人们发现了超过 400 个尼安德特人的遗骨。直到近些年，才逐渐解开关于尼安德特人的谜团。

尼安德特人生活的欧洲大陆是由冰河覆盖的寒冷地区。从 20 万年前到 3 万年前，尼安德特人横穿欧洲大陆，不停迁徙。当天气变冷，他们会迁往南部的阿拉伯半岛。当冰雪融化，天气变暖，他们会迁往北欧山脉。他们的身体非常适应寒冷天气，被称为"御寒专家"。他们脖子粗大，头大，肩膀弯曲，胸膛厚重，四肢粗短。这些特征就跟寒冷地区的动物为了防止热量被消耗而体型矮壮是一个道理。另外，他们眉骨突出，鼻子宽大，是因为这样有利于让冷空气在鼻腔快速变热。因此，尼安德特人给人一种身材笨重、面相凶狠的印象。

尼安德特人既是御寒专家，也是狩猎专家。他们能够击倒比自己体型更大的野牛、猛犸象、熊、犀牛。当然一对一很难实现狩猎，尼安德特人会集结成群，捕猎体型更大的猎物。他们将受伤的动物引诱至悬崖摔落，或者埋伏在一旁，用矛突袭动物的背部。从他们的狩猎方法可以看出，尼安德特人相互之间可以沟通合作，并且懂得利用矛等工具。他们不仅能读心，还能准确推测出动物受伤后会做出的反应。

在共同体生活中，读心是不可或缺的要素。为了对付体型庞大的动物，人类想到的办法就是"建立关系"。擅长建立关系的尼安德特人为了共同的目标互帮互助，在寒冷残酷的冰河时代顽强地生存了下来。预测和观察别人的心理需要智力和大脑的活动。我们常说的"有眼力见儿"背后的读心和感情共鸣能力是关系他们生死存亡的重要能力。据科学家们推测，尼安德特人的读心基因遗传给了智人。

尼安德特人早在10万年前就开始埋葬死者，远远早于智人。在伊拉克沙尼达尔（Shanidar）的洞穴中，人们发现了一名男子的墓穴。死者生前的生活似乎十分困难。断骨处有多处患有退行性关节炎，一只眼睛已经完全失明。但是很明显，他生前受到过无微不至的照顾。死后有人为他献花，因为植物学家在坟墓里发现了7种花粉。坟墓里的花是对他最后的送别与哀悼，祝福他去往没有猛兽威胁、温暖宜居的地方，过上幸福的生活。

史蒂文·米森（Steven Mithen）的《歌唱的尼安德特人》是一本还原尼安德特人心智和生活的书。他在之前的作品《心智的史前史》（*The Prehistory of the Mind*）中，依次讲述了南方古猿、能人、尼安德特人和智人的心智是如何进化的。"创造论者相信人类的心智是突然完成进化的，认为心智是神造之物。但他们错了。因为心智有着漫长的进化历史，即使不依靠超自然的力量，也可以说明其由来。"[11]

尼安德特人既是御寒专家，
也是狩猎专家。
尼安德特人会集结成群捕猎体型更大的猎物。

尼安德特人

米森在其《歌唱的尼安德特人》中进一步深化和发展了这一观点。尼安德特人与智人一样在用语言交流前，就已经能够用歌唱来表达自己的感情。

通过这本书可以得知，当有了生活、建立了人际关系后，才有了心智、思考、感情和歌曲，进而出现了语言等高级的符号推理。尼安德特人等我们的祖先并非孤立的。他们和相爱之人在一起忍受饥饿严寒，迸发出无限生存的意志。史蒂文·米森研究了人类心智的进化历史，并且用音乐描述了他们的生活。

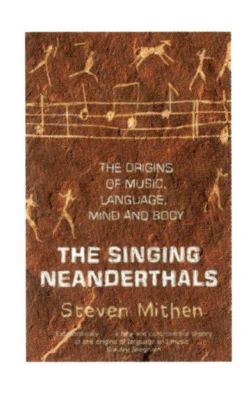

图书《歌唱的尼安德特人》

- J.S. 巴赫的《C 大调前奏曲》：在树顶巢穴中醒来的南方古猿。
- 戴夫·布鲁贝克的《非方格舞》(Unsquare Dance)：拿着棍子跳舞的匠人。
- 赫比·汉考克的《西瓜人》(Watermelon Man)：狩猎满载而归的海德堡人族群。
- 维瓦尔第的《b 小调小提琴协奏曲》：展示自己打造的手斧的海德堡人。
- 迈尔斯·戴维斯的《泛蓝调调》：黄昏时分，吃完马肉在树下休息的海德堡人。
- 贝多芬的《合唱幻想曲》：在一个春天，看到河里冰水融化的尼安德特人。
- 曼努埃尔·德·法雅的西班牙民歌《娜娜》(Nana)（巴勃罗·卡萨尔斯演奏）：在阿玛德洞穴埋葬夭折婴儿的尼安德特人。

- 妮娜·西蒙演唱的《感觉很好》(Feeling Good)：戴着贝壳项链，身上涂抹颜色，让布隆伯斯洞窟氛围感达到顶峰的智人。[12]

史蒂文·米森提到的歌曲非常符合人类物种的样子。"在树顶巢穴中醒来的南方古猿"指出，与地面相比，南方古猿更喜欢在树上生活；"拿着棍子跳舞的匠人"指的是，匠人最先学会了跳跃、奔跑和跳舞；"展示自己打造的手斧的海德堡人"指的是海德堡人自己制作了像斧头一样的石器；"在阿玛德洞穴埋葬婴儿的尼安德特人"暗示了尼安德特人时期开始埋葬死者；"戴着贝壳项链，身上涂抹颜色"的智人指的是智人时期开始制作项链等装饰品。

听妮娜·西蒙演唱的《感觉很好》或贝多芬的《合唱幻想曲》等作品，我们的脑海中会浮现出他们的样子。比如结束一天的狩猎，平安回到家里与家人聚在一起跳舞唱歌的情景；感受到冬天过去，春天即将到来时的激动场景；所爱之人去世后感到悲伤和抚慰的情景；脖子挂着项链，快乐张扬的场景等。

人类是唯一一种脚步和身体可以随着音乐律动摆动的灵长类动物。跳舞、唱歌、手斧、花束、项链都是有意义的符号标识。在这些符号逐渐形成的过程中，人类也逐渐有了自己的心智。我对《歌唱的尼安德特人》印象最深的部分就是书中对以下感情的说明：

> 幸福的尼安德特人，悲伤的尼安德特人，生气的尼安德特人，感到厌恶的尼安德特人，羡慕别人的尼安德特人，被罪恶感折磨的尼安德特人，痛苦的尼安德特人，陷入爱情的尼安德特人。之所以出现这么多的感情，是因为尼安德特人的生活方式需要智慧的决策和广泛的社会协作。[13]

尼安德特人拥有幸福、内疚、悲痛、坠入爱河等感情，是以他人的存在为前提。正如 38 页图所示，几个尼安德特人聚在一起聊天，自由地交流沟通。但他们的语言不像我们使用的语言那样，由一个个单词组成。例如，在"把火拿过来""和我在湖边见面吧"中，没有将"火""湖边""见面吧"等单词分开，一句话是一个声音单位。尼安德特人似乎可以说出并理解整个语句所蕴含的信息。他们还使用各种手势、表情、律动、声音高低等，可以充分表达自己的想法和心情。[14]

遗憾的是，在 2.4 万年前左右，尼安德特人从地球上消失了。将流淌着温情的人类心智遗传给了智人之后，他们灭绝了。直到现在，尼安德特人灭绝的原因仍然是未解之谜。不过有一点可以肯定，尼安德特人的文化和技术停滞了 20 万年。尼安德特人拥有人类的感情，可是在心智上尚不成熟。他们还没有形成具体的语言，也没有达到像智人一样创造性、抽象的思维方式。据推测，最后一位尼安德特人在冰河期肆虐时，来到欧洲大陆的直布罗陀海峡，迎来了生命的最后时刻。

而另一边，在 6 万年前到 3 万年前之间，智人的文化出现了爆发性的发展。迅速发展的最大原因是智人能够进行符号推理。在欧洲发现的洞穴壁画、雕塑、坟墓、石器、骨头碎片等都留有象征性思考的证据。当智人把贝壳项链挂在脖子上，该项链具有象征意义。可能意味着他在某个部落中较高的地位，也可能意味着你我是夫妻关系。象征物培养了智人大脑中想象不存在的事物的能力。例如，脸是狮子，身体是人的"人身狮面像"就是将人类和动物结合起来，想象世上存在半人半兽的证据。"具有和人一样想法的狮子"这样的比拟和象征表明，人类的心理发生了巨大的飞跃。智人看着坚硬的岩石，想到了永不改变的存在；看到漂浮在水上的树叶，想到了行走在水面上的存

尼安德特人聚在一起聊天的样子

尼安德特人似乎可以说出并理解整个语句所蕴含的信息。

他们还会使用各种手势、表情、律动、声音高低等，可以充分表达自己的想法和心情。

在；甚至还想象出既不是人也不是动物，而是肉眼看不见的超自然存在。这种超自然的存在正是宗教的起源。

智人的心智与以往的其他人类物种截然不同。史蒂文·米森将这种心理变化称为"认知流动性"。认知流动性是指"将源于个别智能的思考方式和储存在各智能的知识进行整合的能力"。人类能够在1万年前耕种田地，是因为具有整合、应用知识的认知流动性。驯养家畜、种植野生大麦小麦、利用石臼石磨生产粮食，这对尼安德特人来说简直是天方夜谭。身体适应、工具制作、读心、感情、语言、符号推理等智力，只有智人将这些完美融合后才能做到。最后智人达到了自我象征化的境界。看到倒映在河水中的"我"，大脑会制造出"我的象征"这一表象。具有"自我意识"的智人可以想到以后发生的事情，可以计划自己今后的行动和生活。

那么智人在人生中最迫切的问题是什么呢？应该和我们一样，是温饱问题。为了避免像尼安德特人一样灭绝，智人必须战胜冷酷的自然环境生存下来。当智人解决完"生存的斗争"后，又感受到了人类无法避免的"实际苦恼"。他们一边思考该如何生活，一边寻找人们如此痛苦生活的原因。也就是说，他们考虑了两个方面：一方面是思考如何尽快解决生存的痛苦，另一方面是对生活的价值和目的提出最终的发问。当温饱问题在一定程度上得到解决后，感到孤独和空虚的智人创造了体现生活价值的艺术和宗教。作为地球上40亿年来出现的懂得思考的物种，我们是一种特别的生命体，会在解决温饱问题后，试图寻找到自己存在的意义。

JARED
DIAMOND

贾雷德·戴蒙德《枪炮、病菌与钢铁》
科学家书写的历史书，人类的宏伟史诗

最近"大历史"备受人们关注。从宇宙大爆炸到人类出现，人们开始将 138 亿年的历史视为一个体系。天文学、地质学、生物学等科学的发展揭示了宇宙的历史、地球的历史、人类的历史是相互联系、有机统一的。宇宙的起源和地球生命体的诞生，一直到我们现在的生活，这些也是一体的。陨石和化石都在诉说着过去生命体的秘密和进化历史。活着的生命故事都是历史学。以科学事实为基础撰写的大历史，可以让我们站在宏观的角度更客观地看待自己。这让我们明白人类是多么渺小，也可以让我们知道人类之前书写的历史是多么地主观。

贾雷德·戴蒙德（Jared Diamond，1937— ）的《枪炮、病菌与钢铁》从大历史观的角度出发，重新诠释了历史。生理学家、进化生物学家、环境地理学家、文化人类学家贾雷德·戴蒙德为什么会写人类的历史呢？目前我们历史学习的重点一直放在了 5000 年前文

字出现后的人类文明史上面。正如戴蒙德指出的那样，著名的汤因比在其 12 卷《历史研究》中也没有涉及没有文字的史前时代。就像对南太平洋的偏僻小岛，以及在哥伦布之前生活在美洲大陆的原住民一样，人们对"未开化"的文明几乎毫不关心。而戴蒙德从 700 万年前的类人猿开始，将进化的历史包含在了人类文明史中。戴蒙德表示，"书的素材虽是历史，但使用的方法利用了自然科学，特别是进化生物学和地质学等历史科学方法"。

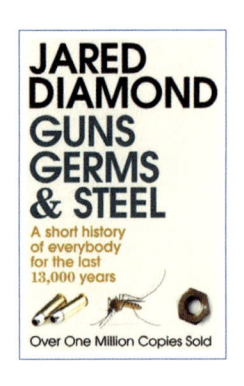

图书《枪炮、病菌与钢铁》

《枪炮、病菌与钢铁》的历史观点与现有的历史学观点截然不同。我们来回想一下近代以来西方历史学上的主要争论焦点："历史是进步还是退步？推动历史的力量是什么？历史的规律是什么？人类历史的终极目的是什么？"等等。例如，撰写《资本论》的马克思认为，历史有科学的法则，人类历史从原始社会、古代奴隶社会、中世纪封建制、近代资本主义，向社会主义或共产主义社会发展。18 世纪启蒙主义以后，西方历史学认为可以用人类的理性推动历史进步。牛顿科学和启蒙主义引领变革，使欧洲步入近代社会。科学、理性、进步、启蒙的概念成了社会的普遍价值。就像牛顿科学揭示了自然运动的规律一样，西方的哲学家和历史学家也试图找到能够动摇社会和历史的历史规律。然而贾雷德·戴蒙德在《枪炮、病菌与钢铁》中正面反对了这种被称为"进步历史观"的历史观点。

"文明"或"文明的兴起"这种话语会让人觉得文明是好的，以狩猎采集为生的部落社会生活是悲惨的。但是，过去 1.3 万年的历史真的是人类迈向更大幸福的进步旅程吗？

然而我却从未想过，工业化国家是否真的比狩猎采集的部落社会更好，放弃狩猎采集的生活方式转变为以铁为中心的国家是否真的是一种"进步"，以及这样的变化是否真的可以让人类更加幸福。[15]

是什么增加了人类的幸福，是什么让历史进步？贾雷德·戴蒙德正在认真地向我们提出这些问题。他的历史书并不是说历史有进步或者历史有规律。迄今为止，世界史的关注点首次放在枪炮、病菌与钢铁上，而不是亚历山大大帝和拿破仑等人类身上。有的人会误以为枪炮、病菌与钢铁具有改变历史的力量。但戴蒙德只是说枪炮、病菌与钢铁是世界不平等的原因，是拉开大陆之间差距的因素而已。人类历史上本没有历史规律或推动历史的力量。为什么会出现这种观点上的差异呢？因为戴蒙德是达尔文主义者。

生活在地球上的不只是人类。我们被树木、鸟类、河水、昆虫、猫狗等众多动植物和自然环境所包围。我们生活在这样的生态环境中，人类的历史也与自然密不可分。一直以来，历史学家将大自然的历史视为人类历史的附庸，但达尔文主义的历史观将自然与人类视为平等的存在，而且尽力排除人类的目的性，努力如实地叙述事实。西方历史学家追求的是"必须如此"的责任和目的，而《枪炮、病菌与钢铁》则叙述了"一直如此"的事实。作为进化生物学家，戴蒙德叙述了家畜、农作物、病菌、气候与人类共存的人类历史，就像叙述自然界发生的偶然进化一样。这在历史学上是一次全新的尝试。

如果改变历史观点，你会看到不一样的农业革命等历史事实。人类为什么要耕田？难道是具有特殊才能，进取心强的人发现了种田吗？与狩猎采集的生活相比，农耕生活是否提高了人类的生活质量？

种田比狩猎采集更轻松、更环保吗？从旧石器时代到新石器时代的过度能称为历史的进步吗？对于这些问题，大部分历史书给予肯定的回答，他们认为农业革命是人类取得的巨大成就。

而《枪炮、病菌与钢铁》讲述的观点却与我们的想法背道而驰。新石器时代的农民因为狩猎采集无法维持生计，迫不得已选择了种田。农耕生活是人们在进化的压力下，不得不适应周边环境的过程。从狩猎采集过渡到农耕生活的过程，并非自发或自然产生的。另外，驯服野生动植物和改变自然环境的农作物种植，都严重破坏了生态系统。不分日夜的农耕生活也不比狩猎采集的生活更好。

> 虽然农民和牧人构成了世界上实际粮食生产者的大多数，但其中大部分人的境况不一定就比以狩猎采集维生的人来得优越。根据对时间效率的研究来看，他们每天花在工作上的时间和以狩猎采集维生的人相比可能只多不少。一些考古学家已经证实，比起以狩猎采集维生的人，许多地区早期的农民身材更矮小，营养更差，患严重疾病的更多，平均寿命也更短。如果这些早期农民能够预见到选择粮食生产而引起的后果，他们也许就不会决定那样去做了。[16]

农民们无法预见耕种农作物带来的后果。从未接触过农耕的他们，一边控制野生动植物的繁殖，一边在收获的过程中不知不觉地介入到了自然环境中。同时，在这个过程中，也产生了动植物和人类都无法想象的情况。农业生产的盈余虽然积累了财富，但人口也随之急剧增加。正如我们所知，农业革命推动了国家、城市文明和宗教的兴起。不过对人类而言，这其实并不是什么好事。随着人口增加，粮食生产压力不断增加，战争、饥饿、传染病一直成为左右人口变化的因素。

另外，农业革命也并没有均衡地蔓延至全球。中东地区和中国等地所说的"新月沃地"指的是驯养野生动植物比较集中的地方。小麦、大米、玉米、大豆、土豆、苹果等农作物和牛、羊、马、猪等家畜也只在部分地区被发现。在动植物资源丰富的地方，人们在历史的各个方面都占据了有利地位。中央政府、商业、文字、教育等首先就是从这些资源丰富的地方开始的。因此，生态上适宜种植和不适宜种植的差异，导致了世界的不平等。也就是说，与自然环境相互作用的人类历史的天平从一开始其实就是倾斜的。

贾雷德·戴蒙德在《枪炮、病菌与钢铁》中揭露了我们身处的世界的不正义、不公平和令人不适的真相。"生活在欧洲、东亚地区的人们和移居到北美洲的人们独占了现代世界的财富和力量。与之相反，包含了大部分非洲人的其他民族虽然摆脱了欧洲的殖民统治，但在财富与力量方面仍处于远远落后的状态。其他民族，比如澳大利亚、美洲、非洲南部等地的原住民，自己的土地被全部夺走，甚至被白人移民杀害或奴役，严重时被全部杀害殆尽。"

世界为什么如此不平等？为什么有的国家过得好，有的国家过得不好？是因为美国、欧洲等发达国家的人，天生就高人一等吗？世界的不平等是生物学和遗传能力的差异引起的吗？戴蒙德在《枪炮、病菌与钢铁》的前言中提出了这样的问题，并给出了解答。"各个民族的历史不同，不是因为各民族的生物学差异，而是因为环境的差异。""直到上一次冰河期结束时的公元前 11000 年，各个大陆的人类族群仍然还是依靠狩猎采集为生。从公元前 11000 年到公元 1500 年，各个大陆的不同发展速度，也就变成了导致 1500 年间技术和政治差异的原因。"也就是说，始于史前时代的农业革命的发展不均衡是世界不平等的根源。

但谁会将人类的历史追溯到 1.3 万年前呢？最近几百年间发生的历史事件，似乎证明了欧洲和北美大陆的西方人是优良的人种。16 世纪以来，欧洲的探险家把在世界偏远地区遇到的土著视为极其野蛮的存在。欧洲帝国主义国家以种族歧视主义为基础，将掠夺和剥削其他种族的行为正当化。直到今天，种族歧视仍然存在。而戴蒙德表示，这个问题是促使他撰写《枪炮、病菌与钢铁》的直接原因。"欧洲人认为他们遗传的智力比非洲人高，尤其是比澳大利亚原住民高。当今反对种族歧视是西方社会的主流。但很多（或许大部分）西方人仍然私底下或无意识地接受种族歧视的思想。"当被问及为什么世界不平等时，他说："大部分人可能认为种族歧视的生物学解释是正确的，这就是我写这本书的最重要原因。"

《枪炮、病菌与钢铁》是对种族歧视这一传统说法的挑战。为了打破所有人都默认的种族歧视主义，戴蒙德研究了进化生物学、地理学、生态学、语言学、文化人类学，并提供了大量资料。他从史前时代开始研究人类历史，并回顾了迄今为止从未在历史学中涉及的欧洲以外的其他民族。他研究了撒哈拉沙漠以南的非洲、东南亚、印度尼西亚、新几内亚等地的土著居民，试图破坏和打破"欧洲中心主义、对西欧人的美化、西欧及欧化美洲优越性的妄想"等。种族歧视的幼稚想法包括"我们天生就了不起""你们太没出息了，所以才过得失败""都是你们的错"等思维方式。《枪炮、病菌与钢铁》表示，世界的不平等是环境地理差异造成的历史偶然，有些国家强大只是运气好而已。

进化生物学家戴蒙德看到了人类历史的偶然性。历史学家认为人类的历史有其目标和方向，历史有其定义，但历史并没有按照人类的预测和计划发展。这种偶然性的历史一直延续至今，并引发了世界性的问题。欧洲中心主义历史学认为产业化和近代化是历史的进步和人类的目标，但这种观点给发展中国家带来了错误的幻想。目前地球无法承受工业化带来的环境污染，全球产业化也是无法实现的梦想。戴蒙德在《枪炮、病菌与钢铁》中，以批判性的眼光看待产业化和现代化，提出了人类真正的目标是什么的问题。另外，他还提议应该寻找人类目标没有方向性和世界不平等等问题的解决方案。

《枪炮、病菌与钢铁》推翻了种族歧视的偏见，是一本政治正确的书。戴蒙德在《枪炮、病菌与钢铁》中揭示了什么是知识的正确目标。解决种族歧视和世界不平等的问题就是知识应该追求的目标。然后，通过进化生物学、地质学、气候学等科学，可以获得对世界的明确认知，以及现在的人类历史应该是需要科学探索的领域。戴蒙德的这些研究不仅照亮了他的人生，也使其价值更加耀眼。在《枪炮、病菌与钢铁》等著作里，戴蒙德还通过自己的生活，讲述了自己是如何拥有世界不平等等问题意识的。

1972 年，戴蒙德在南太平洋的岛国新几内亚研究鸟类，见到了当地的青年领导者耶利，在与他的交谈中，耶利向他提出了这样的问题："为什么你们白人制造了那么多货物并将它运到新几内亚来，而我们黑人却几乎没有属于我们自己的货物呢？"戴蒙德看穿了问题的核心，"正像耶利所体会的那样，这是一个简单却切中要害的问题"。如今富有的白人和贫穷的黑人，其差异来源于哪里呢？是什么让新几内亚黑人的生活如此窘迫？这是大部分科学家都会忽略的问题，但戴蒙德却认真思考，并将其作为终生研究的课题，因为这是戴蒙德生活中积累的经验和感悟。戴蒙德在感性冲动的 20 多岁经历了人生的转折点。第二次世界大战结束后，他在欧洲遇到了一名波兰女人，与之坠入爱河后走进婚姻的殿堂。这样的个人经历让戴蒙德的内心萌发了批判的历史意识。

从 1958 年到 1962 年，我在欧洲生活，我的一些欧洲朋友曾经遭到 20 世纪历史的严重伤害。生活在他们中间的我，开始更认真地思考因果链在历史的发展中是如何产生作用的这一问题。[17]

第二次世界大战结束后，我在欧洲待了 5 年，之后与一名有着日本血统的波兰女人结婚。当时我亲眼看见了，父母如果只照顾子女，却不关注子女的未来的话，会发生什么事情。（……）他们不关心子女未来的世界。他们犯下了第二次世界大战的滔天罪行。因此，与我同年出生的欧洲和日本朋友度过了极其艰难的童年。他们从小就成为孤儿或被迫与父母分开生活，经历过家被炸弹轰炸的悲伤，上学的机会也被剥夺。但是，在他们成长的过程中，却不得不跟随家庭财产被抢走、经历过战争或在集中营生活的父母。[18]

据说戴蒙德的岳父是德国纳粹屠杀犹太人（大屠杀）的牺牲者。犹太人大屠杀在欧洲历史上留下了不可磨灭的伤痕。此后，许多知识分子放下了对欧洲文明的自豪感，开始反思欧洲人犯下的罪行。戴蒙德通过妻子和其家人的经历，认真思考了世界经受的痛苦。因为一旦发生战争，就会失去亲爱的家人和宁静的日常。即使为子女留下遗产和保险，也无法避免整个社会遭到破坏。"当时我亲眼看见了，父母如果只照顾子女，却不关注子女的未来的话，会发生什么事情。"

这样的觉醒引领了戴蒙德的生活与研究。学者单纯靠学习，很难写出《枪炮、病菌与钢铁》或《崩溃》等好书。人类只有超越知识，并且具有洞察生活问题的洞察力和对社会的正向渴望，才能做出好的研究。戴蒙德是知行合一知识分子的典范。我们来看看他在《崩溃》中说的话吧！我很惊叹，一位科学家居然能在自己的书中直白地说出这样的话。

达豪货车上饿死的俘虏

1945年4月30日,美军在集中营发现了50多辆开往达豪的货车,里面有2500多因饥饿至死的人。

(图片版权:*Everett Historical*)

犹太人大屠杀在欧洲历史上留下了不可磨灭的伤痕。此后,许多知识分子放下了对欧洲文明的自豪感,开始反思欧洲人犯下的罪行。

> 我决定把余生投身于说服世人认真看待我们要面临的问题上，若这些问题得不到解决，将可能变成永远无法解决的问题。如果我们下定决心，我相信一定能够解决这些问题，而且我也看到了希望，这也是我和妻子在 17 年前决定生孩子的原因。[19]

出生于 1937 年的戴蒙德，展望了 100 年后即 2037 年的未来。2037 年人类面临的全球变暖与环境破坏与我们现在的生活无关吗？绝非如此。戴蒙德在讲述自己的事情时说道："当我的双胞胎儿子在 1987 年出生时，我和妻子也像普通的父母一样，开始为他们的教育进行规划，为他们买保险、预立遗嘱之时，我突然恍然大悟。到了 2037 年，他们也像我一样 50 岁！那一年将与我无关！如果那时世界一片混乱，我把所有财产留给他们又有什么用？"从《枪炮、病菌与钢铁》到最近出版的《贾雷德·戴蒙德的我与世界》，戴蒙德始终坚持自己的主张。他说道：认真对待我们面临的世界问题，留给人类的时间只剩下 50 年，只要我们做出正确的选择，人类就有希望。他为了创造更美好的世界，奉献了自己的余生。

戴蒙德在《枪炮、病菌与钢铁》的最后部分，强调了历史学的科学化。为什么科学要提到人类的历史？在回答这个问题前，让我们先思考一下人类最迫切的问题是什么。正如前文提到的那样，生存是人类在这个地球上最迫切的问题。世界上不断发生威胁我们生存的问题，核扩散、能源安全、气候变化、人口增加、传染病、生态系统破坏等。这些问题是科学应该站出来解决的问题。戴蒙德推出了继《枪炮、病菌与钢铁》之后的作品《崩溃》。在《枪炮、病菌与钢铁》中，他站在科学的角度观察人类历史，对我们面临的迫切情况提出了问题，世界是不平等且不可持续的！科学要积极参与解决这些世界性的问题。

贾雷德·戴蒙德《崩溃》
世界是不平等且不可持续的

我曾经看过贾雷德·戴蒙德的 TED 演讲。这位老学者用冷静的语调讲述了文明"崩溃"时具体会发生什么。文明的崩溃和毁灭是每个人都恐惧的事情。将文明崩溃的前兆告诉充满玫瑰色幻想和快乐的人,这绝不是快乐的事情。戴蒙德被人指责是"助长恐惧的人",是"夸大危险的牛皮先生",但他为何还是坚持自己的主张呢?

在 TED 演讲接近尾声时,戴蒙德抛出了一个意味深长的问题。他提到了课堂上学生们讨论复活节岛的人破坏环境并自取灭亡事例时的反应。"过去复活节岛人怎么那么愚蠢?""他们为什么对明显的危险视而不见呢?""砍下最后一棵树的时候,当时人们是什么想法呢?""一个社会怎么能做出将赖以生存的树木全部砍光的灾难性决定呢?"

戴蒙德认为,我们正在像复活节岛的人一样,正在做出愚蠢的事

情。当今世界正在走向自我毁灭，而我们却毫无感知，并且正在做出糟糕的决定。戴蒙德说："生活在下个世纪的人会对我们现在的无知感到惊讶，就像我们对复活节岛人的无知感到惊讶一样。"我们的后代看到破坏地球环境的我们，会感到震惊。在15分钟的TED演讲中，戴蒙德竭尽全力向我们发出"智力威胁"。他警告我们人类文明距离崩溃已经不远了，我们应该意识到我们现在所做的事情有多么愚蠢。

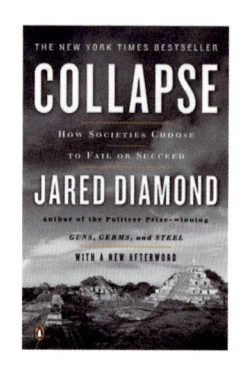

图书《崩溃》

对于文明的崩溃，戴蒙德提出了周密的情景设想。他不像末日论者一样制造恐怖氛围，大喊世界会灭亡，而是通过丰富的科学分析和资料，如身临其境般让人们感受灭绝。"如何'科学'地研究社会的崩溃？"戴蒙德用"比较方法论"和"自然实验（natural experiment）"分析问题。例如，他寻找环境脆弱性、与邻里的关系、政治制度、社会稳定性等与文明崩溃相关的因素，追踪彼此间的影响。他分析了过去复活节岛、汉德森岛、阿纳萨奇（北美亚利桑那州、新墨西哥州、科罗拉多、犹他州边境地区发达的印第安文明）、玛雅、挪威属格陵兰岛是如何崩溃的。他还先后研究了现在的卢旺达、多米尼亚共和国、海地、中国、澳大利亚等国家，使人们认识到了问题的严重性。

从过去文明的崩溃中，我们学到的教训是，当环境污染、人口增加、资源不足、政治问题等交织在一起时，会引发崩溃。今天，我们面临着自然栖息地遭遇破坏、全球变暖、能源不足、野生动植物灭绝等更加复杂的局面。由此得出结论，所有问题都在相互作用，使社会朝着不可持续的方向发展。"人们经常问：'我们目前最应该面对的是环境问题还是人口问题呢？如果选其中一个应该选哪一个呢？'我这样回答：'目前最重要的问题，其实就是在这些重要问题中找出一个最重要的问题！'"地球的生态系统是相互联系的，有关环境的所有问题都很重要。

戴蒙德说我们已经无处可逃。无论多么富有或者拥有多大的权力，只要生活在地球上，就无一例外。"世界是一整个圩田（Polder，荷兰海边开垦地）。""今天的人类社会牵一发而动全身，如果崩溃发生，将会对其他大陆的富裕社会产生影响，使全球陷入大崩溃。""如果继续朝着不可持续的方向前进，环境问题在我们子女的有生之年，就必须解决。目前的问题是：解决之道是我们心甘情愿选择的，还是在情非得已之下不得不接受的残忍方式，像是战争、种族屠杀、饥荒、传染病和社会崩溃？"

戴蒙德列举的多个国家的实例令人震惊。世界各地因环境和政治问题已经出现了社会崩溃。首先让我们询问对政治不感兴趣的生态学家：请说出目前环境压力或人口过多问题最严重的国家。他们会回答："阿富汗、孟加拉国、布隆迪、海地、印度尼西亚、伊拉克、马达加斯加、蒙古国、尼泊尔、巴基斯坦、菲律宾、卢旺达、所罗门群岛、索马里等。"然后，再去找对环境问题毫无兴趣的政治家，请他们说出政治问题最严重的国家，你会发现政府被推翻、内乱、恐怖分子横行霸道的国家与之前因环境问题饱受痛苦的国家名单一模一样。[20]

> 现在的世界和古代人类社会一样，环境问题越严重、人口压力越大，社会就越可能动荡不安，最后的下场不外乎政府瓦解、社会分崩离析。人民饥饿、走投无路、失去希望，就会责怪政府没有能

力解决问题。(……)人民已经一无所有,于是便会支持或容忍恐怖活动,甚至不惜铤而走险成为恐怖分子。最后出现了大屠杀的惨剧。(……)这些国家政府失败(state failure)的案例(如流血革命、暴力政权更迭、政府解体或种族屠杀)其实都有迹可循,在社会崩溃之前都有环境破坏和人口压力增加的问题,比如婴儿死亡率高、人口迅速增长、十七八岁到二十岁出头年轻人的高失业率等。这些压力使得资源的争夺愈演愈烈,争夺土地(如卢旺达)、水、森林、鱼类、石油和矿产。内在冲突长时间无法解决,政治和经济难民日增,有些威权政体为了让国内压力不至于成为国际社会注目焦点,因而出兵攻打邻国。(……)我们真正需要考虑的问题是"将有多少国家会重蹈覆辙?"。[21]

在全球化的影响下,邻国的政治和环境问题会对我们产生直接的影响。全球化打破了发达国家和发展中国家的壁垒,无论是消极还是积极,都在使彼此的影响力变化得更快。

世界是不平等的!仅有极少数国家拥有丰富的天然资源,贫穷的地区因资源和能源的不足而艰难维生。"如果计算人均化石燃料等资源的消耗量和垃圾排放量,美国、西欧和日本的居民比发展中国家的居民高出32倍左右。"总之,发达国家的人们使用着更多的地球资源,排放更多的垃圾。如果全世界的人都像美国的中产阶级一样生活,恐怕需要6颗像地球一样的行星,这句话毫不夸张。今天的地球其实是没有能力养活现在世界庞大的人口的。贫困地区的人向往优越的生活,但他们永远无法实现所愿。发达国家的人不想放弃如今的生活水平,甚至还进口发展中国家的资源,使其资源面临枯竭。

发达国家主导的产业化进一步加剧了世界的不平等。如今,占世界人口 20% 的发达国家消耗了全世界 70% 以上的能源。发达国家物质上的富裕是通过对殖民地的掠夺和牺牲积累起来的。20 世纪发达国家的产业化，是帝国主义国家在侵略战争中因发展军需所衍生出来的。可以说，我们应该承认产业化是不可持续，非正义的存在方式。我们也可以从《崩溃》中提到的卢旺达大屠杀，描写了西方殖民者犯下了多么残酷的暴行。

对于卢旺达大屠杀，戴蒙德说："我向来认为，人口压力、环境破坏和干旱是根本原因，这些因素就像火药桶中的火药一样，长期以来，慢慢陷入一触即发的状态。除了根本原因，我们还需要近因，也就是点燃火药桶的那根火柴。在卢旺达的大部分地区，这根火柴就是政客为了把持权力煽动的种族仇恨。"回顾历史，种族纷争成为导火线可以追溯到德国和比利时的殖民统治时期。在卢旺达生活着占总人口 85% 的胡图族和占总人口 15% 的图西族，常有人说胡图族人矮小壮实，肤色黝黑，图西族身材瘦长，肤色较白。德国和比利时殖民统治时期，把肤色较白的图西族视为优秀种族，把统治权交给了他们。这是引发种族间政治歧视和纷争的原因。卢旺达独立后，两个种族就统治权问题纷争不断，最终在 1994 年发生了百万卢旺达人被杀害的大规模屠杀事件。如此大规模的屠杀事件，欧洲国家负有不可推卸的责任！

今后会有多少国家崩溃？从学术角度看，人类灭绝是危险且具有挑战性的研究课题。戴蒙德之所以能够如此全面地提出崩溃和灭绝，是因为他是进化生物学家。戴蒙德在《枪炮、病菌与钢铁》中通过人类的进化过程，讲述了人类的历史。作为生物学的物种，回顾了人类和文明、追求人性化生活的历史。我们从生物学上的人类进化成为哲学上的人类、文明的人类，但人类随时都可能面临灭绝。科学家认为，截至目前，地球上 99.9% 的生物物种已经灭绝。在地球上，生存

比灭绝更难。

为此,《人类的起源》的作者理查德·利基出版了《第六次大灭绝》(*The Sixth Extinction*)。目前地球已经发生过五次大灭绝,他警告我们,一旦发生第六次大灭绝,我们可能会死亡。但是戴蒙德在书名中没有选择"灭绝"一词,而是使用了"崩溃"一词。原因在于我们是文明的建立者,不是终结者,具有自行破坏文明的自主权。书中展示的许多事例也是人类的自然文明史。最后,他为我们提出了具体的解决方案,若想在危机中生存下去,应该做些什么。

戴蒙德的目标不在于了解科学和知识。他认为不能仅仅停留在了解真相上面。在人类建立的文明濒临崩溃时,我们应该思考并投入实践。我们是具有反思和解决问题能力的人。戴蒙德让我们每一个人都认识到人类正在对世界产生影响,并敦促我们改变生活,改变世界。"我们肯定能做些什么进行改变。"以此为开头的"参考文献"中,戴蒙德一一列举出我们能做的事情:例如,作为选民,要正确行使自己的投票权;作为消费者,要监督不良企业。

78岁的戴蒙德又推出新书,并不辞劳苦到世界各地进行演讲。他仍然认为世界的不平等和环境破坏是威胁人类的问题。如果不解决这个问题,人类就没有未来。戴蒙德显然是一个很感性的人,透过出现在《枪炮、病菌与钢铁》中的新几内亚原住民照片,可以感受到他对他们的爱,真心为他们遭受的痛苦而痛苦。一名学者重要的不是高智商或高超的写作水平,而是将他人的痛苦视为自己的问题,迫切想要帮助解决这些问题。而且,戴蒙德还有着极高的自信和主动意识,并将那些问题都视为必须要解决的事情,这才是只有人类能展现的品格。我认为,我们不仅要学习《枪炮、病菌与钢铁》和《崩溃》中的问题意识,还要学习戴蒙德真诚又迫切的态度。

新几内亚原住民

要想从科学中获取洞察力，就得广泛观察人类的生活和哲学。为了能够解决如今面临的世界问题并生存下来，我们必须判断什么是正确的。因此人类开始探索哲学和科学。宇宙论、进化论、伦理学等真理，并非是只有哲学家与科学家可以研究的。现在为了做出更好的选择和正确的决定，我们所有的人都要具备一定的知识。这也就是一直以来，我们寻找真理的原因，即心中对正确的认知和生活的渴望。

02

哲学

对知识的极度渴望

KAREN
ARMSTRONG

卡伦·阿姆斯特朗《轴心时代》
宗教，创造人类文明

每每提及科学，人们经常使用"探索真理"一词。科学课本中的牛顿万有引力定律被称为真理。一直以来，我们从小学开始在科学课上学习的知识，都被说成是伟大科学家发现的真理。而爱因斯坦曾说过，所有的宗教、艺术和科学，都是生长在同一棵树上的枝叶。不仅是科学，宗教与艺术也是人类共同关心的问题。探索世界与人类终极问题的智力活动，也可以称得上是真理。

人类为什么要寻找真理？在认识什么是真理前，先想一想人类为什么要寻找真理吧！700万年前，人类从猿类中分离出来，开始直立行走。直到20万年前，人类大脑逐渐进化，智人出现。从尼安德特人在10万年前哀悼并埋葬死者的行为可以看出，人类开始产生了自我意识和感情，并认识到了死亡。人类出现了自我意识，并且产生"我是谁"之类的疑问。人类还知道总有一天自己也会死亡，对生死的意义与死亡后的世界充满好奇。

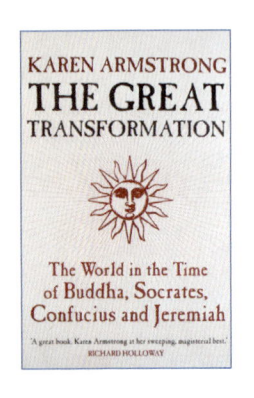

图书《轴心时代》

智人，旧石器时代的人类和其他动物一样，为了生存艰难度日，每天要躲避野兽，寻找猎物，在洞穴中忍受寒冷，生活十分痛苦。这时人类会认识到生与死，并提出最终的问题，人为什么要活着？也许是在问生活如此痛苦，为什么人还要活下去。如果没有生存的动机，那么活一天其实都是很艰难的事情。对于拥有指向性大脑的人类而言，生活的目的十分重要。人类想要理解自己的存在和生活的痛苦，于是发挥想象力想象出了超自然的存在和神灵。

在宗教和神话中，大部分神都是带有目的性创造世界和人类的角色。只有这样，人类才能找到战胜痛苦的目的，说服自我。因为神，人类成了不同于动物的特殊存在。人类与动物的差异在于想象和思考的智力，也就是心智的差异，这种心智是神赐予的灵魂。我们是谁，世界是什么？能够感受到快乐和悲伤，孤独和空虚，幸福和不幸的人类自然会产生这样的疑问。我们来自哪里？我们该如何生活？生活的价值是什么？人类存在的痛苦促使人类提出这些问题，并找到了问题的答案，那就是神和真理。

系统性地来说，真理有两个探索方向：一是探索"世界是什么"，即对自然世界"真相"的探索工作；二是思考"人类应该如何生活"，即对生活赋予"价值"的工作。对于这两个问题，宗教中的神都给出了完美的答案。宗教提出了世界，即宇宙，是如何诞生的，人类在宇宙中是什么样的存在，应该如何生活等基本框架。作为真理，宗教建设了人类文明，使世界产生了飞跃的发展。公元前800年至公元前200年间，宗教与哲学在全世界遍地开花，德国哲学家卡尔·雅斯贝尔斯（Karl Jaspers，1883—1969）称这一时期为奠基世界史的"轴心时代"。公元前500年左右，人类历史迎来了新的转折点。英国宗教学家卡伦·阿姆斯特朗（Karen Armstrong）在《轴心时代》中这样描述宗教的诞生：

> 在现今的困境当中，我相信人们能够找到德国哲学家卡尔·雅斯贝尔斯所称的"轴心时代（Axial Age）"给予我们的启示。从大约公元前800年到公元前200年，在世界上中国、古印度、中东和古希腊四个地区，出现了伟大的精神导师。在这一具有高度创造力的时期，宗教和哲学天才们为人类开创了一种崭新的体验。他们中的很多人未曾留下姓名，而另一些成为人类的导师，至今仍能使我们心存感动，因为他们教导我们人之为人该有的样子。在人类有文字记载的历史中，"轴心时代"是在知识、心理、哲学和宗教变革方面最具创造性的时期之一。[22]

农业革命以后建设的古代国家，通过使用青铜器和铁器的冶金技术，大量生产武器，然后进行征服战争，在王朝的兴衰更替过程中，农民们未能摆脱被剥削的命运，沦为士兵或奴隶。古代文明重复着破坏与建设，一步步走向胜者独尊的阶级社会。紧接着出现了"轴心时代"，涌现了佛陀、孔子、苏格拉底、耶稣等圣人。他们发现破坏性、暴力性的社会与人类的本性息息相关，提出了消除人类本性与欲望的化身——暴力性的解决方法，那就是对他人的痛苦产生共鸣，将慈悲的伦理内化，即"金规则""己所不欲勿施于人"。

"金规则"要求"我们要审视自己的内心，找出我们的痛苦之源，无论在什么情况下，都不要因为自己的痛苦而使他人受到牵连。

它要求人们不再把自己看得比别人特殊，而是不断地推己及人"。卡伦·阿姆斯特朗表示，这种"金规则"在中国、古印度、中东、古希腊等文明圈是共通的。"轴心时代的贤者们把放弃自私自利和提倡同情当作首要任务。对他们来说，宗教就是'金规则'。他们的注意力集中于人们应当实现超越的起点——贪婪、自负、仇恨和暴力之上。"人类在道德上觉醒，哲学上反省，发现真理正是人类的内心世界。

生物学上的人类通过宗教这一真理成为文明之人，哲学之人。宗教是人类用道德直觉完成的生活指南，它包含着世界是什么与人类应该如何生活的规范。"宗教教义并非只是对客观事实的描述，而是行动纲领。"虽然每个宗教关于"正确的生活"的具体内容不同，但宗教唤醒了人们对生活的意义，令人确信自己会过上美好的生活。"我领悟了世界之真理""我活得很好、很正确"，这样的信念催生了人们克服困难的力量。真理就是这样改变人类的心境，影响了人类的生活。

在 17 世纪近代科学出现前，西方的真理就是基督教。古代和中世纪西方出现的哲学家及其学派，从未有人否认过神的存在。人们将世界、人类及生活的所有都归结为神。哲学论证的顶点也有神的存在。但哥白尼的日心说给西方文明和宗教带来了巨大冲击，成为新的真理。近代科学推翻了神描绘的秩序，向人们展现了太阳系这一真实世界。曾经被人们视为宇宙中心的地球不过是太阳系里的一颗行星。宗教与科学开始了不和谐的共存。19 世纪达尔文的进化论出现后，宗教与哲学遭受了更大的打击，它们不得不否认神的创造。

哲学家尼采曾说"上帝已死"。他是想说赋予人们生活目的与道德性的神已经死亡，人类应该站出来创造新的道德。一直以来，对与错、善与恶都由宗教判定，但这样是否真的是正确的呢？宗教对于世界、人类以及我们应该如何生活等问题，提出了很好的框架。提问本身没错，但答案错了。也就是说，随着科学的发展，人们发现宗教教义中出现了错误的内容。宇宙的起源被大爆炸理论所替代，人类的起源被进化论所替代。科学揭露的事实影响了人们关于如何生活的价值判断。尼采在《反基督教者》《论道德的谱系》《善恶的彼岸》中批判了我们习惯性接受的道德戒律与原理。人们应该重新定义神所说的善恶对错，他还展望："也许在遥远的将来，宗教可能会被认为是练习或序曲。"

何为真理？人们认为，解决生活本质问题的宗教、哲学与科学相互角逐，都自有其正确性。哲学家路德维希·维特根斯坦在《哲学研究》中表示"世界的问题在生活结束后就会消失"，意为"没有生活就没有问题"。例如，雄狮在争夺母狮和地盘获胜后，就会杀死种群中其他雄狮的幼崽，而根本不会顾及母狮子。没有人把动物的这种行为视为道德问题。如果这种事情发生在人类社会，继父杀死继子，就会引发巨大的社会争议。因此，维特根斯坦认为没有人类的生活，就没有问题。因为我们是人类，我们生活在地球上，就会产生世界的问题。

在人类进化过程中，大脑并没有向道德或正确的方向进化，因为大脑的进化只是为了生存，这样的大脑造就了人类的心理。因此，在人类社会，必然会发生战争、暴力、矛盾与冲突，而我们需要宗教、哲学和科学来解决这些问题。回顾历史，真理是为了解决人类生存问题而存在的。世界是什么，人类应该如何生活？我们仍然在寻找这个问题的答案。虽然我们实现了近代化和产业化，科学技术文明得到飞跃般的发展，但宗教纷争、恐怖主义、贫困、不平等的问题并没有解决。卡伦·阿姆斯特朗曾说："实际上我们从未超越过'轴心时代'

的洞察力，而直到今天，对他人的共情和慈悲仍然是重要的美德。"

虽然我们生活在科技年代，但很难从科学中获得洞察力。因为科学讲述真理的方式不够周到。日籍韩裔学者姜尚中在《烦恼力》中批判了进化生物学家理查德·道金斯的《上帝的错觉》。他反问对方"科学为什么如此热衷于驱赶宗教"，并认为"相信神"代表了找不到"生活意义"的痛苦。正如姜尚中所说，人们相信神是为了找到如何生活的答案，寻找生活的意义。科学家们争论进化论是否属实，但人们想知道进化论对生活的影响。不讨论生活问题、不提供任何对策的科学争论，无法打动人心。道金斯把注意力放在了进化论是否正确这一事实上，却忽视了人类的生活。[23]

贾雷德·戴蒙德在科学批判宗教时，将其视为生活问题。他在《昨日之前的世界》中从"寻找比现在更好的生活方式"的观点出发，分析了宗教的作用。在过去，宗教具有解说超自然现象机能、缓解不安、安慰痛苦和死亡、有规模的组织、顺应政治、对异乡人的行为规范，以及对战争合理化等作用，但到了现代社会其作用越来越小。尤其是发达国家与发展中国家相比，宗教在日常生活中所占的比重明显减少。据戴蒙德统计，"如今认为宗教在日常生活中很重要的市民比率，在人均国内生产总值（GDP）1万美元以下的大部分国家达到80%~99%，在人均国内生产总值3万美元以上的大部分国家只占有17%~43%"。[24]

从戴蒙德的分析来看，世界上大多数人相信神，并不认为创造论是正确的，而为了能在贫困和痛苦战争中活下去，选择了宗教。为此，寻找结束战争、摆脱贫困的方法比消除宗教更为紧迫。戴蒙德指出要解决宗教纷争和恐怖袭击等问题，应该找到比宗教更合适的方法。是改变我的心情，还是改变世界？即不要为了摆脱痛苦而从宗教中获得安慰，应该正视世界、改变世界。

　　要想从科学中获取洞察力，就得广泛观察人类的生活与哲学。正如维特根斯坦所说，为了能够解决如今面临的世界问题并生存下来，我们必须判断什么是正确的。因此人类开始探索哲学和科学。宇宙论、进化论、伦理学等真理并非是只有哲学家与科学家可以研究的。现下为了做出更好的选择和正确的决定，我们所有的人都要具备一定的知识。这也就是一直以来，我们寻找真理的原因，即心中对正确的认知和生活的渴望。

亚里士多德《形而上学》
求知是人的本性

哲学家们的话都是真理吗？所有哲学家都主张自己的观念是真正的真理（real truth），但再准确的真理也只有部分是真的。真正的真理和神的概念一样，是人类创造的。真理虽非真实的存在，但这是人类想到的完美。"世界是什么？宇宙由什么构成？宇宙是如何运转的？"对于宇宙奥秘充满好奇的2500年前的古希腊哲学家们认为"神是几何学家"。神意味着真理，神用几何学构建宇宙秩序。在西方科学史上留下浓墨重彩的伽利略、开普勒、牛顿等科学家都把宇宙视为神书写的数学书，并探究其中的真理。

用圆规创造世界的神

据说在18世纪，威廉·布莱克为批判科学的世界观画了这幅《造物主》，由此可见西方对"几何学之神"的信任。

数学是源自人类大脑的典型象征符号推理。智人的大脑在看到具有象征性形象的物体就会联想到其他形象。数字、符号、图形都是得益于这种象征符号推理从而由人类创造的。人类的想象力创造了世界上并不存在的"数学"这一全新知识。我们通常将数学看作自然科学的一个领域，但严格来说，数学属于哲学、历史等人文学范畴。因为数学是以人类想象描绘的虚拟世界为基础创造的。

例如，我们来思考一下欧几里得的《几何原本》中出现的点、线、面等。关于点的定义是"点不能分割"或"点只有位置，没有大小"。然而在现实世界上，哪里有这样的点，只有位置没有大小的点，要如何表现出来？"线没有宽度，只有长度""面只有长度和宽度"，这些也存在同样的问题。欧几里得定义的点、线、面不是真实存在，而是我们大脑中的东西。但我们总误以为数学是科学，因为数学是科学中的一个重要工具。罗宾·艾里安罗德（Robyn Arianrhod）的《用物理语言解读世界》中，曾这样描述数学与科学不可分割的关系：

> 近来，许多物理学家深信数学作为普遍性的语言，是探索并表现物理宇宙基本本质的最基本工具，也是最客观的工具。因此，他们认为数学不是规范某个部落或民族的语言，而是规定整个人类物种的语言。[25]

数学是"规定整个人类物种的语言"，物理学家们认为数学是表达宇宙本质的最客观工具。西方科学家如此确信，那么历史上东方也曾经有过"神是几何学家"的想法吗？并非如此。人类出现并发明数字和符号后，古埃及、古巴比伦、中国、古希腊等地都发展了数学，并应用到了实际生活中。在中国，数学是用于计算的工具。在欧洲，数学被认为是真理，是用来解读宇宙的工具。之所以对待数学有着不同的态度，是因为哲学的差异。相信什么、决定如何行动等价值判断属于哲学问题。

古希腊哲学家柏拉图（Platon，公元前 427？—347？），笃信几何学，即数学。他在自己创建的学园门口写下"不懂几何学者不得入内"的牌子，并强调称，"哲学家和政治家最需要的训练就是数学教育"。柏拉图还表示，"叙拉古的暴君狄奥尼修斯二世要想成为优秀的君主，就必须学习几何学"。柏拉图是谁？柏拉图去世后，甚至有人说西方哲学史不过是柏拉图哲学的注脚，他是 2000 年来西方哲学史的支配者。柏拉图让数学在自己的哲学体系中占据最核心的地位，那么他为什么如此沉迷于数学呢？因为柏拉图所在的古希腊面临着大规模的杀戮和残酷的战争。希腊城邦国家在结束了与亚洲强国波斯的战争后，进入了严重的内战状态。雅典和斯巴达两个城邦国家于公元前 431—404 年，展开伯罗奔尼撒战争，持续近 30 年。憎恶的火种持续存在，斗争不断，希腊的城邦国家也走向了灭亡。柏拉图亲身经历过战争，建立了自己的哲学体系。他试图通过真理说服希腊社会走向正确的方向。

柏拉图的《理想国》是为了阐明何为正确，并以这种正确性为基础，实现全新共同体所著的书。在柏拉图的哲学中，他认为人们需要能够区分对错，达成社会共识的真理。柏拉图提出了明确的、可以说服任何人的强效方案，那就是"理念（idea）"。他主张要把现实世界与理念世界分开，在人们看不到的地方存在完美的理念世界。对于柏拉图来说，战争、暴力、欺瞒横行的现实世界是虚假的，理念世界是真实的。即，我们肉眼见到的宇宙不过是模仿真实的复刻版，理念世界是真实存在的宇宙。

柏拉图将注意力放在理念这一假想上面，找到了现实世界的突破口。在说明理念时，他用到了数学。受毕达哥拉斯影响的他把宇宙画成了球形。我们所生活的宇宙是神心怀善意模仿理念创造的。这样的宇宙当然是按照几何图形和数学法则运行的完美世界。因此，为了解开宇宙的奥秘，探索自然世界，我们必须接受数学训练，用数学解读。数字、图形与符号简单明了，小孩子都能看懂。另外，就像毕达哥拉斯定理一样，人们脑海中仅凭思考就能解答的数学论证不需要人类的感觉与经验，就可以得出确定的答案。柏拉图追求普遍且确定的知识，也就是从数学中获得的知识灵感。

我们再重新思考"神是几何学家"这句话吧。神是人类想象中最正确、最善良、最完美的存在。如果神是几何学家，数学自然也会进入神的行列。希腊哲学家们相信数学中存在美丽、完美、永恒的神之属性。西方史上众多哲学家与科学家都在数学中发现了真理性。哲学家波特兰·罗素（Bertrand Russell，1872—1970）曾这样说过，"我认为对永恒正确真理的信任，对超自然、睿智世界的信任，主要的源泉就是数学"。西方哲学的这种传统观点比任何文明圈都更接近客观事实。他们将数学变为科学的语言，把数学与科学结合起来，甚至撼动了神的地位。

柏拉图之后的西方哲学目标变得明确。哲学成为人们追求确定性、寻找普遍原理的学问。亚里士多德（Aristotle，公元前384—前322）在《形而上学》中说："哲学是探索永恒存在的真理和原理的学问。""我们正在探索的是'存在'的原理和原因。""存在"指的是世界上的所有，不仅包括地球、太阳、月亮、星星，还包括生活在地球上的各种生物，还包括天气、地震、日食和月食等自然现象。亚里士多德没有依靠神话或传说，试图通过合理系统的说明，从根本上阐明世界是什么。重要的哲学问题是从"存在",即什么是实体的问题开始的。

> 从古至今,人们一如既往地探索,但总会遇到难关——"存在"是什么的问题,这个问题无异于在问实体是什么。(……)因此,我们应该把"存在"是什么作为最主要的问题,首先,几乎应该只讨论这个问题。[26]

亚里士多德在《物理学》(*Physica*)中研究了动植物、天文、气象等自然世界。例如,在动物学分类中,他探究了"蚂蚁是什么?蛇是什么?牛是什么?鲸鱼是什么?"等问题;对下蛋的卵生动物、产崽的胎生动物、有脊椎的动物、无脊椎的动物进行了分类;并且在书中问到动物是什么,生命是什么,以及人类是什么。一开始,人们很容易就能回答蚂蚁、蛇、牛、鲸鱼等问题,但很难说明动物是什么、生命是什么、人类是什么等。严格来说,蚂蚁和牛存在于现实世界,而动物与生命只是一种普遍性的概念,不存在于现实世界。正如亚里士多德所说,"普遍的东西都不可能是实体",普遍的概念是哲学家们在理解世界的过程中创造的。人们在探索"存在"时,会逐渐加深与扩大探索主题,深入了解"存在"的本质和普遍原理。

亚里士多德以《物理学》为基础,撰写了解释自然现象普遍原理的《形而上学》(*Metaphysica*)。《物理学》中的"Physics"在希腊语中意为自然,但现在演变成了"物理学","Metaphysics"被称为"形而上学"。亚里士多德的"Metaphysics"是一个具有特别历史渊源的书名。公元前100年左右,罗得岛的安德罗尼柯(Andronicos)整理亚里士多德的著作时,将没有名字的著作排在了《物理学》后面。据说，为表示这本书是"物理学之后的书（The Book after the Physics）"，特意为该书起名"Metaphysics"。此后，"Meta"这个词经过演变，除了具有"之后（after）"的意思外，还有"超越（trans）"的意思。

"Metaphysics"在中国、韩国、日本被翻译成"形而上学"。形而上学一词是12世纪中国儒学大师朱熹（1130—1200）所用。朱熹将构成自然世界的物质基础称为"形而下学"，与之相对应的，探索物质最终原因的学问被称为"形而上学"。形而上学这一术语听上去有点难，不过可以这样理解。在东西方，哲学家们对于世上发生的现象提出"这是什么？"的疑问。当看到眼前的事物，人们提出"蚂蚁是什么？牛是什么？"的问题。而哲学家们在问"是什么？"时，并不满足于眼中看到的景象，而是在思索"其背后是什么？"，即在提出"蚂蚁是什么？"的同时，还会寻找"为什么会有蚂蚁？蚂蚁存在的目的是什么？"的答案。

就拿"蚂蚁为什么存在"举例子吧。大多数人都会说"蚂蚁就是存在呗"，因为蚂蚁微不足道。但对于"生命是什么？生命为什么存在？人类是什么？人类为什么存在？"等疑问，人类很难轻易脱口而出"就是存在呗"这个回答吧。因为像人类这种特别的存在，似乎有着一定的理由。像这种探索世界存在的学问，在哲学中被称为"存在论（ontology）""形而上学"。探索世界与人类存在，以及存在本质的形而上学"为何不是无，而是有？为什么世界不是一无所有的？"，想要回答这个问题的哲学家们把神当成了最初世界存在的"第一原因"。探索形而上学中存在的原因与目的，在终点会遇到神。最终，形而上学的最高点就是神，许多哲学家都努力证明神的存在。

形而上学或存在论听上去难以理解，但存在作为哲学的出发点有其必然性。当你早上睁开眼睛，会有什么感受？会感受到自己，看到周围的事物、房子、蓝天和树木。每个人都曾抱有这样的疑惑："我为什么会出生？我为什么存在？"哲学便是从探索自身和周边世界的本质开始的。与平凡的我们相比，哲学家更深入地思考"什么是存在，为什么会存在""存在的最终原因是什么"等问题。与眼前看到的"存在"相比，哲学家更想挖掘"存在"的普遍原理与原因。

"求知是人的本性。"这是亚里士多德在《形而上学》中的第一句话。知识就像吃饭睡觉一样，是人们日常生活中的一部分。每个人都怀着好奇心与渴望，想知道世界是什么。那么如何认识世界？人类通过感觉器官了解真实的世界。亚里士多德曾说过视觉尤为重要。正如有句话叫"眼见为实"，大脑通过眼睛接收 80%~90% 的信息。亚里士多德从知识中窥探到了视觉的重要性。哲学家们试图从人类的存在、从人类眼中看到的、从知识的角度探索世间原理，寻求生活的智慧。他们不依靠神的超越权威，而是试图通过人类的感知和推论理解世界。

> 求知是人的本性。人们对感觉的喜爱就是一个例子。即便有的时候感觉非常脱离实际，却依然能够得到人们的青睐。视觉是所有感觉中大家最喜爱的一种，不仅是在实际活动中，而且在人们并不打算做什么的时候，就像有些人说的那样，和其他感觉相比，人们还是更愿意"看"东西。因为在所有的感觉中，我们认为视觉最好用，它能让我们看清楚事物之间的许多差别。[27]

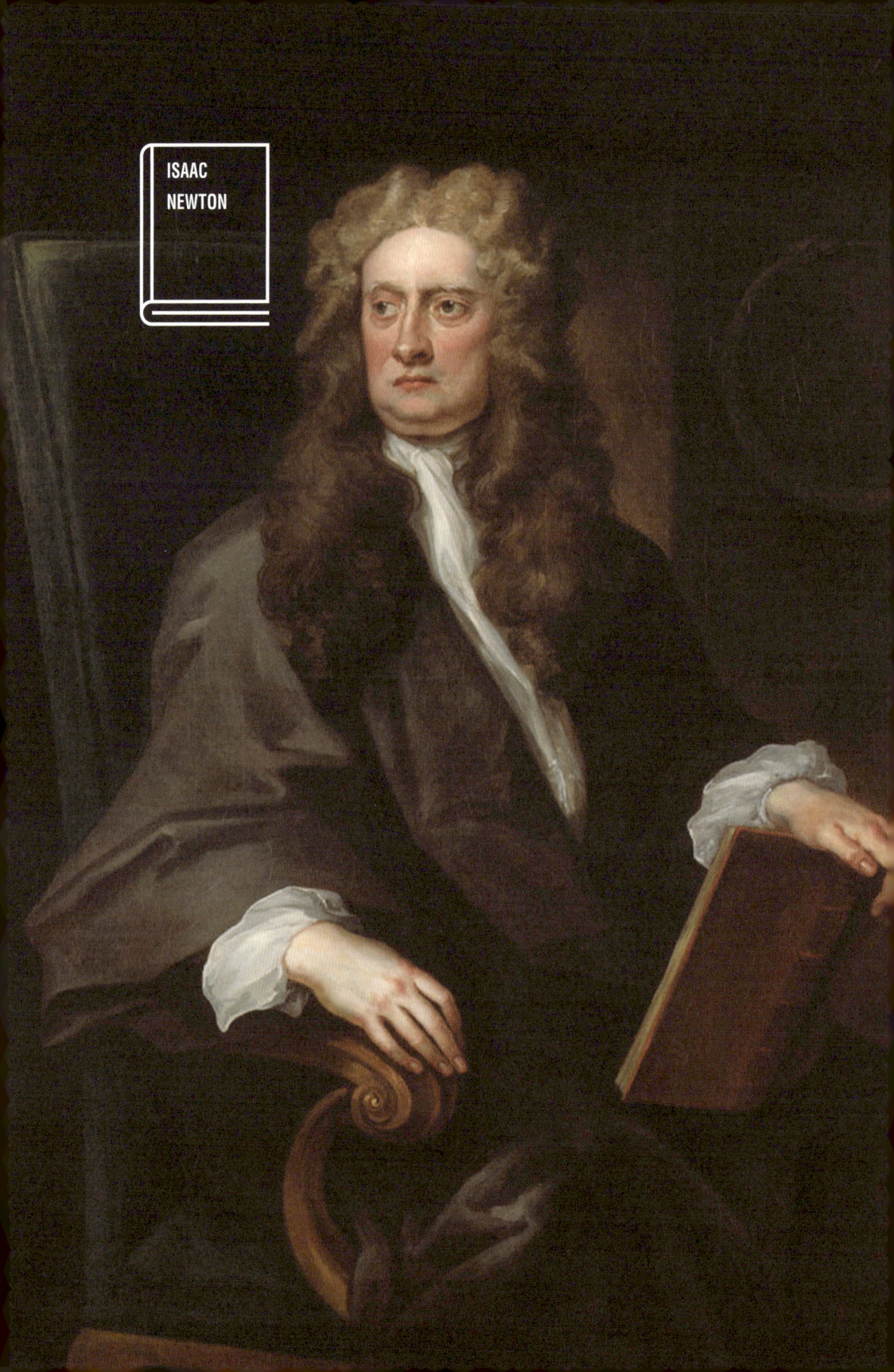

ISAAC NEWTON

艾萨克·牛顿《自然哲学的数学原理》
牛顿是如何克服形而上学的？

艾萨克·牛顿（Isaac Newton，1642—1727）的《自然哲学的数学原理》（*The Principia*：*Mathematical Principles of Natural Philosophy*）完美而严谨。1687年，《自然哲学的数学原理》出版后，欧洲的知识分子受到了极大的冲击。《自然哲学的数学原理》这一书名体现了牛顿的自信和抱负。他从数学上证明了自然世界的哲学问题，阐明了世界的普遍原理。牛顿光明正大地称自己的书为"原理"，并将伟大的希腊哲学家们的形而上学视为假说。为了与真实的知识区分开来，他宣称"我不杜撰假说（Hypotheses non fingo）"。

世界是什么？世界因何存在？正如我们眼中见到的太阳与地球、白天与黑夜、郁郁葱葱的森林与蔚蓝的大海，这样的世界是如何形成的呢？哲学家们曾说宇宙的本源是水、火或者三角形，而牛顿提出了谁也没有想到的万有引力。太阳、地球、月亮等宇宙内的所有物质都受万有引力影响。因此地球沿着太阳轨道运行，我们紧贴在地球表面

生活。牛顿在《自然哲学的数学原理》中证明了重力的存在。

　　让我们来看看牛顿是如何阐明世界原理的。牛顿用完全不同于以往哲学的方式进行诠释。哲学家们一直致力于提出并解释形而上学的概念，而牛顿一开始就很克制地使用可能会引发误会的语言。为了达到清晰和明确的目的，他利用数字、符号、图形等数学语言，采用了数学证明的方式，即借鉴了欧几里得《几何原本》里的形式。众所周知，《几何原本》是一本采用定义（definition）、公理（axioms）、定理（proposition）、逻辑证明阐明原理的书。定义点、线、面等基本要素，将显而易见的命题定为公理，然后逻辑性地导出新规律的方式，被称为形式逻辑学。只要逻辑上得到严格的证明的结果就是真理的保障。牛顿为了证明自己发现的法则就是真理，选择了欧几里得的公理方式。

　　但是，自然世界并非欧几里得的几何学世界。几何学中的点、线、面等是我们创造的理想状态中的图形或符号，可以干净利落地引导出逻辑证明或结论。与之相反，牛顿的《自然哲学的数学原理》讲述的是真实的变化无常的世界。比如每天自转和公转的地球运动和太阳系、星星，从这些天体的运动轨迹中找出普遍原理，是欧几里得的几何学无法比拟的，更为复杂困难的工作。为了将真实的世界转换成虚拟的计算空间，这需要完美的论证，需要天才的创意。

　　首先，牛顿研究出了用几何学表达自然世界中物体运动的方法。几何学上的点、线、面等在现实世界具有完全不同的意义。例如，人们射出去的箭不会直线发射出去，箭飞出去的时候会弯曲、会变快、会变慢。这意味着无论是直线还是曲线，物体运动的距离都不能单纯地称为点的集合。牛顿识破了以点表示物体运动的每个瞬间，每个点都有运动。因此，他认为飞出去的每个瞬间都有速度，其速度可以用方向和力量表现出来，也就是我们今天所了解的向量概念，牛顿通过这种方式为几何学注入了实在性。

而且牛顿还大胆地重新定义了物质（matter）、质量（mass）、力（force）等物理概念。《自然哲学的数学原理》第一章中的 8 个定义就这样开始了。"定义 1：物质的量就是物质的度量，可以通过物质和密度及体积算出。""在后面，我不管在什么地方提到物体或质量这个名称，一般来说，都是指的这个量。""定义 2：运动的量即运动的度量，是由其速度和物质的量共同算出的。"运动是速度和质量的产物。"定义 3：物体本身固有的力，存在于每一个物体之中，并始终使物体保持现有的静止或匀速直线运动的状态。"这就是惯性规律，指有质量的物体具有维持现状的惯性。对今天的我们来说，质量是物质的"量"，这是理所当然的事情，但在当时，没人能想到物质的量是什么，也不知道能否测定物质。在《自然哲学的数学原理》中，牛顿使用的概念远远少于《几何原本》里定义的 20 多种概念，但却阐明了太阳系的全部运动。

让我们再次回想一下希腊哲学家们提出的问题吧！是什么使存在变成了存在？存在的本质是什么？亚里士多德将实体定义为"让存在的东西存在，自己不发生变化，也不会产生或消失"。他认为，实体是质料与形式复合而成，作为潜能的质料在到达完全现实化的形式过程中，会发生变化和运动。橡子长成橡树就是变化，有分量的石头掉在地上就是运动。亚里士多德认为，石头的本性是"渴望"掉落在地上，而石头滚落时"感觉累了"就会停下来。

而牛顿的观点如何呢？实体是能够测量的物质的量，也叫质量。即，物质具有实验性可测量的质量，该质量具有物质凝聚力的作用。牛顿首次发现了物质具有凝聚力，也就是说质量意味着其中包含多少

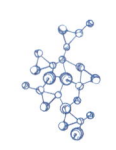

物质。换句话说，意味着物质中含有多少个原子。距离人们发现原子还有 200 年，但令人惊讶的是，牛顿认识了实体的物质，并创造了质量的概念。然后用自己定义的新概念发现了运动定律。例如，牛顿第二运动定律 $F=ma$（$F=$ 力，$m=$ 质量，$a=$ 加速度）发现了物体的质量、加速度以及作用到物体的力三者之间的关系。我们平时在日常生活中就可以了解到这些运动定律。作用力越大，加速度就越大；质量越大，加速度越小。如果投手用力抛出棒球，球就会变得飞快；如果投掷沉重的铁球，则很难飞得很远。

用质量、加速度和力说明物体的运动，是亚里士多德形而上学无法想象的事情。牛顿果断抛弃了从事物的本性中寻找运动原因的形而上学。他说，"我只是将这种概念用于数学，不会考虑其力量的物理原因和源头"。牛顿明确表示，他不会遵循以前哲学的研究目标和方法。即使不知道运动的原因，也可以说明其原因的结果。例如，虽然不知道重力的原因，但我们可以知道重力的大小。牛顿认为，重力不是物理力量，而是数学力量，可以通过质量、加速度、距离等数学关系的方式表达出来。

这体现了牛顿伟大的洞察力。与找出重力的原因相比，他选择了通过数学证明重力的作用，揭示重力的存在。据推测，重力的大小与两个物体之间距离的平方成反比（$F \propto 1/R^2$，$F=$ 力，$R=$ 距离）。由此可知，物体之间距离越远，重力越小。牛顿将这种重力法则应用在开普勒发现的行星椭圆运动中，并验证了这一理论。如果与距离的平方成反比的重力作用在行星间，行星的运动轨道会是什么呢？牛顿在《自然哲学的数学原理》中证明了行星运动的轨道是椭圆的。对于开普勒曾经好奇的问题"行星进行不等速的椭圆运动，让行星运动的力量是什么呢"，牛顿给出了答案——重力。

《自然哲学的数学原理》里的观察资料、数学图形、计算公式和证明非常多。其中还出现了1681年、1682年等年份的天文表，开普勒制作的行星观测记录，地球与月球的半径和距离等庞大的数字和符号。牛顿创造了运动定律，并且耗费心血通过计算结果验证了与实际观测记录的一致性。他凭借亲自实验与观察资料创造了运动定律，并且验证了运动定律的正确性。牛顿定律成了反映太阳系这一真实世界的真理。他用几个公式说明了世界是如何运转的，并且向世人展示了世界是按照定律运转的。

牛顿理直气壮道："我从未在实际现象中发现重力等性质产生的原因。而且，我不做假设，因为从现象中拿不出的东西才是假设。"也就是说，牛顿不会诠释重力的原因等实际中没有发现的东西。既然不能验证，又怎么能做出假设研究呢！哲学家们不断就存在的理由提出疑问，解释重力产生的原因，这些都是形而上学的假设。牛顿之所以如此批判形而上学，是因为他有科学方法这一武器，即实验和数学。

与形而上学相比，牛顿科学在实证性（positivity）方面占据了压倒性优势。实验与科学是人们肉眼可见的，能直接表现出来的确凿证据。伽利略的望远镜、开普勒的观测资料、牛顿的运动定律和数学公式完美证明了哥白尼宇宙体系的正确性。由于科学的实证性，人们不得不承认日心说是真理。无论形而上学如何反驳，都无法战胜能够明辨对错的科学。无法验证自身理论的形而上学一直原地踏步，而科学摒弃了错误的理论，创造了新的理论，逐渐接近真理。牛顿科学可以解释哲学未能揭示的"世界是什么"的事实。

世界运行时有一定的规则，而这个规则是我们肉眼看不见的。人们从观察肉眼可见的现象开始，进行科学研究。牛顿定律就是通过个

艾萨克·牛顿爵士逝世纪念馆

图中描绘了智慧女神密涅瓦望着装有牛顿骨灰的坛子哭泣的情景。[28]

别观察，找出了人们看不见的自然世界的法则。法则可以解释过去发生的事情，也可以预测未来将会发生的事情。通过法则预测未来，给人类带来巨大的自信。我们认识到，生活在一个可以预测的世界里，世界是按照法则运转的。这样的认识超越了对世界单纯的理解，赋予了人类改变生活与世界的实践力量。在《自然哲学的数学原理》中，牛顿对那些怀疑重力存在的人再次强调了"按照法则发挥作用"。他说："世界确实存在重力，只要应用目前我提到的各种规律，足以解释天体和我们（地球上的）海洋等所有运动。"

牛顿非常自信，自己的规律适用于世界的一切。就像一个原理可以解释天体和地球的运动一样，光、声音、热、电、人体等也将被揭示具有同样的原理。令人惊讶的是，他在书中最后提到了人类的精气，下面来看一下牛顿意味深长的一段话吧。

> 带电物体的作用能达到更远的地方，临近微粒既能相互排斥又能相互吸引；光能放射、反射、折射、衍射和加热物体。所有的感官都受到刺激，动物肢体在意愿的操控下运动，也就是受到这种精气的振动，它沿着神经固体纤维粒子相互之间的传播，从外部感官到大脑，又从大脑到肌肉。但是这些不是一两句话可以说清楚的，我们也缺乏得出和证明这些带电和弹性精气的作用规律所需的充分的实验。[29]

牛顿以物理学的观点，用光、粒子、大脑、神经细胞、电、振动、规律、实验等用语揭示了人类的精气。人类的精气似乎是大脑中神经细胞的带电振动，但目前还没有充足的实验来证明其作用规律。作为揭示了世界按规律运转秘密的科学巨匠，他发现了人的精神与心理也属于自然世界的一部分。根据人们在脑科学领域对意识、记忆、

感情的研究表明，牛顿的预测十分准确。他预测，科学总有一天会揭示人类心理的运作规律。

《自然哲学的数学原理》出版前后的世界截然不同。不，是人们眼中的世界不一样了。根据牛顿的原理与规律，世界脱下了神秘的面纱，露出了真面目。艾德蒙·哈雷（Edmond Halley，1656－1742）在《自然哲学的数学原理》的第一版序言中称赞牛顿是"打开真理心脏之人"和"最接近神的人"。牛顿完成了始于哥白尼日心说的"科学革命"。《自然哲学的数学原理》不是哲学书，而是诞生了近代科学这一新学问的书。看待世界观点的变化自此改变了人类的生活，改变了历史。近代科学实现了哲学家们追求的普遍真理，即分享正确的知识，建设新乌托邦的梦想。科学革命在欧洲社会引起了启蒙运动这一社会变革。欧洲人对知识的信任和对正确性的确信促使人类觉醒，产生了反抗不合理的力量，最终推翻了中世纪的旧秩序，迎来近代社会。

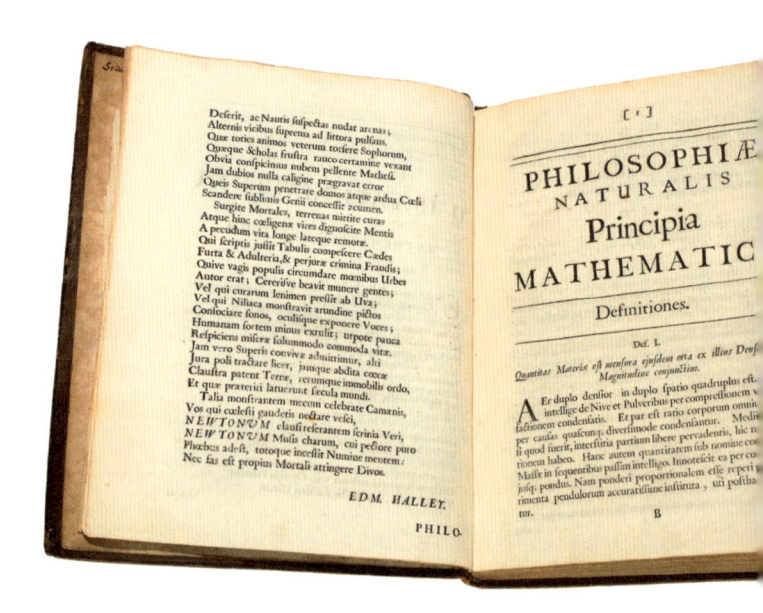

图书《自然哲学的数学原理》

伊曼努尔·康德《纯粹理性批判》
何为知识？

啊！我们怎么连这个都不知道呢！真是愚昧无知啊！牛顿的科学引来欧洲人的声声叹息。漆黑的世界突然变得明亮起来。"茫茫沧海夜，万物匿其行。天公降牛顿，处处皆光明。"正如亚历山大·蒲柏（Alexander Pope，1688—1744）赞美的那样，欧洲人眼前出现了光明，开始苏醒，为此人们使用了"启蒙（enlightenment）"一词。屈服于神灵旨意的中世纪，成为故步自封、愚蠢、野蛮的过去。近代成为不依靠神的帮助，人类自我苏醒后创造历史的启蒙时代。牛顿科学不仅动摇了中世纪的社会秩序，还动摇了哲学基础，影响深远。

对欧洲人来说，启蒙意味着觉醒。人们开始认真地思考发问，"我是谁""人类究竟是什么"，就像青春期的青少年在成长过程中寻找自我认同感、自我探索一样。但成为大人，成为生活的主人，一方

面令人高兴，另一方面也令人充满不安与害怕。没有了他人的干涉与命令，人们在自由但艰险的世界上独自生活，承受着随之而来的痛苦。所有的事情都要自我询问后自己做出决定。"我是谁"的觉悟延续到之后的判断是否正确，今后该如何生活。近代哲学家的问题意识也随之发生了变化。

中世纪哲学的主要问题是信仰，而近代哲学的焦点则转移到了人类身上。哲学家们曾经认为没有神的帮助，人类无法获得真理。但人类发现了世界的普遍真理，并创造了有意义的知识。人类认识世界！人类成为认识知识的主体。同时，"我们能知道什么"这个问题也变得非常重要。我们能知晓万物吗？或者说，我们能什么都不知道吗？我们到底能认识到什么程度，通过何种手段认识呢？自然科学等知识的出现，让人们开始怀疑神的存在，在这种情况下，思考人类的知识是否可靠变得非常重要。

哲学问题——世界是什么，我们在如何生活中增加了认识的新问题。继世界是什么之后，出现了另一个问题：我们如何认识世界。世界是什么，客观实在是什么，存在是什么，这就是存在论。我们能了解什么，我们如何了解到客观实在，知道（知识）就是认识论（epistemology）。古代哲学的问题主要是"世界是什么"，而近代哲学的问题则是"人类如何认识世界"。哲学问题从存在论转向认识论，认识论成为涉及人类思考、理想、感觉、经验等的哲学领域。

18世纪，当欧洲经历了科学革命与启蒙主义，走向近代社会时，德国哲学家伊曼努尔·康德（Immanuel Kant，1724—1804）确立了近代哲学。从哥白尼的日心说到牛顿的古典力学，他感叹于200年间科学创造的学术成果。哥白尼、开普勒、伽利略、牛顿如何生产科学这一知识成为他关注的焦点。康德关注到科学家们使用的方法论，即数学、实验与观察。他发现科学家将自然世界数量化，并以数量化的概念进行实验，用逻辑推理实验产生的结果，创造了正确的知识。数学是人类的理性，实验与观察是人的感觉与经验。科学同时运用理性、经验性的方法，准确诠释了真实的世界，取得了惊人的成就。

图书《纯粹理性批判》

在康德看来，科学取得了飞跃性的发展，而哲学似乎一直在原地踏步。《纯粹理性批判》第二版开头第一句话就写道，"对于属于理性的工作的那些知识所做的探讨是否在一门科学的可靠道路上进行，这从它的后果中可以马上做出判断"，这句话是什么意思呢？科学比哲学更有力、更优越，从其成果就可以知道这一点。康德认为科学比哲学发展得更好。科学正在改变世界，改变历史！康德说道，"自然科学遇到这条科学的康庄大道要更为缓慢得多"，相反，"毫无疑问，形而上学的做法迄今为止还只是一种来回摸索"。

康德的问题意识是批判性地研究整个哲学史，确保哲学的学术地位。18世纪的哲学夹在宗教与科学之间，处于不知所措的境地。被科学甩在后面的哲学，当务之急是切断与宗教神秘主义或与神的联系，确保其合理性。因此，哲学吸收了近代科学的方法论，把人类的知识，即认识论作为中心主题。康德在《纯粹理性批判》中探索了"我能知道什么"，在《实践理性批判》中提出并回答了"我能做什么"的问题，在《判断力批判》中提出了"我能希望什么"的问题。

为解决这类哲学问题，康德在《纯粹理性批判》中提出了新的方案。一直以来，哲学都在探索世界是什么，而他认为应该先探索人

类的知识是什么。他提出惊人之语：人类比世界更重要，无论世界拥有多少伟大的真理，没有人类的发现，就失去了意义。从未成年向成年发育的近代哲学开始全面地看重人类。人类通过理性或经验等知识来掌握和诠释世界，最终人类的知识决定了世界。现在，人类的知识远比世界是什么更重要。康德将这种思维方式的转变称为哥白尼的转变。让我们看一看康德在《纯粹理性批判》里的观点吧。

> 我应当认为，通过一场革命成为今天这个样子的数学和自然科学的实例足以引起足够的关注，以便反思对这两门科学来说变得如此优越的思维方式变革的本质性部分，并在这里就它们作为理性知识的前提下允许与它们的形而上学相结合，至少尝试效仿它们。迄今为止，人们假定，我们的一切知识都必须遵照客体；但是，关于客体先天地通过概念来澄清某种东西以扩展我们的知识的一切尝试，在这一预设下都归于失败了。因此，人们可以尝试一下，如果我们假定客体必须遵照我们的认识，以便更好地涉足形而上学的课题。（……）这里的情况与哥白尼最初的思想是相同的。[30]

康德认为不是我们的认识遵照世界，而是世界遵照我们的认识。"迄今为止，人们假定，我们的一切知识都必须遵照对象"，"人们可以尝试一下，如果我们假定对象必须遵照我们的认识，我们在形而上学的任务中是否有更好的进展"。康德这种主张等同于把宇宙的中心从地球变成太阳的哥白尼的日心说。也就是说，从截然不同的观点出发来进行哲学研究。

自柏拉图以来的古代哲学认为，真理（理念）是与人类无关的绝对存在。这种绝对真理是结合基督教信仰形成的中世纪哲学。而康德抛弃了绝对完整的神和真理，将不完美的人类作为哲学的主体。如今，真理即使不完美，也是人类不断追求和发现后的结果。柏拉图无比推崇的数学真理，其实也只是人类创造的真理。数学和逻辑学是完美无缺的吗？康德的哲学放弃绝对真理，认为真理是"依靠人类"出现的，不得不面临人类的局限性。也就是说，如何克服追求真理的人类理性、经验、感觉的不完美，成为一个新的问题。

人类的知识具有不确定性，因看、听、感受、思考的人或情况不同而有所不同。这就是众多哲学家对被称为知识形式的理性、经验、感觉争论不休的原因。有些哲学家比起经验更重视理性，也就是合理论者；有些哲学家比起理性，更重视经验，也就是经验论者。实际上，区分人类的理性与经验是没有意义的，但这是西方哲学史上长期采用的方式。

康德在研究形而上学时，试图划分人类的自我局限。《纯粹理性批判》正如书名一样，是一本批判纯粹理性的书。为什么哲学中理性会成为问题呢？柏拉图之后，许多哲学家为了克服感觉与经验的不完整，追求先验与必然的真理。所谓"先验"或"超越"真理，是指排除经验性证据，只以理性接近客观实在。逻辑学与先验性推论，证明神明存在的思想实验等，就是其中的典型代表。比如，"来，闭上眼睛，在大脑中想象一个完美的世界，再想象一个比之更完美的世界。想象一下正确、确切、不变的，我们能想象得到的最高道德境界，这就是神"。

康德想要批判这种在哲学中滥用理性的行为。《纯粹理性批判》将理性告上法庭，判决了我们可以通过理性知道和无法知道的事情。例如，"天空为什么是蓝色的"和"神是否存在"的问题被拿到法庭上讨论。法庭判定：天空是蓝色的这件事，是科学可以了解的事实，

这是人类可以了解的知识。接下来关于神是否存在这件事，法庭判定：神明是否存在是人类绝对不可能知道的知识，因为这件事不能当成学问来对待。康德在《纯粹理性批判》中提到，牛顿科学是人类可以知道的知识，而关于神明是否存在的形而上学是人类无法知道的知识，对两者进行了明确的区分。康德承认了人类理性的局限性之后，对科学和形而上学进行了区分和重新定义。因此，康德哲学被称为"懂得自我分寸的新形而上学"。

我们以牛顿科学为中心回顾了康德哲学。如果没有哥白尼、伽利略、牛顿，康德哲学也不会登场。康德曾致力于物理学、数学、地理学的研究，赞美科学，同时坚决批判形而上学，但他并不是科学家。康德综合了欧洲大陆的理性主义和英国的经验论，以理性和经验为基础确立了超越性的观念论。他是一名哲学家，在批判传统形而上学的同时，创立了新的形而上学。

例如，康德把人类无法从经验了解的时间和空间，看作"纯粹的直觉"。时间和空间不会发现变化，这必然是客观的，就像牛顿的绝对时间和绝对空间一样。他还主张超越时间与空间，存在我们无法知道的实体（事物本身）的观念论。然而康德的观念论随着科学的发展暴露了其时代的局限性。爱因斯坦的相对论问世后，证明了牛顿的绝对时间与绝对空间是错误的。作为康德哲学基础的时间与空间概念也随之崩塌。因此，哲学家的理论只不过是哲学家当时所处时间状况和学习获得的概念。[31]

1804年，康德去世时，人们引用了《实践理性批判》中的最后一句话作为他的墓志铭："有两种东西，我对它们的思考越是深沉和持久，它们在我心灵中唤起的惊奇和敬畏就会日新月异，不断增长，这就是我头上的星空和心中的道德律令。"对于康德来说，头顶上灿

依据康德哲学,图中的男人什么都无法看到。因为在时间与空间以外的世界,我们人类什么知识都无法获得。

康德通过牛顿的绝对时间与绝对空间概念来理解世界。

弗拉马利翁版画

这幅画将世界分为树木、太阳、月亮、繁星存在的世界和黑暗的阴暗世界。这就是康德所说的有时间空间的世界和其他世界。在画中,一个男人试图越过分界线去看外面的世界。

烂的星空是人类理性的自然世界，心中崇高的道德准则是神与宗教的世界，是科学无法揭示的世界。对于人类"我们应该做什么"的道德，康德提出"行动时要像你的意志和准则总是成为普遍有效的立法"的这一伦理学准则，即根据自己的良心决定并实践该做的事情。哲学家认为"我心中的道德法则"是科学无法触及的神圣不可侵犯的领域，而 21 世纪的科学家们，却试图通过牛顿所预料的方式探索人类内心的声音。

路德维希·维特根斯坦《逻辑哲学论》
对哲学的全新定义,哲学不是学说

"柏拉图有那么聪明吗?"西方哲学史上出现了一位质疑柏拉图聪明的天才,那就是被称为20世纪最有影响力哲学家的路德维希·维特根斯坦(Ludwig Wittgenstein,1889—1951)。1889年,他出生于奥匈帝国的首都维也纳,是富豪家族的小儿子。从出生就不同寻常的维特根斯坦踏上哲学之旅的途径也与他人不同。在1908年,维特根斯坦到英国的曼彻斯特大学就读,一个偶然的机会,他拜读了罗素的《数学原理》后,产生了哲学方面的疑问。于是23岁的他立即前往剑桥大学,见到了罗素,他的哲学才干得到了罗素的认可。从那时起,维特根斯坦就不再是哲学系的学生,而是被当作了哲学家。表面上看他是罗素的学生,但是他的学术能力超越了罗素。

罗素发现了维特根斯坦的天赋后说道:"这是我碰到的最完美的

传统观点上的天才典范，他热情、深刻、炽热和有统治力。"维特根斯坦不仅没有读过柏拉图的著作，而且几乎没有读过亚里士多德、斯宾诺莎、莱布尼茨、休谟等西方哲学史上哲学家的著作。他没有学习过往哲学家是如何解决哲学问题的，而是尝试自己去认识并解决哲学问题。1921年，他出版了《逻辑哲学论》一书，开始受到学术界的关注。在这本书中，维特根斯坦宣布自己解决了哲学上的所有问题。

《逻辑哲学论》一书被称为现代哲学的经典著作，也是最难读的一本书。这本书的第一章罗列了这样的话，"1. 世界是一切发生的事情。1.1 世界是事实的总体，而不是事物的总体"等等，只有编号的命题，没有附加任何说明。维特根斯坦为什么会写出这本充满谜题的哲学书呢？这让人对他的生活十分好奇。

据说，维特根斯坦从小就有自杀的冲动。他的世界充满了不合理且矛盾。在天才的人生中，只有通过自己的方式去理解充满矛盾的世界。人类存在于世的理由是什么？如果人类没有了存在的理由，可以去死吗？如果人类"不该"死亡，为什么会"发生"死亡的现象呢？如果"不该"死亡是"应当的"，死亡"发生"是"事实"，为什么"应当"与"事实"相违背呢？康德说人类心中存在道德准则，那么世界上就存在道德准则吗？如果世上不存在道德准则，人类应该如何生活呢？人类该如何区分对错，什么是正确的人生呢？世人都像自己一样不懂哲学，但他们结婚生子，生活美满，在哲学中找到所谓的正确生活又有什么作用呢？维特根斯坦在智力的头脑风暴中，疯狂埋头于哲学中。

对维特根斯坦来说，重要的不是知识，而是生活。发生在生活中的所有问题都是哲学问题，倘若不解决这些问题，他就无法生存。维特根斯坦在《逻辑哲学论》一书创作完毕后，对罗素说了这样一句话,"我还没成为一个人类,怎么能成为逻辑学专家呢!对我来说最重要的事情是解决与自己的问题",然后离开了剑桥大学。他独自来到挪威的山村生活,怀着迫切的心情进行研究。"完全地明了,否则就是死亡,没有中间。"要么全对,要么全盘否定(all or nothing),没有中间,没有妥协。维特根斯坦倾尽自己的生命作为赌注,坚持自己的哲学。世人都以为他是个有奇特怪癖的哲学家,却没有人能像他一样真诚正直。真理究竟是什么?什么是有意义的知识?哲学是追求真理的学问,为什么要追求真理?维特根斯坦认为,如果真理没有给出如何生活的答案,就没有任何意义。

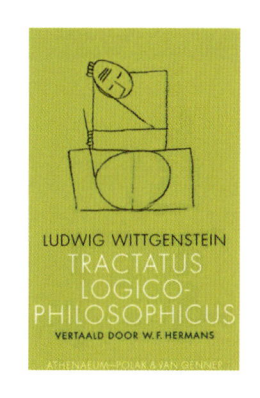

图书《逻辑哲学论》

"我们懂的太多了。"这是维特根斯坦经常说的一句话。"我几乎没有读过哲学书,但我觉得不是读的少,而是读的太多了。每次读哲学书时,我都会发现它不会改进我的想法,只会让事情变得更糟。"没有领悟与学习的读书对生活没有任何帮助。我们人生中有许多时间都浪费在了学习无用的知识上。因此,他在《逻辑哲学论》中留下这样一句名言,"哲学不是一门学说,而是一项活动"。哲学不是学习的学问,而是解决生活问题的活动。这句话的意思是让人们做哲学(do philosophy),而不是学哲学(study philosophy)。

不要学习哲学,去做哲学!维特根斯坦洞察了世界、人类和生活的所有问题,写下了《逻辑哲学论》一书。他在书中提出七个主要命题,并在每个命题后加以注释和解释。他分析了这七大重要命题,首先提到世界是什么,然后提到事实是什么,之后提到了思想,然后提到了命题,最后在第七个命题中,以"对于不可说的东西我们必须保

持沉默"结尾。

1. 世界是一切发生的事情。
2. 发生的事情，即事实，就是事件存在的状态。
3. 事实的逻辑图像是思考。
4. 思考是有意义的命题。
5. 命题是基本命题（要素命题）的真值函数。
6. 真值函数的一般形式是……
7. 对于无法言说的事物我们必须保持沉默。

只看这些命题，根本看不懂是在说什么。通过如下的一幅图片，我们可以理解维特根斯坦的独创性世界观。在这幅图片中，与肉眼看实物相比，用数码相机可以更清晰地看到自由女神像。数码相机是"逻辑"，相机拍摄的照片是"语言"。真正的自由女神像在远处依稀可见，而用相机拍摄后，人们可以清晰准确地看到自由女神像。我们通过逻辑这一形式，看到了语言表达的世界。如果使用更高参数的相机，也就是说，如果逻辑正确，就可以获得更清晰的世界图像。维特根斯坦认为，我们的思想是以语言为媒介表现世界的图像。语言既是世界的图片，也是思想的体现。维特根斯坦用下面的哲学语言阐释了我们对世界的了解。当我们知道什么时，脑海中会浮现图像。所谓知识就是用语言表达如图像一般浮现在我们脑海中的想法。[32]

4.01 命题是实在的图像。
命题是我们所想象的实在的模型。

数码相机与肉眼看到的自由女神像

世界—实在（事实）—事件—对象

思考（逻辑图像）

命题（真命题）—要素命题—名称

《逻辑哲学论》的主要内容概括如下：①语言是人类发明的思想工具；②科学是唯一对事实的确定知识；③但是，科学只能描述实在的原理，不讲实在的意义；④比如，科学是虚幻的真理；⑤艺术和幸福等无法严格定义的词语被称为价值语言；⑥由价值语言构成的句子，由于无法判定真假，不是命题；⑦对于非命题的即无法言说的事物，无法进行讨论。

世界是什么，我们应该如何生活？维特根斯坦对这个问题做出了明确的回答。世界是事实的总体，这些事实是由科学揭示的。通过哲学，我们可以知道应该如何生活，但我们很难表达出来。宗教、生活价值、逻辑学、美学、伦理学、哲学等是无法揭示的，而是其本身展现出来的。对于爱情是什么，哲学是什么，维特根斯坦这样回答，没有爱情本质之类的东西，不要试图谈论爱情，去看看爱情这个词是怎么用的。同样，不要问哲学是什么，因为哲学没有本质，去看看哲学是怎么被研究的吧。

维特根斯坦对科学和哲学进行了严格的区分。科学等"事实"是可以说的，哲学等"价值"不能说。价值是无法言喻的，只能表现出来。罗素梦想把哲学变成像科学一样的确定知识，而维特根斯坦在《逻辑哲学论》中证明了哲学绝对不可能成为科学。"4.111 哲学不是自然科学之一。""我们在哲学中发现的是琐碎的事情，因为这些不会告诉我们新的事实。只有科学才会。"维特根斯坦批评称，迄今为止哲学家们的研究并没有给我们任何解决方案。哲学改变不了生活，改变不了世界。维特根斯坦的观点对哲学家来说无异于晴天霹雳。因为他指出，一直以来哲学都是在毫无价值、错误的方向上进行研究的。

那么哲学应该做些什么？维特根斯坦认为世界的问题是语言的不明确引发的。"5.6 我的语言界限意味着我的世界界限。"因此，哲学的作用是明确地解释概念，消除语言引发的混乱。"4.0031 全部哲学都是一种'语言批判'。""4.112 哲学的目的是从逻辑上澄清思想。"受此影响，奥地利哲学家们掀起了拒绝形而上学，追求语言明晰化的逻辑实证主义（logical positivism）。奥地利首都维也纳的学者们共同创建了维也纳学派，探索科学哲学。

而维特根斯坦对逻辑实证主义并不感兴趣。对他来说，重要的不是可以说出来的事物，而是无法言说的。即，科学是可以言说的，因此对他来说不重要。真正重要的是不能言说的、但能表现出来的东西，比如生活的价值、宗教、伦理学、美学、艺术、音乐等。维特根斯坦苦恼且想表达的东西也是关于生活的价值。令人绝望的是，他发现世界上不存在价值，无论怎么寻找，都找不到关于生活价值的答案，即不能轻率地谈论价值。所以他说"对于无法言说的事物我们必须保持沉默。"让我们读一读他在《逻辑哲学论》中的话。

6.41 世界的意义必定在世界之外。世界中一切事情就如它们之所是而是，如它们之所发生而发生；世界中不存在价值——如果存在价值，那它也会是无价值的。

如果存在任何有价值的价值，那么它必定处在一切发生的和既存的东西之外。因为一切发生的和既存的东西都是偶然的。

（……）

6.42 所以也不可能有伦理命题。

(……)

6.44 世界是怎样的这一点并不神秘，而世界存在着，这一点是神秘的。[33]

"世界中一切事情就如它们之所是而是，如它们之所发生而发生；世界中不存在价值。"只要符合自然规律，世界上会发生任何事情。在科学中找到的规律必然会运作，除此之外都是偶然。世界充满了偶然事件，意味着世界没有目的介入。因此，我们无法对世界进行价值判断或伦理解释。世界没有价值，我们不可能从事实中得出价值。虽然对于自然世界，我们会做出美丽、崇敬、崇高等价值判断，但这是只有人类能感受到的感情。"世界是怎样的这一点并不神秘，而世界存在着，这一点是神秘的。"

维特根斯坦的哲学目标是在生活中找到正确的价值。但是，当他发现世界中不存在价值后，陷入了绝望。我们该怎么生活？对于这一重大哲学问题，他得出的答案是保持沉默。在事实的世界中找寻不到意义的维特根斯坦认为，世界的意义必定在世界之外，成为一名超脱的哲学家。晚年的维特根斯坦逐渐陷入神秘主义和宗教，罗素对他放弃了天赋才能感到遗憾。

维特根斯坦的问题在于忽视了科学的重要性，他强烈拒绝罗素的科学世界观，对科学和科学家表现出了冷淡的态度。他认为科学对哲学没有任何帮助，坚决与科学家保持距离。他没有读过达尔文的《物种起源》，并且断言进化论和哲学没有任何关系。没有察觉到人类的科学进化论对哲学产生的影响，这是维特根斯坦的重大失误。哲学是人类依靠直觉和推论进行的一种精神活动，即大脑的产物。随着人类大脑的进化，人们通过进化心理学和脑科学正在揭示人类直觉、推论、记忆、学习、感情、意识、语言等。维特根斯坦提到的"不能说"的思想和价值判断过程，现在我们可以通过科学进行表达。

例如，神经生理学家埃里克·坎德尔（Eric R. Kandel，1929— ）在 2012 年出版了《洞察的时代》（*The Age of Insight*）。这是一本科学诠释维特根斯坦不能说的艺术和美学的书。因揭示记忆的神经科学原理，于 2000 年获得诺贝尔生理学或医学奖的埃里克·坎德尔在《洞察的时代》中探索了沉迷艺术的人类无意识。他试图研究人类如何对美丑做出生物学反应，以及人类的欲望与价值的根源。近些年，脑科学和神经科学都提出了关于道德、哲学、艺术活动的科学证据。

正如维特根斯坦所说，科学不是虚无的真理。《逻辑哲学论》中的观点，如"世界只是存在的""世界没有目的和价值"等在史蒂芬·霍金的宇宙论和达尔文的进化论中都得到了证明。我们不仅要理解世界，还要对如何在世界生活做出价值判断，科学为我们做出所有价值判断提供了基础。进入 21 世纪后，科学正在扩大其范围，甚至包括哲学家无法直观触及的从宇宙到人类心理的广大范围。现在，这些已经正式成为科学的主题，我们应该阅读关于宇宙、人类、心理的科学图书，了解科学对哲学家提出的本源问题给出了什么样的答案。

卡尔·萨根在《宇宙》中科学阐明了地球与生命的价值，号召我们理解生命的奇迹。科学的首要目标是守护生命，这也是人类的目标。不要把视线放在地球上发生的事情，走向宇宙我们就能看到科学的美德。科学是揭示我们在宇宙中的存在是什么样的最可靠知识。如果从宇宙的角度来研究科学并扩充自己的知识库，会改变我们迄今为止对生命价值的看法。

03

宇宙

万物的起源

STEPHEN HAWKING

CARL SAGAN

GALILEO GALILEI

ITALO CALVINO

ITALO
CALVINO

伊塔洛·卡尔维诺《宇宙连环图》
我们想听的宇宙故事

与文字相比，我们更容易理解影像。在进化过程中，我们最先接触到的是实物风景，而非文字。几亿年前，当眼睛这个器官诞生，我们进化成人类后，最先看到的是什么？一望无际的草原和蓝天，在其中嬉戏打闹的野生动物们，晃动着树叶摇摇欲坠的雨滴，妈妈温暖的微笑。文字是人类的发明，它比我们看到的风景要晚很多。文字出现于几千年前，人类大脑认知文字时难免会遇到困难。我们做梦时就好像是观看了一场静音视频，因为梦醒后，比起说话声和文字，我们只记得视觉的场景。就像与书籍相比，我们更喜欢智能手机一样，视频比文章更有力量。但有时，也会出现影像无法替代的优秀书籍。

伊塔洛·卡尔维诺的（Italo Calvino，1923—1985）的《宇宙连环图》就是其中之一。卡尔维诺和豪尔赫·路易斯·博尔赫斯（Jorge Luis Borges，1899—1986）被称为 20 世纪世界奇幻文学的双璧。卡尔维诺出生于 1923 年，父亲是农学家，母亲是植物学家，他自小就

图书《宇宙连环图》

在科学的熏陶下长大。《宇宙连环图》讲述的是卡尔维诺建立在自己的科学意识上的美丽的城堡故事。走进城门，其构造上的科学基石和柱子完美结实，展现了超乎人们想象的人物世界。

《宇宙连环图》收录了 12 篇短篇小说。卡尔维诺凭借读科学书籍后对科学的印象与形象完成了一篇篇小说。他的小说，开篇出现的科学知识逐渐演变成奇思妙想的故事。关于宇宙的起源、时间和空间、进化，我们了解的知识与奇幻世界接轨了。在 12 篇小说中，主人公都是一个名叫 Qfwfq 的独特人物。卡尔维诺设计的这个人物的名字，无论从前面读，还是从后面读，发音都一样，他是不存在于现实世界的虚拟人物。Qfwfq 是有意识的超越性存在，不受任何时空和物质的限制。他的宇宙没有重力，他的地球没有颜色，生命体没有视觉，也没有男女之分。

就这样，卡尔维诺把从物质到生命、意识的进化过程搅乱了，并把所有故事的结尾交给读者，似乎在说："随便你们怎么想，这只是关于宇宙的笑谈。"但是读卡尔维诺的故事，总是不由自主沉浸其中。没有重力的宇宙是什么样的？如果看不到颜色，我们将如何生活？假如有一个地方的时间和空间不同，假如人类和恐龙一起生活，假如人类没有了眼睛。当想法不停地延伸到宇宙末端时，卡尔维诺似乎又在发问："你想过重力、时空、颜色和眼睛的意义吗？除了你知道的科学外，还有其他故事，你要不要听一听我的故事？"他的故事超越科学，成为让人们沉浸其中的美丽而感动的宇宙故事。

我们来读一下其中第一篇小说《月亮的距离》。这个故事创作的基础是地球与月亮间的距离正在越来越远,月亮每年远离地球约 4 厘米。在很久很久以前,月亮和地球间的距离很近,而且从地球到月亮的方法也非常简单。只要坐船到月球下面,把梯子靠在月球上,往上爬就行。倘若想从月亮再回到地球,只要跳下去即可。因为月亮上没有什么能支撑梯子,地球上又有重力的作用,跳的时候要小心翼翼才行。

这篇小说里出现的人物有 Qfwfq、他的表弟、船长和船长妻子。他们因为某种原因往返于地球和月亮之间。但是,Qfwfq 和他的表弟及船长妻子却陷入了微妙的三角关系。Qfwfq 爱船长妻子,船长妻子爱表弟,表弟爱月亮。有一天,他们去月亮上玩耍时,突然发现月亮和地球的距离越来越远。表弟连忙回到了地球,而再三犹豫的船长妻子和 Qfwfq 留在了月亮上。留在月亮上的两人看着离自己越来越远的地球十分焦急。

地球和月亮上的三个人望着彼此,心情各不相同。在地球上的表弟思念月亮,Qfwfq 和喜欢的船长妻子一起留在月亮上,但不知为何他总是感到不安和焦虑。对于没有表弟的月亮,船长妻子只觉得悲伤和无意义。后来,他们终于迎来月亮和地球距离变近的最后机会,也就是这三个人各自决定自己去留的机会。Qfwfq 很高兴能和船长妻子单独留在月亮上,但也意识到他们的未来不会幸福。Qfwfq 绝望地发现,无论是在月亮上还是在地球上,都无法实现他和船长妻子的爱情,于是独自回到了地球。

> 我只是在想念地球,是地球使我们每个人成为自己而非他人;而站在这个远离地球的地方,我自己似乎不是原来的我,她也不是原来的她。我渴望回归地球,担心会失去它。我的爱情之梦也是在地球与月亮之间翱翔游动时就完成了,没有了地球的引力,我的爱恋只能集

中在我对深感缺憾的一切的思念之情上,那个地方,它的周围,它的过去和未来。[34]

而表弟依然深爱着月亮。

是我的表弟,是他在最后一次和月亮做游戏。他用此雕虫小技,使月亮在他的竹竿上就像在靠他支撑平衡。我们发现,他的这种才干绝无任何其他目的,绝不打算得到什么实在的结果,甚至可以说是要把月亮推开,把它送上更远的运行轨道。也就是他,他不会接受违背月亮的本性、行程和意愿的观念,如果月球现在要远离地球而去,是他在享受这种远离,如同当初享受它的邻近一样。[35]

船长妻子面对表弟的这种心情,她会作何反应呢?令人惊讶的是,她决定留在月亮上面。表弟总是望着月亮,那么成为他心爱的月亮就是她的愿望和幸福。

我输了。输得毫无希望。因为她明白我表弟的爱只在于月亮,她所想的就是变成月亮,成为他所爱的物体的一部分。(……)只有这个时刻才显出她对表弟的爱绝非任性的轻佻之举,而是义无反顾的。如果表弟爱的是月亮,她宁愿留在这里,在月亮上面。[36]

《月亮的距离》讲述的是令人心痛的爱情故事。三人各自爱恋的对象不同,但都以自己的方式爱着对方,并珍藏回忆。船长妻子甚至为了表弟想要成为月亮,她想和心爱之人过上梦想的生活。除了这篇小说,卡尔维诺在其他小说中也描绘了凄惨唯美的爱情。《无色》这篇小说，正如小说题目一样，讲述了在没有颜色的时代，生活在地球深处的 Qfwfq 和他的恋人 Ayl 之间的故事。当地球大气逐渐稳定，人们渐渐可以看到颜色。Qfwfq 来到地表后失去了她。红日冉冉升起，金黄色的星星闪耀光芒，蔚蓝的大海波澜起伏。但是，对他来说，失去了 Ayl 的地球与过去的无色世界毫无区别。

《宇宙连环图》讲述了发生在浩瀚的宇宙里的事情。卡尔维诺以银河系和黑洞为背景，跨越重力与时空，向我们展现了几十亿年的地球历史。他用 20 世纪的科学知识在宇宙中翱翔，向我们讲述有趣的故事。卡尔维诺奇幻文学之所以触及人的心房，是因为这些都是关于人类赋予价值、想象和梦想的世界。卡尔维诺似乎知道，无论重力如何作用，银河系有没有外星生命，时空如何扭曲，我们真正想听的，都是关于人类的故事。

地球和火星是由相同成分的原子和分子组成的，地球和火星都有二氧化碳，地球上的岩石和沙子在火星也能寻找到踪迹。但，地球的原子通过奇特的化学反应创造了有机体，出现了具有生存和自我复制能力的生命体，使得人类这一智慧的存在得以进化。与安静的火星相比，地球变成了吵闹复杂的行星。人类逐渐成长为具有感觉和意识，对宇宙、生物、自我感到好奇的存在。用自己感受到的价值、意义和目的，在地球上建设了想象中的虚拟现实。人类慢慢实现了梦寐以求的东西，实现了认为美好的东西，比如文明、和平、真理、爱情、自由、平等、民主主义、人权、近代化等。人类的心向往何处，人类的梦想是什么？因此卡尔维诺在《宇宙连环图》中讲述的人类故事十分重要。

科学也是人类梦想和追求的东西之一。科学是人类在认识世界过程中发现的知识，是实现人类梦想的工具，就像《月亮的距离》中爱

月球

你想过重力、时空、颜色和眼睛
的意义吗?
除了你知道的科学以外,
还有其他故事,你要不要听一听我的故事?

上月亮的表弟一样，伽利略、牛顿、爱因斯坦、斯蒂芬·霍金都热爱天上的月亮与繁星，并为之孜孜不倦地进行研究。这些科学家的梦想就是认识我们所生活的世界。能够明确简洁地表达真实存在，是科学家的理想。例如，牛顿的万有引力定律最初只是他想象中的概念。他想象世界上存在万有引力，引力的大小与距离的平方成反比。之后他通过观察和实验验证了规律，发现引力是真实存在的。科学是人类创造的，是在浩瀚宇宙中只有人类被允许使用的语言，是人类的故事。与《宇宙连环图》等虚构的故事相比，科学是更客观的知识，是人类创造的故事。

所有人类的故事中，主人公都是人类。科学也是如此。科学如果不是为了解决人类的问题，那会是为了什么呢？美国物理学家理查德·费曼在《这个不科学的年代》中提到了这一点。这本书是根据1963年费曼在华盛顿大学演讲内容整理而成的作品，原名是《一切的意义》（*The meaning of it all*）。演讲的一开始，费曼就讲述了自己的一个经历。他曾在巴西里约热内卢的一所大学教授物理学，当时的里约极其贫困。里约的山上是棚户区，由于没有用水，他们每天排成长队去山下取水。而紧挨着这些小山的科帕卡巴纳海滩，是成群的漂亮公寓。看到这一幕，费曼这样问同事：

"这只是个技术方面的问题吗？难道他们就不知道修一条水管把水引上山吗？""事实上这不是个技术问题。我们敢肯定！因为在不远处的公寓楼里就有管道和水泵。"我们生活的世界出现贫穷不平等的现象，不是因为科学知识不足、技术水平落后。凭借量子电动力学的贡献获得诺贝尔物理学奖的费曼，看到的世界是如此不合理。虽然人们总说科学家只要研究科学就行，不用关心世事。但费曼却把科学研究和世界问题连在一起，并提出了两个根本性的问题。科学是什

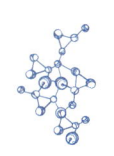

么？价值是什么？也就是哲学家维特根斯坦曾提到的两点，关于事实与价值，正是科学家试图寻找的答案。

费曼给出了出乎所有人意料的答案。科学既不是真知，也不是真理。一切科学知识都是不确定的！在《费曼讲物理：入门》（Six Easy Pieces）中，他提到，"我们迄今仍不知道所有的基本规律"，"最尖端的物理学用一句话概括就是'无知的殿堂'"。费曼仍然认为科学的核心是观察和实验。作为发现的原理，科学可以通过观察和实验辨别对错。倘若要定义科学，那么"科学就是通过实验验证所有指示的行为"。因此，科学仅限于可以实验和观察的事实，而且是随时都可能被推翻的不确定知识。

另外，科学"不会附加'该如何使用这个'的说明书"。比如科学告诉我们原子核拥有巨大的能量，但不会附加核能源的使用说明书。即，科学不会亲切地告诉我们核弹很危险，不要制造核弹。遗憾的是，科学并不涉及"我们是否真的应该这样做？"或者"这个有什么价值？"之类的问题。科学不包括应当或价值。正如维特根斯坦所说，因为世界本身没有价值，所以阐释世界的科学也没有价值。

那么我们该如何利用科学？费曼认为科学问题与人类生活的价值息息相关。假如我们知道生活的价值是什么，有明确的目标，知道该朝哪个方向发展，那么只要按照这个方向研究利用科学就可以了。但迄今为止，我们还不知道自己前进的方向在哪里。就像科学的不确定性一样，我们也还是无法找到关于生活的意义或正确道德价值的答案。让我们来看一看费曼是怎么说的吧。

> 这里我还想重申的是，我们只有容许无知，容许不确定性，我们才有希望让人类沿着不受限制、不会永远被阻塞的方向持续前进，而

费曼认为科学问题与人类生活的价值息息相关。
假如我们知道生活的价值是什么,
有明确的目标,知道该朝哪个方向发展,
那么只要按照这个方向研究利用科学就可以了。

理查德·费曼

不再重现人类历史上多次发生过的情形。我要说我们不知道什么是生命的意义，什么是正确的道德价值观，我们没有办法选择它们。[37]

费曼坦率痛快地承认了一切。迄今为止，人类积累的知识还存在不确定性。我们才刚开始了解我们生活的世界，不仅没有找到人生的价值，也没有找到人类共同的目标。世界的痛苦与矛盾仍未得到解决。费曼认为我们应该承认我们的无知，对抗不确定的知识。维特根斯坦虽然认为"对于不可说的东西我们必须保持沉默"，但费曼表示我们不能沉默。

《这个不科学的年代》是一本闪耀着费曼洞察力光芒的书。因为大部分的科学家并不去关注科学以外的事情。虽说科学一定是重要且确定的知识，但费曼指出科学的问题并不能通过科学的发展得以解决。费曼曾提出这样一个问题："我们为什么不能做到自控？"他在提醒我们，以价值中立、客观知识自居的科学也处于人类的欲望之下。人类给什么赋予价值？人类的梦想是什么？就像卡尔维诺在《宇宙连环图》中讲述的人类故事一样，科学和人类的梦想、生活的价值、道德紧密相连。把人类幸福和科学发展作为梦想的科学家——费曼的洞察力真是非常了不起。

伽利略《星际使者》
探索真实存在的意义

GALILEO
GALILEI

人类喜爱月亮。不,是不得不爱。在浩瀚无际的宇宙中,月亮像朋友一样守护在地球身边。正在逐渐远离地球的月亮总有一天会离开我们,但在那之前,可能我们会先从地球上消失。无论如何,我们凭着黑暗中的月光寻找到了道路,思念故人,并在月下祈愿。月球和人类历史上值得记入史册的一件事就是 1969 年的人类登月事件。人类终于登上了月球。提到这一历史事件,许多人会想到留在月球表面的人类脚印,但更令人印象深刻的是航天员在阿波罗 8 号上拍摄的"地球升起(earthrise)"照片。在漆黑的宇宙与月球表面之间,有三分之二的地球浮现在眼前,场面壮观。人们首次在宇宙看到的地球覆盖着蓝色的大海,以及漂浮着羽毛般的云彩,是一颗非常美丽的行星。登月航天员威廉·安德斯用特制的相机拍下了地球的照片,并这样描述他当天

的激动心情：

> 看到地球升起的景象，我们全都如心脏被击中般激动。（……）回头看我们生活的行星，我们进化的地方。与粗糙、凹凸不平、破旧、无聊的月球表面相比，我们的地球色彩斑斓、漂亮、细腻。也许我们所有人来到386242.56千米外是为了看月球，可是也没人想要错过地球这样壮观的景象。[38]

我们在月球上感受到的不是月球的价值，而是地球的价值。远远望去，我们生活的地球是那么美丽，那么令人惊讶。像去月球或在月球上观察地球一样，将自我客观化是科学一直以来追求的梦想。17世纪，开普勒发表了想象去月球旅行的科幻小说《月亮之梦》。他在文中写到太空旅客抵达月球后，在被山和溪谷包围的月球上看到了地球缓缓升起的场景。现在地球的自转与公转已经是众人的共识，但在开普勒生活的时代，人们认为地球就像宇宙的中心一样一动不动。开普勒通过科幻小说想告诉那些不相信地球转动的人，"去月球上以后完全可以看见地球在自转"。

地球在转动！然而我们感受不到地球的转动。假如在时速1670千米的地球上，有人能感受到地球每天在自转，那么他将痛不欲生。在地球上进化生存的我们，感受不到地球的转动是很自然的事情。我们每天看到日升月落，自然会认为转动的不是地球，而是太阳。生活在地球上的我们，根据眼中看到的情形想象宇宙的模样。直到某个时刻，观察月亮、太阳和行星的一些人，发现我们的想法是错误的。他们正是在《月亮之梦》中预测地球自转的开普勒，以及哥白尼、伽利略、牛顿等科学家。

我们为什么感受不到地球的转动？100多年来，从16世纪的哥白尼到17世纪的牛顿，这个问题一直是科学革命争论的主题。为了理解地球的自转与公转，出现了运动和力的概念，并诞生了经典力学这门新学问。这说明了人们很难查明地球的运动，了解地球运动的过程需要特别的能力。只有欧洲的寥寥几人探求地球运动，并将其理论化，促使了近代科学的出现。从那以后，全世界都在学习近代科学，令人不得不感叹17世纪的科学家们真是天才。

天才们是如何看待我们看不见的地球运动的？哥白尼观察地球以外的其他行星和星星，并计算了它们的运动轨迹。这是地球所有文明圈都曾使用的方式，特别之处在于哥白尼预测了以太阳为中心的宇宙结构。但哥白尼的"日心说"被天文学家当成了一种假设。因计算做出的预测在他们看来只是一种假设，一种数字游戏，并非事实。在《天体运行论》的序言中，出现了违背哥白尼本意的一段话："希望读者不要因为地球运动的概念受到打击，也不要指责提出这种革命性概念的作者。作者的这一概念并不一定是真的，希望读者们将其视为一种假设。"

所谓假设，意为不是真的，是假的。哥白尼的"日心说"被认为是为了方便计算而被当作工具的一种天文学模型。谁也不愿意相信地球在运动。当时天文学家们遇到的难题是证明其真实性。在哲学中，这种被称为"实在论"，是询问哪些是实际存在的本源问题。世上有天使和恶魔吗？宇宙尽头有恒星天球吗？亚里士多德所说的"完美、永恒不变的天界（天空世界）"真的存在吗？天界有宇宙的第五元素吗？月亮是不是像水晶珠般光滑？月亮上有玉兔和桂树吗？宇宙的中心是地球还是太阳？对于我们肉眼看不到的宇宙，人们众说纷纭。

让心怀疑虑的人亲眼看见是最有效的办法。伽利略自制了望远

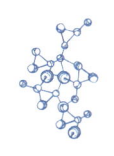

看到地球升起的景象，我们全都如心脏被击中般激动。回头看我们生活的行星，我们进化的地方。

航天员在阿波罗 8 号上拍摄的地球

阿波罗 8 号，升到月球表面之上的地球，横跨月球的马雷史密迪地区地平线。（1969 年 7 月 20 日，NASA 第 18 序列第 11 张照片）

镜，试图观察太空。这是不畏惧真相的天才之举。他是第一个用望远镜观察宇宙的人。他看到的宇宙与 2000 年前亚里士多德口中的宇宙不同，根本不存在想象中永恒不变的天界。月亮也不像水晶珠一样光滑透明。宇宙不过是无数星星出现消失、变化无常的空间。月亮不过是凹凸不平、粗糙的岩石块。木星和地球一样，有 4 颗卫星围绕它转动。就像地球有月球一样的卫星，木星也有卫星。伽利略真实地描绘出了月球的样子和木星的卫星，并出版了《星际使者》一书，这本书在欧洲引起了巨大反响。

当阅读《星际使者》时，你可以身临其境般感受当时紧迫的情形。伽利略在 1609 年 5 月左右从荷兰获得了望远镜。3 个月后的 8 月，伽利略动手更换了镜片，制作了 9 倍的望远镜，并亲自在威尼斯元老会前展示了望远镜。在 3 个月后的 11 月，他又制作了比之前高 2 倍的望远镜。从这时开始，伽利略便正式观测月球，并画下了从 11 月 30 日到 12 月 18 日期间的月球位相变化。第二年，即 1610 年，他从 1 月 7 日开始观测木星，发现了木星周围的 4 颗卫星。他在第一时间将此事告诉了美第奇家族的科西莫二世，将木星的 4 颗卫星命名为"美第奇之星"。最后，他出版了《星际使者》，并在 3 月 19 日将望远镜和装订好的书献给了科西莫二世。

不到一年的时间，伽利略自己制作望远镜，获得天文学界的新发现，著书出版，向掌权者和大众广而告之。《星际使者》初版印刷的 500 本书被抢购一空，令读者们大为震惊，而指责声也不绝于耳。因为许多欧洲人不希望伽利略的发现，让宇宙的真相被揭露。人们因象征圣母玛利亚纯洁的月亮被侮辱而愤怒，因宇宙不是自己想象中的模样而伤心。"眼见就一定为实吗？我们能相信人类的双眼吗？伽利略制作的望远镜是不是在骗人？望远镜可信吗？木星周围有卫星，这是真的吗？"人们对伽利略充满了怀疑与不满。

当时伽利略制作的望远镜不够精良。尽管忙于写书、观测天体，他仍然抽出时间制作望远镜。但是在制作的60多个望远镜中，只有几个可以观测到木星的卫星。为了制作出更加精良的望远镜，伽利略东奔西走，向欧洲各国的科学援助人分发研究论文和望远镜。毫不夸张地说，他制作的望远镜关系到他的生死。后来，欧洲其他地区陆续传来了好消息。就在《星际使者》出版后6个月，也就是1610年9月，曾在神圣罗马帝国布拉格担任宫廷天文学者的开普勒发来了《四颗卫星的观测报告》的小册子。包括威尼斯的朋友安冬尼娅·桑蒂尼在内的英国、法国天文学家也相继传来了观测到木星周围卫星的好消息。

1611年3月，应教会主教、学术界专家和学院成员的邀请，伽利略携带望远镜前往罗马。在罗马，伽利略多次举办了用望远镜展示自己发现的庆祝宴会。在一次猞猁学院的宴会中，人们为望远镜取名"telescope"，意为"看得远的工具"，意味着望远镜正式得到了认可。下面，我们通过巴尔贝里尼红衣主教的一封信，来了解一下当时的情况吧。这封信是巴尔贝里尼红衣主教写给罗马大学数学系主任、天文学的权威人士克拉维乌斯的。

尊敬的神父，想必你们已经听说了，一位著名的数学家用一个叫望远镜的工具有了新的天文观测。我用同样的工具也看到了关于月亮和金星的神奇景象。因此，我恳请大家对于以下事项发表自己的看法。

1. 你们是否确认有许多用肉眼看不见的恒星，尤其是银河系和星云是有许多非常小的恒星的一类集合体。

2. 土星不是单一的一颗星，而是连接在一起的3颗星星。

3. 金星会改变形状，像月亮一样存在盈亏。
4. 月球表面粗糙不平。
5. 大约有 4 颗可移动的行星绕着木星运行。
6. 它们彼此之间的运动有差异，而且速度非常快。[40]

对此，克拉维乌斯和另外 3 名神父讨论后作出回应，他们大体上同意了伽利略的发现。通过望远镜，看到了宇宙中许多肉眼看不见的星星，揭露了此前在天文学家之间引起争议的银河的真实面貌。另外，望远镜还确认了土星是连在一起的 3 颗星星，月球表面粗糙不平，木星周围有 4 颗卫星在快速运行。

尤其是第三个问题，金星像月亮一样存在盈亏，非常值得人们关注。如果地球处于宇宙的中心，金星围绕地球旋转，那么地球上的我们只能看到金星新月形的一面。但是，通过望远镜看到的金星，在昏星时几乎是圆的。距离太阳比地球更近的金星围绕太阳旋转，在远离地球或接近地球时的模样差异巨大。这证明了哥白尼的"日心说"是正确的。第三个问题是涉及"日心说"和"地心说"的敏感问题，但是也得到了许多神父的认可。用望远镜之后，人们无法否认金星的大小和形状的变化。

《星际使者》是科学史上具有里程碑意义的一本书。书中生动有趣地展现了伽利略的丰功伟绩。在近代科学出现的过程中，制作望远镜并绘制出月亮的形状是具有重大历史意义的事件。首先，伽利略将宇宙中的月亮从巫术的神话和形而上学的观念中解放了出来。用眼睛观察到月球位于引力之下的地球轨道中，并且确认了月球有着由土块组成的山、溪谷和火山口，是一个在光的照射下产生巨大影子的岩石行星。

对于月球和所有天体,
与以往诸多哲学家们的观点不同,
新发现否认了月球表面光滑平坦,
以及有着完美的圆形等结论。
相反,月球表面粗糙、凹凸不平,
高低起伏不平。
即,月球表面与地球表面一样,
有着类似的高山和峡谷。

伽利略亲自画的月亮的样子[39]

伽利略相信人类的感官可以得知真实存在。真实存在是什么，人类是如何知道真实存在的？对于这种哲学性问题，伽利略找到了答案。认识真实宇宙的办法就是近代科学。近代科学促使望远镜等工具的出现，揭示了地球转动的事实。望远镜是人类为克服感官极限制作出的工具。由于感官的局限性，人类无法观测到地球外的月亮，只能依靠望远镜等工具观察宇宙。哥白尼的"日心说"被当成是一种假设，而多亏了望远镜，才确认了哥白尼观点的正确。伽利略通过望远镜展现了宇宙的真面目。可以用眼睛确认的观察和实验，是最能说服人们的手段。《星际使者》可以说是忠实记录望远镜观测结果的报告。自从望远镜发明后，天文学的研究方法也发生了变化。近代科学作为一门可以通过观察和实验得以验证的新学问，终于诞生了。

另外，根据望远镜的观测结果，"日心说"和"地心说"不可避免会出现对立。伽利略因为赞同哥白尼的"日心说"，被烙上了宗教异端者的烙印。在1632年出版的《关于两大世界体系的对话》和1638年出版的《关于两门新科学的对话》中，他提供了地球运动的系统逻辑。我们为什么感受不到地球在转动？真正在运动的是地球还是太阳？伽利略在运动和人类的感官之间找到了问题的线索。我们的眼睛看到好像太阳在转动，我们的感官无法分清真假运动。例如，当我们坐在大海里的船上时，感受不到船在移动。等爬上甲板，望着远处的码头或荡漾的波浪，就能感受到船在移动。运动是相对的，如果不与外部速度不同的物体进行比较，就感受不到自己在运动。这就是伽利略所说的"运动的相对性原理"。

进一步说明的话，比如朋友站在码头边挥手示意，当船到达码头的瞬间，会有一种分不清是自己在靠近还是朋友在后退的错觉。坐火车时也会产生类似的感觉。当旁边轨道的火车慢慢向后移动，会有一

种我乘坐的火车正在向前走的感觉。在英国广播公司（BBC）制作的英国电视剧《霍金》中，斯蒂芬·霍金和一位中年女性乘坐火车时就出现了这样的情况。旁边的火车慢慢出发，中年女性说："每当这时候，我都会以为是我们的火车在移动"。因此我们很难从表面区分运动的真假。地球在转动，但我们的眼里却是太阳在转动，原因就在于此。假如想确认地球的自转，最好脱离与地球共同转动的状态，去月球上看。开普勒在《梦》中想象去月球旅行也是为了解决这一难题。

地球的运动看似简单，理解起来却极其艰难。因为我们首先要克服自身的感觉，了解运动是什么、力是什么的经典力学运动概念，才能接受"日心说"。如果有人问"地心说"和"日心说"当中哪一个最简单，当然是"地心说"。地球处于宇宙的中心一动不动，其他行星正如我们看到的那样运动，自然更便于我们理解。太阳公转的周期是365.24219878……天，如果不考虑这么复杂，直接算到360天，月球转动的周期也固定在30天，我们也不必因为复杂的天文学计算伤脑筋了。

然而，宇宙是我们无法用日常生活中的经验、直觉和常识了解的东西。伽利略等科学家揭示的正是这一点。只考虑常识，只按照自己的理解，根本无法揭示宇宙的真面目！难怪伽利略最讨厌的三件事是亚里士多德、教会和常识中是否包含常识。因为离开科学的帮助，我们人类就不可能对宇宙进行思考和探索。以相对论和量子物理为代表的现代物理学，普通人虽然很难接近，但我们有必要去学习，以了解复杂的宇宙。因为知道的越多，懂的也就越多。回想一下阿波罗航天员前往月球时看到月球的壮观景象吧！我们去月球看到的不是月球，而是地球的价值。当改变观点，审视我们自己，就能发现新的客观事实与价值。

EBS 纪录片《光物理学》
理解万物之源——光

当光接触到事物表面时，既能反射，又能吸收，表现出微妙的质感。假如想在画幅中如实画出柔软的礼服、闪闪发光的柠檬皮、透明的玻璃杯、小狗光泽的毛发、湿润的眼神，就得研究光线才行。画家的绘画因如何处理和表现光线而有所不同。就像 19 世纪印象派画家捕捉瞬间的印象进行绘画一样，他们捕捉的其实是瞬间的光影状态。莫奈（Claude Monet，1840－1926）的《鲁昂大教堂》《睡莲》等系列的作品都属于这一类。为了展现不同光线下事物形态与感觉的不同，他在相同地点的不同时间描绘了同一事物。莫奈笔下的主人公不是教堂，也不是睡莲，而是光。爱德华·霍普（Edward Hopper，1882－1967）的《空房间里晒太阳》如何呢？冷冷清清的房间有光线洒落。这幅画里不见人与事物的痕迹，只集中于光线。在霍普的画中，我们看到了空房间里挥之不去的那束光线。[41]

光是什么？光明显是存在的，却没有外形。光本身是看不见的。

莫奈和霍普等画家渴望看到光，但谁也看不到光本身。德国戏剧作家贝尔托·布莱希特（Bertolt Brecht，1898—1956）在其戏剧《伽利略传》中，就出现了伽利略因为想知道光的真实面目而哭喊的场景。"我有时宁愿让人把我关进地下十拓深处见不着半点亮光的监狱，要是这样我能知道什么是阳光的话。"伽利略呐喊着想要知道光是什么，即使被关在地下深处也没关系。但光绝不会展现自己的存在。

当我们说看见什么时，"看见"的行为是一种物理作用。看到事物需要眼睛和光。看见是我们的眼睛接受事物发出的光，并在大脑中识别的一个过程。先有光，还是先有眼睛？当然是先有光。光是宇宙在诞生过程中产生的一种特别的能量。光的故乡是宇宙，它是由太阳用氢核聚变而成的。之后我们的眼睛接触到了从宇宙来到地球的光线。

在地球活动的动物因为自身需要，由皮肤细胞进化出了光受体，吸收光的光受体逐渐进化，形成了眼睛这一器官。光是直线传播，不是反射，不是折射，我们的眼睛逐渐进化适应了光的这种性质。另外，太阳光有多种波长，其中到达地球表面的可视光最多。因此，生活在地球上的我们，也就具有了用可见光区分颜色和形态的眼睛。

渴望见到光的伽利略无论如何也看不到光本身，因为光不能反射自己。光的作用是反射到物体上，从而使我们的眼睛看到物体。如果眼睛想要看到光，光就要反射光。如果光能够相互反射，我们的眼睛将看到无比复杂的世界，以至于无法利用光，也看不到物体。所以，生活在地球上的我们绝对不可能看到光本身。与揭示地球运动的规律一样，认识真正的光也需要克服人类的感官。17世纪的科学家在研究光时就遇到了这样的问题。

我们的眼睛是聚光的光受体。在大自然，动物的眼睛变大，聚光更多的话，可以更准确地看到物体。但眼睛变大需要更多的能量，运

光是什么？光明显是存在的，却没有外形。
光本身是看不见的。
莫奈和霍普等画家渴望看到光，但谁也看不到光本身。

爱德华·霍普《空房间里晒太阳》

动能力也会减少。动物的眼睛不能毫无节制地进化，眼睛变大存在局限性。不过，我们制作了口径200英寸（约5米）大小的望远镜镜片，能聚焦宇宙的星光进行观察。伽利略的望远镜是克服自然的界限，扩大人类眼界的工具。望远镜中使用的镜片与我们的眼睛一样，利用了光的性质。

在17世纪，光和地球运转一样，是近代科学中一个重要且根本的课题。不知道光是什么的伽利略试图揭示光是如何移动的。他看着闪电时光扩散的样子，发现光有速度。光速恒定！光速从空气中进入水中时发生变化，出现了光的折射现象。光的折射是一定速度的光从一种介质斜射入另一种介质的瞬间停滞，速度变慢，在我们眼中看起来像是被折断的现象。伽利略利用光的这种性质，将玻璃镜片打磨成圆形。来自四面八方的光线照射到圆形的镜片上之后，发生折射，最终聚焦到一个点上。伽利略用数学计算了光通过镜头时发生的变化，之后将两个镜头组合在一起制作了望远镜。伽利略望远镜利用了光的折射原理，因此又被称为折射望远镜。

另一位天才科学家牛顿，继伽利略之后也研究了光。牛顿为了做出比伽利略望远镜更好的望远镜，在研究光的折射现象时，从望远镜的镜片中发现了问题。那就是，无论制作的镜片多么精巧，都无法准确聚焦。望远镜的镜片出现了成像不清晰、边缘有彩虹色的现象，也就是色像差现象。为了解决这个问题，牛顿暂时停止了制作望远镜，转而研究颜色。为什么我们眼睛里会看到红色、蓝色？苹果看上去是红色的，它的真实面目是什么样的呢？是像亚里士多德说的那样，苹果本身是红色的吗？还是像笛卡尔说的那样，在光的物理作用下，光接触苹果的瞬间就是苹果变形了呢？牛顿疯狂地想要搞明白光到底是什么，为什么会让苹果看起来是红色的。

牛顿用光做了各种实验。由于长时间注视太阳光，眼睛差点看瞎。为了知道眼压是否会形成颜色，他拿了一根针往眼睛里戳。经过两年的研究，牛顿终于得出结论，那就是物体的颜色不是来自物体，而是根据光线决定的。如果像亚里士多德所说苹果有颜色，那么苹果在任何光的状态下都应该是红色。但苹果在阳光下是红色，在黑暗中看上去是黑色，在绿色的灯光下是绿色的。这意味着苹果不是红色，但是光有颜色。不相信的话用实验来证明吧！牛顿用强烈的红光照射纸、灰、红铅、硫黄、蓝色颜料、金、银、铜、草、蓝色的花等物体时，这些物体看上去呈红色，在绿色灯光照射时，这些物体又都呈绿色。

其他颜色也是一样，当照射单一颜色的光时，它们都呈现出相同的颜色。唯一的差别在于，有的物体反射的光更强烈，有的物体反射的光十分微弱。我照射了单一颜色的光，发现没有物体呈现出不同的颜色。由此可见，如果太阳光是单色光，那么全世界应该只存在这一种颜色才对。[42]

在我们眼中，太阳光的颜色是白色的。但白色不是颜色。白色是不同光线的颜色的混合。如果阳光只有一种颜色，那么整个世界将只会呈现一种颜色。把手掌放在海水里，可以看到海水是蓝色的，但深入水中，颜色会逐渐发生变化。海水的成分没变，为什么会随着深度的不同出现颜色的变化呢？牛顿从朋友埃德蒙·哈雷那里听说了他乘坐潜水艇体验深海的经历。哈雷提到进入几十米以下的深海后，透过水和潜水艇窗户的阳光呈红色。牛顿由此做出推论：当阳光穿过浅水区时，会反射蓝色的光，我们的眼中看到蓝色；但是在深海区，红色光线能穿透进深水处，所以我们眼中看到的是红色。

> 据哈雷说（……）乘坐潜水艇进入几十米深的海底，阳光透过海水和潜水艇的窗户照在他的手上，他的手上就像大马士革玫瑰一样呈现红色，手的下方则映射出被下面的水反射的绿光。由此可以推测，海水能够反射紫色或蓝色的光线，而红色的光线能穿透到海底深处。由于红色光线能够穿透深海，所以物体呈现的是红色。[43]

由此可见，阳光是多种颜色的混合。大海深度不同，穿过的阳光颜色也不同。但是，牛顿认为光有多种颜色的观点，并没有得到其他科学家的认可。因为当时的人们普遍认为"光必须是纯真、单纯的东西"。尤其是笛卡尔等机械哲学家坚持光是纯白的，没有掺杂任何颜色。对此，牛顿通过著名的三棱镜实验证明了光的性质。三棱镜在阳光的照射下会呈现出彩虹色，证明了光不是白色，而是像彩虹一样五颜六色。牛顿将这种红、橙、黄、绿、蓝、靛、紫的彩虹光带现象命名为"光谱"。

用玻璃制作的三角柱形状的棱镜也可以称之为镜片。在漆黑的房间窗户上打一个小孔，透出一道光，用三棱镜将光反射到墙壁上，会出现一道光谱。红、橙、黄、绿、蓝、靛、紫通过三棱镜依次以不同角度折射出现。靛色的折射率高于蓝色，黄色的折射率高于红色。

伽利略望远镜发生的色差也正是因为光的这种性质。光的彩虹色具有不同的折射率，妨碍了镜头聚焦成像，如果聚焦在一个颜色上，别的颜色焦点就会模糊。因此，牛顿把望远镜的镜头换成了镜子，镜子100%反射光线，不会折射光线，不会出现色差现象。牛顿亲自用金属合金制成平面反射镜和凹镜，安装在反射望远镜上面。他的反射望远镜镜筒长度只有15厘米，但倍率却高达40倍，分辨率也远远高于伽利略望远镜。当时英国皇家学会对此惊叹不已，由此可见这是一台技术非常先进的望远镜。

　　牛顿的反射望远镜和光学研究得到人们的认可，他于 1672 年被选为皇家学会学员。至此，科学家们也开始针对光的真实面目，展开了激烈的争论。光是粒子吗？是波动吗？牛顿认为光是粒子，而罗伯特·胡克（Robert Hooke，1635—1703）与克里斯蒂安·惠更斯（Christiaan Huygens，1629—1695）认为光具有波动性。那么粒子是什么？波动是什么？粒子是指颗粒，有质量的物体。波动是指某一物理量的扰动或振动在空间逐点传递时形成的运动形式。光是粒子还是波动这个问题，其实问的是光如何传递到我们身边的。光是如何传递的？如果光是粒子，光粒子是飞到我们眼睛跟前的吗？如果光是波动，那么光的波长会传播扩散到全世界吗？

　　牛顿认为，光不同于声音之类的波动。光是直线传播，不会像声音一样四处传播。当朋友站在学校围墙后面，我们就看不到这个朋友是谁。光线遇到墙壁，会出现影子，不会显示出墙后的人。但朋友大声喊自己的名字时，我们就能听到这个声音。因为光线是直线行走，所以我们看不到围墙后的人。而声音可以穿过围墙，传到我们的耳边。这就是光和声音的差别。牛顿认为，光是直线传播，是粒子。

　　让我们想想粒子与波动的科学概念是如何形成的吧！大部分学生认为教科书中的概念是最完美的答案。但在科学历史上，科学的概念是科学家任意创造的。有时，科学家也无法准确阐明这些概念意味着什么。例如关于粒子和波动的概念，20 世纪的物理学家就遇到了概念的难题，陷入了既不能用粒子说明光，也不能用波动解释光的两难境地。

　　《什么是物质》一书中曾经说过："17 世纪的牛顿将物质理解为惯性（质量），19 世纪的法拉第首先使用了场（field）的概念，试图从全新的角度认识物质的根本。而爱因斯坦认为物质就是能量。"这段

牛顿通过著名的三棱镜实验证明了光的性质。
三棱镜在阳光的照射下会呈现出彩虹色，
证明了光不是白色，
而是像彩虹一样五颜六色。

牛顿

话说明了物质概念的发展历程。即 17 世纪牛顿认为物质是粒子，19 世纪迈克尔·法拉第（Michael Faraday，1791—1867）认为物质是波动，20 世纪爱因斯坦认为物质是能量。这段话中的物质也可以用光替换。17 世纪牛顿认为光是粒子，19 世纪法拉第认为光是波动，20 世纪爱因斯坦认为光是能量。由此可见，粒子、波动、能量是探索宇宙真相、物质、光时用到的科学概念。

牛顿不仅把光看作粒子，而且把所有物质都看作粒子。但用粒子解释物质会出现一个问题，那就是很难说明粒子之间是如何相互作用的。牛顿认为，在地球和月亮等距离较远的物体之间有重力在起作用，但对于这种力量如何发挥作用，他并没有在物理上拿出令人信服的证据。牛顿假设在两个物体之间，不需要任何媒介，重力可即时传达。但人们批评这种是魔术和神秘力量的作用。19 世纪法拉第的波动和场的概念解决了 17 世纪的这种经典力学问题。

关于光是粒子还是波动这个问题，如果把光看成波动可能更有说服力。法拉第在看到电流可以驱动罗盘（磁铁）后，意识到电和磁同属一种力。他在研究电和磁如何相互作用的时候，看到磁铁周围散落的铁粉后，设想了磁场的存在。光、电、磁不是粒子，而是波动，其周围有电场和磁场。同时，他还认为电和磁周围有看不见的波长，就像蜘蛛网一样连接在一起，相互传递能量。这样，牛顿的"空"空间就变成了有介质的空间，直接作用力随着时间流逝变成了间接作用力。从此，物理学家摆脱了牛顿的思考方式，开始用新的概念看待物质和宇宙。

最终，詹姆斯·克拉克·麦克斯韦（James Clerk Maxwell，1831—1879）在物理上验证了法拉第设想的场的概念。麦克斯韦的方程在数学上表现了电与磁的相互作用，具有重大意义。麦克斯韦的方程是典

型的波动方程，揭示了电和磁实际上是波动的真相。从数学上证实了电磁波的存在。另外，他还发现用方程式计算出的电磁波的传播速度与光速竟然一致，说明光就是电磁的波动，光就是电磁波。

当光的真实面目逐渐浮出水面，不少人感到了空虚。田野上散发出灿烂光芒的彩虹到底是什么？将暮色染红的晚霞是什么？如果用科学来解释，我们生活的世界没有光和颜色，只有物体的波动。18 世纪浪漫主义诗人约翰·济慈（John Keats）抱怨："牛顿把彩虹所有的诗意都破坏了。彩虹在他眼中只不过是光谱的排列而已。"牛顿和法拉第真的夺走了人们美丽的想象力和感情吗？难道因为科学家，世界变成了只有数字和符号的冷漠空间了吗？

对于抱怨失去了对自然世界的诗情画意和神秘感的人，我推荐他们去看一看科学纪录片《光物理学》。学习科学知识时，影像资料比书籍更有效果。让我们回想一下之前的内容，我们看不到光，为了理解光，我们必须克服感官的局限性。在科学家的粒子波动之争中，我们甚至都不能理解波动的概念。如果借助影像资料的帮助，我们可以更容易理解光的本质。韩国 EBS 电视台制作的科学纪录片提供了许多优秀的资料画面，例如，在解释波动时，会出现两个人站在海边，抓住绳子摇晃的场景。这个场景想要说明什么呢？

抓起一根绳子晃一下，就会产生波动。
动的不是绳子，而是振动。
这种振动传递了能量。
海浪和绳子一样，动的不是它们本身，而是振动在移动。[44]

这种比喻式的语言清晰明了地解释了大多数人容易混淆的波动概

念。当海浪袭来，人们总以为海水从深处移动到了浅处，但海水其实只是荡漾而已，动的是振动、力量、能量。这一幕场景蕴含了波动的概念。

不过光是一种特殊的波动。光不是像声音一样使空气等介质振动的波动。将手表放入玻璃真空容器中，可以发现很有趣的一件事。我们听不到滴滴答答的时钟声音，但是可以看到时针在移动。在没有空气的真空空间，声音无法传递到我们的耳朵，但即使没有介质，光也能够反射，向我们展现时针的移动。为什么呢？因为就算没有介质，光也可以传播。我们眼中的光——可见光，是漂浮在宇宙空间中的一部分电磁波。这种电磁波是不需要介质的特殊波动，是随着原子中的电子振动传来的波动。此时电子的运动被称为电流，电流能传递电磁力和电磁能量。总之，我们"看到"的是电磁信号。光刺激我们眼睛里的细胞分子和分子中的电子，向大脑传递视觉信息。

牛顿发现的光谱是波长长短不一的电磁波。红色波长最长，接下来按照橙、黄、绿、蓝、靛、紫的顺序依次变短。我们身体中，只有眼睛能感知到这种光波。眼睛可以通过颜色区分可见光的波长，无法感知其他电磁波。波长不同，电磁波的性质也有很大的不同。红外线、紫外线、X射线、电波等是目前我们运用在实际生活中的电磁波。如今我们周围已被电磁波包围，生活中随处可见收音机、电视机、智能手机等电子设备。人类利用电和电磁波发明了人造光，照亮了地球。在没有太阳光的夜晚，人造光也会反射人类的脸庞，让彼此看清对方。

光的故事并没有就此结束，我们只是了解了一些关于可见光的知识，无止境的光的故事才开始。《光物理学》讲述的是20世纪与光相关的物理学。纪录片中讲述了用爱因斯坦的相对论解释光、时间、空

当海浪袭来，
人们总以为海水从深处移动到了浅处，
但海水其实只是荡漾而已，
动的是振动、力量、能量。

波动的概念

间，以及量子力学的故事。可以说，现代物理学的开始起源于光。光是粒子还是波动的问题再次被人们提起，光既有粒子的性质，也具有波动的性质。即，光既是粒子也是波动，既不是粒子，也不是波动。那么光是什么？为什么既是波动又是粒子？我们至今也未揭开这个谜题。但不管怎样，光和宇宙的所有物质都是这样的存在。光在我们眼中就像颜色波长一样，看似波动，但振动频率越高，波动就越像粒子。1920年出现的代量子力学，就是为了解释这一神奇现象而出现的新学科。

另外，光速在宇宙的任何一个角落都是一样的。光以每秒30万千米的速度奔跑，不会变快或变慢。爱因斯坦曾提出猜想，如果以光速奔跑，能否在镜子中看到自己的样子。在光速下，光碰到镜子反射后，无法触及我们的眼睛，不应该在镜子里出现我们的模样。但是，光速奔跑的情况下，我们会看到镜子里自己的模样。因为光速没有降低，也没有改变。这种光速不变的原理打破了牛顿绝对时间、绝对空间和引力的概念。光速促使了爱因斯坦相对论的产生，改变了宇宙的时空。

但我们不是科学家，而是普通人，因此很难真正理解现代物理学。假如没有接受过高强度的科学训练，我们甚至连自己生活的宇宙都不了解，这一点令人叹息，可是又能怎么办呢？《光物理学》是我们进入"爱丽丝梦游仙境"般的宇宙之前可以拿来参考的地图。纪录片中的画面和旁白解说有助于我们理解晦涩难懂的概念。例如，时间延迟效应、重力与加速度的区别、时空弯曲、光的异常引起干涉条纹变化等，纪录片清楚明白地解释了我们难以置信的现象。在探索宇宙的真实面目前，我们可以通过这部纪录片感受到光的重要性。

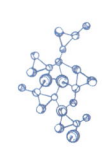

CARL
SAGAN

卡尔·萨根《宇宙》
谁在惧怕科学

我如此地害怕 / 赖内·马利亚·里尔克

我如此地害怕人言,
他们把一切和盘托出:
这个叫作狗,那个叫房屋,
这儿是开端,那儿是结束。

我怕人的聪明,人的讥诮,
过去和未来他们一概知道。
没有哪座山再令他们感觉神奇,
他们的花园和田庄紧挨着上帝。
我不断警告、抗拒:请远离些。
我爱听万物的歌唱:可一经

> 你们触及，它们便了无声息。
> 你们毁了我一切的一切。[45]

1899 年，赖内·马利亚·里尔克（Rainer Maria Rilke，1875—1926）发表了一首名为《我如此地害怕》的诗。面对即将到来的 20 世纪，是什么对诗人的心灵造成困扰了呢？他在这首诗的最后一句留下了可怕的信息，"你们毁了我一切的一切"。诗人害怕科学，科学揭开了大自然的神秘面纱，无限接近神的能力。科学在 20 世纪后飞速发展，照亮了原子的世界。而且就像里尔克预想中的那样，科学家们用铀制造了原子弹，摧毁了所有活着的生物。

自从放射性物质被人们发现后，就开始出现了这种征兆。物质中存在人们肉眼看不见的放射性元素。1895 年，德国物理学家威廉·伦琴（Wilhelm Röntgen，1845—1923）偶然发现了 X 射线（X-ray）。听闻伦琴这一发现的法国物理学家安东尼·亨利·贝克勒尔（Antoine Henri Becquerel，1852—1908）在 1896 年发现了放射性元素铀。这就意味着物质最小单位是原子的假设是不成立的。出生于波兰的玛丽·居里（Marie Curie，1867—1934）认为还存在像铀一样的其他放射性元素。她与丈夫皮埃尔·居里（Pierre Curie，1859—1906）经过研究，在 1898 年发现了钋（polonium）和镭（radium）。他们将这几个元素的放射现象命名为"放射性（radioactivity）"。

1897 年，英国物理学家约瑟夫·汤姆逊（Joseph Thomson，1856—1940）在原子中发现了电子。原子曾被认为是世界上最小的粒子，现在变成了电子。人们发现电子带有负（−）电荷，原子由具有相反电性质的粒子组成。1911 年，欧内斯特·卢瑟福（Ernest Rutherford，1871—1937）发现了带有正（+）电荷的质子，认为质子在原子中心构成原子核。20 年后，卢瑟福的学生詹姆斯·查德威克（James Chadwick，1891 — 1974）发现原子核中不仅有质子，还有不带电的中子。由此人们发现：世界上所有物质都由原子组成，原子核中有质子和中子，其周围有电子。宇宙中的氢、氦、氧、碳、铀等各种元素，也是由质子、中子和电子以各种方式组合而成。

科学家们在研究原子结构时，发现原子中具有支配宇宙的新力量。正电荷的原子核和负电荷的电子之间存在电磁力，相互吸引。原子核中的质子和中子之间存在核力。之前牛顿发现引力在有质量的物体之间起作用，而 20 世纪的现代物理学进一步表明，原子中有电磁力，原子核中有核力。从力量强度来看，核力最强，然后是电磁力，重力最弱。大部分原子核因核力稳定地结合在一起，而像铀这种拥有 92 个质子的重元素会随着原子核的自然崩溃释放出核能源放射线。

1938 年，人们成功把铀原子核分裂成块。也就是说，人们成功找到办法分裂原子核，并可以挖掘其中蕴含的巨大核能源。我们耳熟能详的 1945 年广岛和长崎被夷为平地的原子弹也被发明了出来。原子弹是 1942 年美国以曼哈顿计划为代号秘密制造出来的。曼哈顿计划的总负责人是罗伯特·奥本海默（Robert Oppenheimer，1904 — 1967），合计共有 3000 多名科学家参与了该计划。全世界从事核物理学的科学家几乎都被抽调参与了该计划。被视为人类悲剧的核弹开发对科学家们造成了终生难以磨灭的心理伤痛。奥本海默一直因"我的双手沾满了鲜血"而内疚自责，爱因斯坦临终前也说过这样一段话："如果我再次回到青年，在选择维持生计的职业时，我想成为铁匠或小贩，而不是学者或教育家。"就连伟大的科学家也对科学家的职业产生了怀疑。

如果原子核物理学没有发展，我们就不可能知道宇宙是如何产

生的。居里夫妇、汤姆逊、卢瑟福等物理学家不惜忍受放射性物质的辐射研究原子的世界。正是因为他们的研究结果，我们才得以认识宇宙。例如，当宇宙通过大爆炸诞生时，质子、中子、电子都处于漂浮的等离子状态，随后产生原子。现代物理学揭示的宇宙起源，是20世纪科学界取得的最大成果。但随着原子弹的发明，正如里尔克所说，科学家们不可避免地受到了"你们毁了我一切的一切"的指责。

假如没有爆发战争，科学家们会开发原子弹吗？比如奥本海默，他本就因1939年发表的中子星相关理论备受科学界关注，是科学界一颗冉冉升起的新星。但随着参与原子弹的开发，他逐渐远离了学术研究。如果奥本海默没有制造核弹，他自然会致力于研究解开宇宙的秘密。核弹是战争时代不幸的产物，核弹的出现致使无数无辜的人失去生命。核弹也让人类在心中时刻铭记着科学的恐惧。甚至于就连科学家也不再相信科学的价值，选择放任自流。越来越专业化的科学选择了自我孤立，拒绝与大众沟通。最后科学和人文变成了两种文化，大众开始远离了科学。

谁能为科学代言？科学的正确性、重要性与科学的价值和方向性有着重要的关系。战争结束后，全球进入冷战时代，各国关于核武器的竞争从未停止，科学的价值一落千丈。应该有人站出来对科学的价值和方向提出问题才对。1980年，卡尔·萨根的《宇宙》便是对此做出回应的书。卡尔·萨根以科学事实为基础，谈到了科学的价值。我们如今能够预测宇宙并走出地球，是因为有了科学。假如不懂科学，我们无异于井底之蛙。是科学将我们的思维范围扩展到了宇宙，让我们能够客观地看待自己。

卡尔·萨根在书中将宇宙故事娓娓道来，提醒人们宇宙中不仅有人类，还有自然。从大爆炸到宇宙诞生，再到人类出现的过程全都是一首首宇宙的宏伟叙事诗。宇宙发生大爆炸，出现了银河、恒星、行星等物质，后来行星上出现了生命，生命进化成了有意识的生物。从物质到生命，再到意识的宇宙故事被人们制作成了科学纪录片《宇宙》，后来又以此为基础出版了同名书籍。《宇宙》讲述的是出生在宇宙的智慧生物探索意识、生命、物质、宇宙奥秘的故事。我们为什么要了解宇宙？萨根首先提出了这一重要问题。越是了解宇宙，越发感觉到人类的渺小，那么我们为什么还要探索宇宙，让我们来听一听他的观点吧。

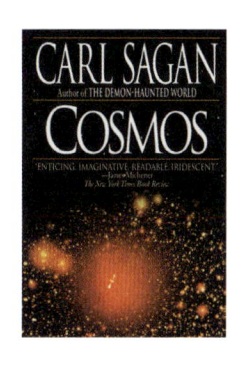

图书《宇宙》

  每当人类史上有了伟大发现之时，人类在宇宙的地位就会愈发下降，似乎离舞台的中心越来越远，人们不禁感叹被降级的人类地位。我们的内心深处也隐藏着因地球渐失宇宙的中心、焦点、杠杆的遗憾。不过，如果我们真想和宇宙一较高低，首先应该理解我们的对手宇宙。即使人类在不知情的情况下一直心怀宇宙中从来没有的特权意识，我们也该理解宇宙。正确认识自己所处的地位和位置，是改善周围的必要前提。了解我们和外面的世界，对于改善自己的处境有决定性的作用。如果我们热切地希望我们的行星地球是宇宙中重要的存在，那么我们肯定可以为地球做些什么。[46]

  宇宙和地球是人类的家园，是我们出生长大的地方。如果不能正确认识我们自己的起源，就不能解决现在面临的问题，也无法保障更美好的未来。卡尔·萨根认为，人类应该将存在的价值提高至宇宙层

面，寻找我们该做的事情。过去我们误认为宇宙是为了人类而存在。"直到今天，我们不得不承认我们不是宇宙的中心，我们的存在不是宇宙的目的。"虽然我们认为宇宙赋予了我们某种目的和价值，但宇宙只是按照物质、机械、自然的法则运转而已。如果宇宙没有给我们任何价值，我们应该自己寻找价值。你认为作为出生在地球上的人类，值得我们冒着生命危险去守护的价值是什么呢？

卡尔·萨根在广袤的宇宙中发现了价值。他参与了美国航空航天局（NASA）的"旅行者号"太空探索计划，向我们展示了宇宙中的地球。当"旅行者 1 号"太空探测器经过海王星时，对准地球的方向拍下了一张照片，发现"在宇宙中看地球，不过是一个暗淡的蓝点"。但暗淡的蓝点——地球对于我们来说是无比宝贵的存在。这里有秋雨缠绵的公园长椅、初恋的悸动、厨房飘来的烟火气、眼睛里喜悦的泪水、透过窗户洒进来的午后阳光、学校操场玩耍的孩子们、白云笼罩的山峰、鸟叫声、海浪声、胡同、玫瑰花的香气。"我们忠于地球及其物种。"在《宇宙》的最后一段话中，卡尔·萨根说我们要冒着生命危险去守护地球的生命，这就是我们的价值。

> 人类是产生了自我意识的局部宇宙。我们已经开始思忖起了自己源于何方：我们由星辰所铸，如今眺望群星；一个人由 10^{27} 个原子组合而成，而今考虑起了这些原子的悠久演化；我们回溯着意识诞生的漫漫长路。我们忠于地球及其物种，我们为地球代言。我们要生存下去。因为这责任不仅属于我们，也属于那古老而浩瀚的宇宙，属于我们的起源之地。[47]

迄今为止，地球是宇宙中唯一被发现有生命的星球。但地球上生命的存在已岌岌可危。人类的欲望正在毁掉地球。极端民族主义和宗教纷争、核战争威胁、无差别环境破坏等都是人类的自私、自大、无知造成的。"文明的未来和物种的福祉都掌握在我们自己手中。如果我们不为地球代言，又有谁能？如果我们不愿负起生存的重担，又有谁愿意？"卡尔·萨根敦促人类尽快醒悟。

在读《宇宙》时，我不由想起了韩国诗人尹东柱《序诗》中的一小节："我要以赞美星星的心，去爱正在死去的一切。"尹东柱的诗集《上天、风、星与诗歌》中出现了许多像《数星星的夜》一样关于星星的诗句。"一颗星关于追忆，一颗星关于爱情，一颗星关于冷清，一颗星关于憧憬，一颗星关于诗歌，一颗星关于妈妈，妈妈。"赞美星星的诗人决心去爱生命的一切。卡尔·萨根是一位有着诗人情怀的科学家，他为我们讲述星星的故事。我们来自宇宙之星，我们深爱的

地球

一切属于宇宙的一部分。如果地球上没有了生命，那么与火星或月球等岩石行星也就没有区别。诞生于宇宙的生命和人类是宇宙的大叙事诗。

卡尔·萨根在《宇宙》中，站在科学的角度阐明了地球和生命的价值，让我们理解了生命的奇迹。科学的首要目标是保护生命，这也是人类的目标。我们不应该把目光放在地球上发生的事情，而是要走向宇宙，看见科学的美德。科学是最可靠的知识，它向我们揭示了我们在宇宙中是什么样的存在。如果站在宇宙的角度，学习科学并扩充知识，我们的生活价值就会发生变化。"从宇宙俯瞰的地球没有国境线。"在宇宙观察地球和我们自己，会感受到一直以来我们心中的欲望和发生在这个世界上的无数残忍行径不过是徒劳的争吵罢了。

小说《生命的层级》的作者，英国小说家朱利安·巴恩斯（Julian Barnes，1946— ）亲身经历了爱妻的死亡。他的妻子被诊断为脑肿瘤后仅一个月就离开了人世。他是这样让自己接受事实的："这只是宇宙在做自己该做的事情。"对妻子刻骨铭心的思念，让他不时产生自杀的冲动。之所以能克服这种自杀冲动，是因为他觉得宇宙是一个可以接受任何人类存在的地方。在生活中遇到难题时，我们可以从《宇宙》等科学书籍中获得勇气和安慰。知道国家存在的原因，了解宇宙的起源，也就知道了周围为什么会发生这样的事情，让人很是舒心。辨别我们能做的事情和不能做的事情，查明自己犯的错误，摆脱因无知造成的误会与负罪感，能给我们的生活带来很大的慰藉。面对考验和痛苦，只要我们能够制定出最佳策略，以科学事实为基础去理解万物世事，心情就会变得平静。

《宇宙》是科学领域的畅销书，自从出版以来备受读者喜爱。才华横溢的卡尔·萨根在书中告诉人们什么知识重要，以及为什么重要。把科学作为生活价值的想法和科学家本人的真诚打动了读者。萨根的洞察力，将我们追求的生活价值提升到了更高的层次。他解释了爱因斯坦的相对论，强调宇宙的每一处角落都是公平的。"但爱因斯坦对政治'参照系'观念的反叛程度，可以和他对经典物理学的颠覆一较高下。他认为，在星斗东奔西跑的宇宙里，没有一个地方是'静止'的。在解释宇宙时，也不存在某套体系更优越。这就是'相对论'的含义。"无论民族、国家、种族，自然法则适用于所有人。无论拥有什么特权，都无法避免地球面临的危机。地球不仅面临核武器的危险，还因埃博拉病毒等新型传染病、战争、全球变暖、贫困、人口增加等问题饱受痛苦。面对这些，人类需要站在全球角度去解决问题。让我们再次回想萨根所说的话吧！"珍惜唯一的家园——暗淡蓝点，这是我们的义务。"

斯蒂芬·霍金《大设计》
哲学已死！

闭上眼睛，世界一片漆黑。小时候，我以为闭上眼睛整个世界也会变得黑暗。那时候我以为我是世界的中心，世界会按照我的想法运转。我无法想象一个没有我的世界会是怎样的。但当进入青春期后，我的想法改变了。我发现即使我说世界以我为中心运转，也有一个独立于我之外的世界。在我出生之前，世界已然存在，在我死后，世界将继续存在。

人类的历史亦是如此，我们一度认为宇宙因人类而存在。18世纪，哲学家康德把宇宙限定在人类的思考能力范围以内。"不是人在空间和时间之内，而是空间和时间在人之内。"这句话的意思是，人类用想法限定空间和时间。康德接受了牛顿的绝对空间和绝对时间的概念。进入20世纪，这种时间和空间的概念被爱因斯坦打破了。相对论将空间和时间统一起来，并通过推论计算变成物理实际。我们如今使用的智能手机里的全球定位系统（Global Positioning System，GPS），是考虑到地球重力导致的时空弯曲而设计的装置。如果不计算时空弯曲，GPS 将变成无用之物。人类的感官虽然感知不到时间和空间，但它是存在的。现代物理学表明了宇宙是独立于人类的存在。

在 BBC 制作的电视剧《霍金传》中，以一段吱吱作响的杂音作为开始。故事的开始让人们好奇杂音与斯蒂芬·霍金的关系。众所周知，霍金在运动神经元死亡，肌肉萎缩导致瘫痪的情况下，也没有停止对宇宙的探索，他是优秀的理论物理学家。他的生活足以成为影视剧的素材，2004 年播出的英国电视剧《霍金传》就是其中之一。在《霍金传》中不断传来的噪音是阿诺·彭齐亚斯（Arno Penzias）和罗伯特·威尔逊（Robert Wilson）两位天文学家在 1965 年发现的宇宙背景辐射。提到"宇宙背景辐射"，许多人觉得辐射（radiation）这个单词很难理解。如果联想我们熟知的取暖用具——散热器（radiator）将热能扩散到整个房间的现象，就很容易理解了。"砰"一声爆炸后宇宙诞生，热能逐渐扩散到整个宇宙，并且慢慢冷却。宇宙的光，电磁辐射随着绝对温度降至 2.7 开尔文（−270.45 摄氏度），波长变长，分散到了宇宙的各个角落。没有热气，无法用光看到的长波的微波留下吱吱作响的声音，直到传到我们的耳朵里。宇宙的起源，大爆炸留下的痕迹就是《霍金传》中出现的噪声——宇宙背景辐射。

1942 年出生的霍金，在 1963 年 21 岁那年被诊断为患有肌肉萎缩性侧索硬化症。当时他正计划在英国剑桥大学研究宇宙论。当时，被判定只能活两年的霍金顽强地活到 76 岁。他曾说自己的运气很好。为什么呢？虽然霍金的一生大部分时间无法写字，无法说话，只能在轮椅上生活，但他是一位成功的科学家。与在原子弹开发上面浪费才

能的奥本海默相比，霍金出生的时代更好。霍金20多岁时的20世纪60年代是宇宙论研究正式受到人们重视的时期。为霍金创造了仅凭大脑就可以在理论上研究浩瀚宇宙的外部条件。同样是20世纪60年代，爱因斯坦的相对论开始应用于宇宙论的实际问题，观测天文学在技术和设备上的发展，也都确保为宇宙背景辐射提供了实验证据。电视剧《霍金传》里的杂音是霍金克服重重阻碍，研究热情燃烧的希望信号。

还有一个希望的信号，也为霍金的人生带来了奇迹般的幸运。他遇见了心爱的女人简·怀尔德（Jane Wilde）。电影《万物理论》（*The Theory of Everything*）讲述了霍金与简的爱情故事。当霍金被诊断患有肌肉萎缩性侧索硬化症后，他患上了严重的忧郁症，那时的他不是天才科学家，而是平凡的残疾人研究生。正当他无比绝望时，简出现在霍金身边，改变了他的命运。如果没有她献身爱情，霍金不可能在宇宙论中取得划时代的发现。1965年，在霍金与简结婚的那一年，霍金在物理学界撰写了具有里程碑意义的论文，并获得了博士学位。这篇论文的题目是《宇宙膨胀的性质》。他将天文学家哈勃在1929年发表的宇宙膨胀的观测结果与爱因斯坦的相对论联系起来，证明了宇宙存在奇点（singularity）的事实。

霍金所说的奇点是什么？如果宇宙膨胀，那么一定有一个开始点。在宇宙大爆炸理论中，如果时间反演，就会面临宇宙的开始。出现在那里的体积为0、密度无限大的点就是奇点。奇点是时空曲率无限大、时间和空间完全结束的点。大爆炸的瞬间和星星变成黑洞的过程相似。霍金把数学家罗杰·彭罗斯（Roger Penrose，1931— ）在黑洞中证实存在的奇点理论，应用在了宇宙大爆炸上面。他通过解开一般相对论的核心——长方程，引出了重力无限的极限情况——奇点。如果一般相对论是正确的，那么我们的宇宙在过去应该存在奇

霍金在运动神经元死亡，
肌肉萎缩导致瘫痪的情况下，
也没有停止对宇宙的探索，
他是优秀的理论物理学家。

斯蒂芬·霍金

点。霍金在自传中讲述了发现奇点的过程。

> 彭罗斯已经证明,任何处于坍缩中的恒星必然终止于某个奇点。奇点是空间和时间结束的原点。当然,我们已经知道,巨大冰冷的恒星自身引力崩塌,达到密度无极限的奇点时,是无可阻挡的事情。了解后我才发现,相关方程式只是解答了已经崩溃的星球,实际上的星球并非完美的模型。(……)我意识到类似的论证可以应用在宇宙的膨胀上面,而且可以证明存在时空诞生的奇点。(……)广义相对论预测,宇宙必然有一个起点。[48]

宇宙有开始?霍金为宇宙论的重大问题给出了科学的答案,掀开了宇宙论的新篇章。连爱因斯坦都没预测到奇点。因为爱因斯坦没有想到宇宙有诞生之时,也没有考虑在理论上时间=0的瞬间。相对论虽然导出了奇点的存在,但是所有规律都暴露在了奇点崩溃的问题中。在密度无限聚集的地方,时间和空间无法用爱因斯坦的方程式来表达。

那么如何预测宇宙的诞生呢?宇宙诞生的瞬间,据推测其大小只有10~33厘米。如此小的世界只有量子力学才能解释。物理学中的量子指的是任何可能存在的东西的最小量。量子力学是一门关于微观粒子的科学。探索宇宙的诞生离不开量子力学的帮助。解释宏观宇宙世界的相对论和微小粒子世界的量子力学在宇宙论中应当相互融合。现在宇宙论从爱因斯坦进入了霍金时代,出现了"量子宇宙论""量子重力理论"等新学科。

20世纪70年代,霍金受邀前往美国加州理工学院研究黑洞。与曾经参与电影《星际穿越》制作的基普·索恩(Kip S. Thorne)等物理学家一起从事研究，虽然很开心，但他的身体状况逐渐恶化，连字也写不了。一名理论物理学家不能在纸上画图计算公式无异于宣告死刑。为了与世界级科学家共同研究，霍金不得不开发了自己独特的研究方式。他找到了不用手，只需要大脑来解决问题的办法。为了不使用纸笔，直观地想起图画和公式，他开始训练大脑。由此他提出了自己最大的贡献"霍金辐射"，使揭示宇宙的诞生和黑洞的研究又前进了一步。

不仅如此，20世纪80年代，霍金还出版了科普著作《时间简史》。他想让更多人知道，人类的知识对宇宙奥秘的揭秘程度。为了用简单的语言说明现代物理学晦涩难懂的概念，他不辞劳苦，几经易稿。对于完全依靠电脑程序打字的霍金来说，写作过程本身就十分艰难。但在他的努力下，他还是写出了一本前所未有的科普书。霍金清楚大部分人不理解数学方程式，所以他的书使用了大量一目了然的图画，以便读者理解。让我们来看看霍金的想法。

> 我确信几乎人人都对宇宙的运行方式感兴趣，虽然大多数人看不懂数学方程式。我自己也不是很执迷于方程式。其中有部分原因是写方程式对我来说很吃力，不过更重要的原因是我没有直观地理解方程式的能力。相反，我会边想到图画边思考。创作这本书时，我的目标是依靠我熟悉的类比（analogies）和几张简图（diagrams），用语言去描述我脑海中的精神形象。希望大部分人都能感受并惊叹过去50年里物理学取得的令人瞩目的进步和成就。[49]

《时间简史》的这种写作方式成功了。读者在读霍金的书时，不禁感叹于书中图画的精美。例如，从《时间简史：插图版》和《果壳

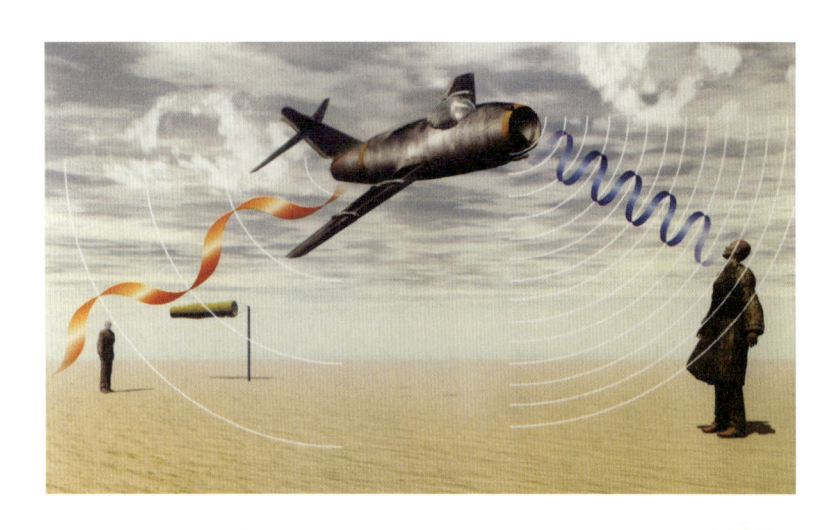

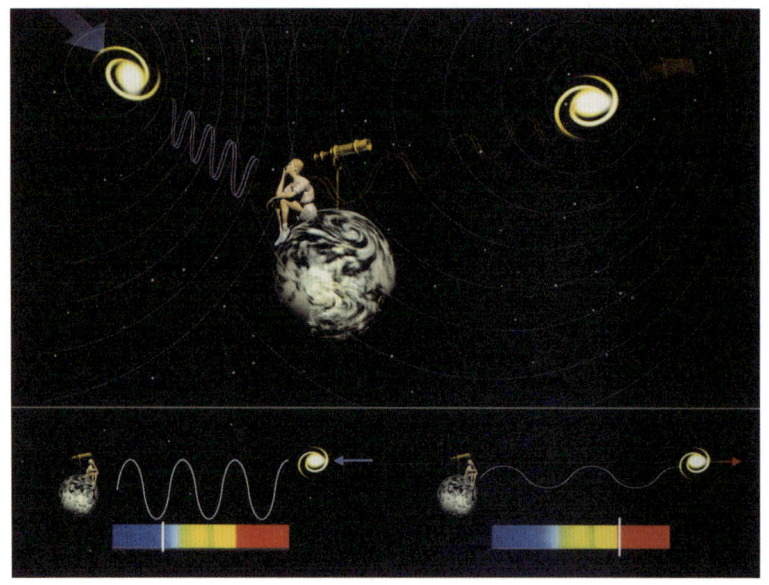

出现在《果壳中的宇宙》里的多普勒效应

多普勒效应也适用于光的波动。如果星系与地球保持一定距离，光谱线将显示在正常或标准位置。如果星系远离我们，波动增加，光谱线会向红色一端移动；相反，星系靠近我们时，波动压缩，光谱线会向蓝色一端移动。

中的宇宙》关于星球红移的一幅画中，就能知道霍金在插画上费了多少心思。20世纪20年代，哈勃用望远镜观察星系的光谱，发现星系的红移现象。根据多普勒效应可知星系正在远离作为观察者的我们，由此推断出了宇宙膨胀的事实。书中与此相关的几张图片生动形象[50]，仅凭图片我们也能理解科学的核心概念。《时间简史》被译成40多种文字，在全世界销售了两千多万册，霍金的名字也随之闻名全球。

霍金以自己的宇宙论研究为基础，出版了关于哲学观点的《大设计》。作为科学家，他向人类一直以来的"存在之谜"发起挑战。世界为什么不是无而是有？宇宙和人类为什么存在？这是人类在地球上出现后一直想知道的本源性问题。人们试图从宗教和哲学中寻找答案，但最终都失败了。对此，霍金发出宣言："哲学已死。"进入21世纪后，先锋科学的宇宙论解开了存在的谜团。"在我们探索知识的旅程中，科学家已成为火炬手。"在《大设计》的序言中，霍金大胆提出了以下看法。

我们怎么能理解我们处于其中的世界呢？宇宙如何运行？什么是实在（reality）的本性？所有这一切从何而来？宇宙需要一个造物主吗？我们中的多数人在大部分时间里不为这些问题烦恼，但是我们几乎每个人有时都会为这些问题所困扰。

按照传统，这是些哲学要回答的问题，但哲学死了。哲学跟不上科学，特别是跟不上现代物理学发展的步伐。在我们探索知识的旅程中，科学家已成为火炬手。本书的目的是给出由最近发现和理论进展所提示的答案。[51]

霍金问什么是实在，如何认识实在是哲学存在论、认识论中的重要问题。从亚里士多德到维特根斯坦，这是众多哲学家都探索过的问题。在宇宙论中关于宇宙是如何产生的，物质是什么，时间和空间是什么，哲学家作出的回答在今天都被证明是错误的。正如前文关于伽利略望远镜和光的研究中所说，为了在地球上生存，人类选择了自然进化，因此感官上存在局限性。人类看不到光，也不能凭空想象出时空弯曲的样子。康德依靠先验逻辑和思维实验等进行了哲学研究，但无论怎样思考和怀疑，能认识的只有三维世界。因为我们的大脑进化到了认识地球的三维世界。康德将知识分为人类可以知道的知识和无法知道的知识，就像人类的感官局限性一样，知识也有局限性。

而科学突破了人类的感官和直觉，向知识的极限发起挑战。现代物理学认为，我们生活的宇宙和时空不是三维世界，而是十一维的空间。过去的宇宙论属于哲学的范畴，但爱因斯坦之后，天文学和物理学开始探索宇宙。现在哲学已经跟不上现代科学的发展了。这正是霍金想说的。在21世纪，如果不以科学事实为依据，将无法讨论宇宙、实在和知识。

现代物理学正在使用人造卫星或射电望远镜等精密的尖端科学仪器。1989年发射的宇宙背景探测器（COBE卫星）仅仅用了8分钟就确认了无线电天文学家彭齐亚斯和威尔逊在1965年发现的宇宙背景辐射。威尔金森微波各向异性探测器（WMAP卫星）在2010年制作的宇宙背景辐射图中，以摄氏度为单位，可以捕捉到千分之一摄氏度以内的细微温度变化。我们在这些尖端科技的帮助下，观察到宇宙星系和银河等的实际存在。对于重力、黑洞、时空等这些我们不能用感官直接感知的东西来说，可以通过推论确保这些东西的真实性。这一过程是以宇宙观测事实为基础制作模型，再逐一验证模型预测的事实，排除不符合实际的模型，其间经过多次反复作业。霍金的量子宇宙论就是经过实验验证后的理论。

科学家在探索浩瀚的宇宙或微小的量子时，必须制作模型。我们的大脑通过分析从眼睛、鼻子、耳朵等感官获得信息，将外部世界视为模型。在第 5 章中将详细介绍大脑，而大脑通过模式或模型单纯地接受实在也是进化的一个过程。我们如何理解实在？对于这个问题，霍金从构成我们实在的世界的角度出发，提出了"依赖模型的实在论"。"我们形成了房子、树、其他人、从墙上电源流出的电、原子、分子以及其他宇宙的心理概念。这些概念是我们所能知道的仅有的实在。不依赖模型的实在性检验是不存在的。由此可知，一个构建良好的模型，可以创造自身的一个实在。"在了解实在方面，我们的角色可以说非常重要。因为在实在的世界里，作为观察者的我们不可能被分开思考。

在电视剧《霍金传》中，霍金意味深长地说着，我们是宇宙中渺小的存在，但能够充分理解深奥的宇宙。霍金的梦想是寻找宇宙从大到小所有事情的终极理论。爱因斯坦虽然没能实现这一梦想，但霍金从爱因斯坦手里接过了传承的火炬。霍金相信他可以将广义相对论和量子力学融合在一起，用一个理论解释宇宙的一切。年轻时霍金说："好的想法都是从感觉开始的。爱因斯坦说过当你想到正确的事情，手指会有感觉。感受科学，感受物质都不是错误的。"

霍金感受着科学。虽然全身逐渐麻痹，失去知觉，但他仅凭大脑的活动，就看到、听到、感受到了宇宙的诞生乃至我们无法抵达的宇宙空间。霍金发现宇宙的诞生没有任何理由。在《大设计》中，霍金认为宇宙是从无（nothing）中自发诞生的。根据他研究的量子宇宙论，宇宙的诞生是量子事件。在发现了量子力学的不确定性、弯曲空

间、夸克、弦以及额外维等的量子宇宙中，没有真空或空隙。宇宙是多个时空反复出现消失的量子振动状态，大概有 10500 个不同的宇宙是从无中创造出来的。我们生活的宇宙并非唯一。这就是现代物理学中提到的宇宙的起源。

在《大设计》的结论中，霍金认为，"我们只是创造我们自己宇宙的一部分而已"。伟大的设计不是依靠某个人，而是从无到出现的宇宙属性。如果问"世界为什么不是无，而是有"，科学只能回答就是有。虽然事实看似虚无，但这是地球上的人类在自我意识不断成长后得出的结论。我们使用高端装备，通过高度推论，最后不得不面对我们难以相信、不想承认的宇宙。即，宇宙的存在没有任何目的。霍金揭示的"存在之谜"，就是"自发创生是实在之物而非一无所有，宇宙存在，人类存在的原因。不需要祈求上帝点燃导火索使宇宙运行。"[52]

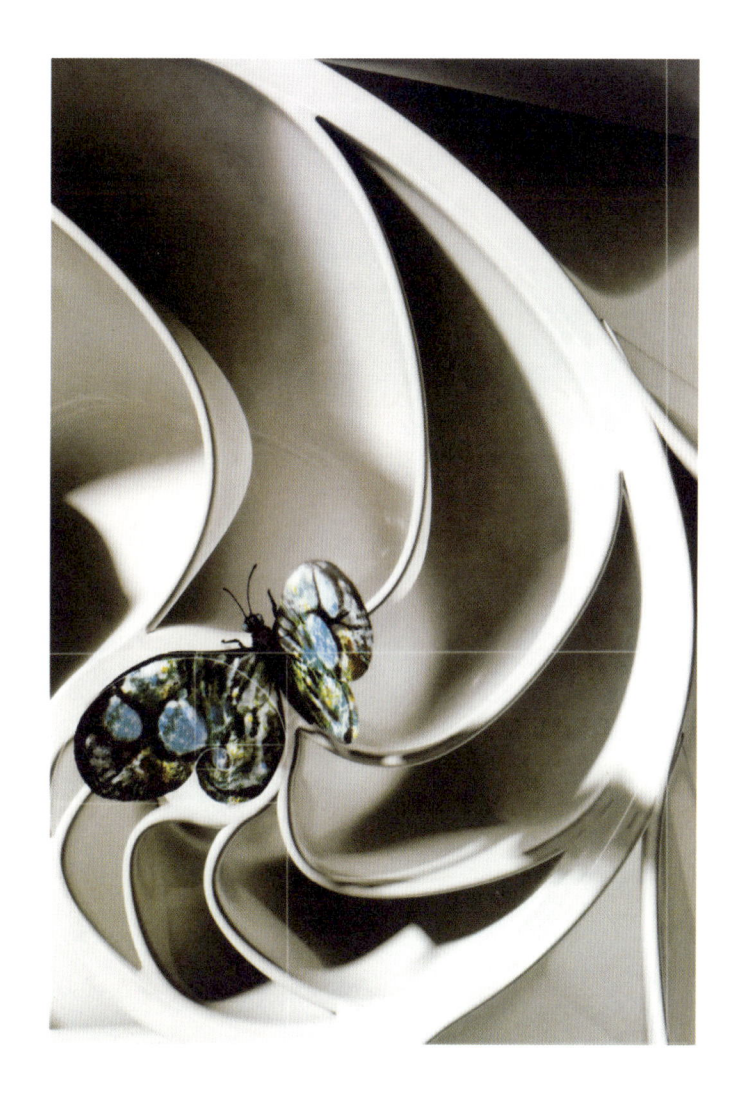

存在之谜

在《大设计》第一章最后一页，出现了一张意味着"存在之谜"的图画。每章的结尾都配有不同的图画，象征每章不同的主题。有蝴蝶的这幅画出现在了"第七章表观奇迹"的末尾，暗示了"蝴蝶"带来的偶然性结果。

为什么是人类？人之所以为人的本性是什么？达尔文试图从社会本能和道德中寻找答案。和其他灵长类动物一样，群居生活对人类的生活至关重要。多个人聚居生活后产生了社会性，这给人类的进化带来了巨大的影响。达尔文重点研究了人类社会性是如何促使人类在进化过程中形成人性的。

04

人类

思考机器的出现

GEORGE ORWELL

乔治·奥威尔《行刑》
揭露人类的本性

1922 年，乔治·奥威尔（George Orwell，1903 — 1950）到达英国的殖民地伯马（Burma）。现在被叫作缅甸的伯马，在当时是由印度管辖的英国殖民地。这是 19 岁的乔治·奥威尔从英国的私立名校伊顿公学毕业后选择的去向。他是当时伊顿公学中唯一一个放弃上大学的毕业生。他考入警察学校接受训练后成为一名殖民地警察。英国的一名精英为什么做出了这个让人意想不到的选择呢？由于乔治·奥威尔的家庭条件并不富裕，所以他在英国上流学校读书时受到了心灵创伤。与其说这样的心灵创伤让他有了提高社会地位的欲望，不如说这成了他领悟到自己阶级性的一个契机。另外，在英国传统教育学校里感受到的荒谬和幻灭，也使得乔治·奥威尔有了想要挑战新事物的想法。

广为人知的《动物庄园》（*Animal Farm*）与《1984》中的问题意识是从乔治·奥威尔的殖民地生活开始的。在缅甸的五年间，乔

治·奥威尔受到了许多难以承受的文化冲击。因为从英国社会中逃离带着未知的梦想的他来到缅甸，是一个存在着比英国阶级问题更严重的种族歧视与压迫问题的地方。乔治·奥威尔是在一群黄皮肤的东方人之中的白皮肤欧洲人，而且是帝国主义的爪牙——殖民地警察。这对于敏感的他来说，是一次剥夺了他对人类尊重与敬畏的残酷经验。当时，乔治·奥威尔每天都好像能感受到殖民地人们赤裸裸的敌意，并且自己也在加害人与被害人的双重自愧中度过每一天。但是越是目睹人类造成的社会歧视和压迫，他心中就越渴望人性的回复。

《行刑》是乔治·奥威尔 1931 年发表的一部随笔。虽然文章内容较短，但这是一篇突显独特的简洁文体和灵活洞察力的文章。在某一个早晨，淅淅沥沥下着雨，乔治·奥威尔作为印度帝国的一名警察，他像往常一样做了绞刑前的准备工作。刑务所长、治安法官、军医、看守员们围在一起亲临绞刑执行过程。这时，从牢房中被拉出来的死囚正慢慢走向绞刑台。死囚犯好像已经不在乎自己的生死，一步一步慢慢走着，他在看到地上的水坑后竟斜着身子躲避。在看到那个动作的瞬间，乔治·奥威尔突然意识到了"杀死一个健康并且神志清醒的人意味着什么"。

一直到这时候为止，我才明白杀死一个健康并且神志清醒的人意味着什么。这是一件很奇怪的事，当我看到那个囚犯侧身想躲避那洼水时，我才了解扼杀一个正当壮年的人的意义，那是一种无法言喻的错误。这个人像我们一样是活人，并不是病得快死的人。他身上的所有器官都在工作：肠子在消化，皮肤在更新，指甲在生长，组织在形成，所有这一切都在分工明确地忙活着。他站在绞刑台上，离他生命的终点还有十分之一秒时，他的指甲仍在生长，他的眼睛仍能看到黄色的石头和灰色的墙，他的脑子仍在记忆、预见、思考甚至会想到那积水。他和我们都是一样的，看到的、听到的、感觉到的、了解到的都是同一个世界，但是随后，他就会"啪"的一声永远地去了，去了另一个世界，灵魂也随风而逝。[53]

和乔治·奥威尔一样，我们人类互相感受到彼此是不需要很多东西的。那就是说一个人的死亡在宇宙层面上什么都不是吗？并不是那样的。一个人的死亡是美好生命的终结。从来都没有微不足道的人生。一个人的脑子里充满了无数的记忆和梦想，充满爱和勇气，充满着丰富的人生故事。死亡则意味着一切的结束。这不可估量的价值将在一瞬间灰飞烟灭。乔治·奥威尔在死囚的一个动作中感受到了人类的气息，同时也对毫无理由地杀害无辜生命的帝国主义感到愤怒。

在宇宙的历史上，人类的出现如同奇迹。但事到如今，人类已经超过了70亿，所以也就感受不到它的奇迹了。"他和我们都是一样的，看到的、听到的、感觉到的、了解到的都是同一个世界。"仅凭我们都是人类这件事，你和我，还有我们都是可以彼此共鸣的。即使不懂心理学理论，人类也可以读懂并理解彼此的心，可以感受到为躲避水坑而闪躲的这个动作的推论和预测的行为。

乔治·奥威尔出于改正错误和改变这个不公正世界的想法，站在了一辈子受压迫的人们那边。"我并不是只想自己摆脱帝国主义，我想要摆脱人类对人类的一切形式的支配。我想让自己完全跌落谷底，我想待在受压迫的人群中。我想成为他们中的一员去与压迫对抗。"因此，乔治·奥威尔奔赴矿区，写下了刻画矿工真实生活的《去维冈码头之路》。同时，他还参加西班牙内战，长期与法西斯进行斗争，并发表了《向加泰罗尼亚致敬》。他以社会主义者、左派知识分子自

居，并以超越左右两派的理念，揭露了人类创造的社会制度其实也是压迫人类的法西斯主义和极权主义。讽刺斯大林独裁的寓言小说《动物庄园》和批判未来技术控制社会的《1984》等作品都出自他的思想。乔治·奥威尔直到去世的那一天都期盼着所有人都能像人一样的活着。

但是正如乔治·奥威尔敏锐地察觉到的那样，人类的存在真的是一个个的矛盾体。不只是像帝国主义或独裁体制这样的社会制度是不正确、不合理的。抛开支配者和被支配者不说，每个人都表现出了令人难以接受的不人道行为。在《行刑》中处死人后，英国看守员们又笑又闹的样子令人震惊。那里没有人去哀悼一个人的死亡或去感受良心的谴责。"虽然刚才执行了绞刑，但是我们为结束了工作而感到安心。就有了唱歌、乱跑乱跳、咯咯笑的冲动。于是我们全都兴奋地开始叽叽喳喳。"乔治·奥威尔想要揭露的不只是帝国主义的非人性，还有人类本性内在的暴力、自私和不道德。

如今，乔治·奥威尔所期盼的所有人能像人一样的生活，每个人都能过上自己想要生活的和平世界实现了吗？不幸的是，并没有。此时此刻，世界上大大小小的战争和暴力还在持续。为什么人类那么痛苦，却无法结束战争呢？不只是战争，在人类的历史中，被分为自由人和奴隶、白种人和有色人种、富人和穷人的等级秩序与不公正的歧视从未消失过。那么难道不可能建立一个所有人都幸福、正义又合理的社会吗？人类究竟是什么样的存在，口口声声高喊和平，却被战争与暴力所拘束呢？在谋求减少战争和暴力的方法时，我们开始意识到暴力不仅仅是社会和政治问题。我们意识到了不能忽视人类本性所带有的暴力性。

我们到底是谁？我们对自己了解多少？其实比起认识宇宙，我们

《行刑》作品

（图片版权：*Everett Historical*，《行刑》一画是美国全国有色人种协进会（NAACP）在 1930 年为谴责白人种族主义和帝国主义的暴力行为所作。）

更难理解人类自己。也许最难客观理解的就是我们自身。在 17 世纪，牛顿等科学家将宇宙视为一种物理体系，并解释了太阳系和地球的运动。抛开了地球是宇宙中心的想法，开始从机械和物质的角度看待宇宙。但是对于人类来说，这样的观点很难适用。因为不能把人类和宇宙看作是同一个对象，人类是极其例外又特别的存在。宇宙和地球是为了人类而存在的，我们想象不到没有人类的地球是什么样子的。因此我们把地球的历史归属于人类的历史。直到 19 世纪前，几乎没有人怀疑地球和人类的年龄已经有 6000 年了。地质学家们之所以对地球年龄的不断增长持有不同意见，是因为他们曾认为人类的历史就是地球的历史。

要想客观地看待人类，就应该脱离我们赋予人类自己的特权地位。只有摆脱人类中心主义和人类优越主义，将人类作为宇宙和自然的一部分去进行人类探索，才可以接近人类自身和本性。之前说到无法直观地了解宇宙，对于人类来说也是如此。通过观察和推论去科学地理解人类，有可能是违背人类本性的事情。直到 1859 年《物种起源》问世为止，达尔文度过了非常孤独和痛苦的日子。与人类的习惯性思考相抗衡，这是作为科学家或一个人难以承受的事情。

达尔文在阐明人类起源的同时，深刻思考了哲学方面的问题。世界是什么，人类又是什么？人是如何、为何而存在的？这本是哲学问题，但生物学家却想找出问题的答案。哲学家中，康德、黑格尔、维特根斯坦等唯心论者认为，世界会随着人类的观念而发生变化。例如，维特根斯坦认为世界是人心，就像"人类不是属于世界的存在，而是世界本身"这句话一样。达尔文曾明确表示反对唯心论。就像在笔记本上写"啊，你是唯物论者啊！"一样，地球与人类的想法无关，地球是真实的，地球与人类是独立的存在。地球比人类有着更悠久的历史，即使没有人类也存在了数十亿年。众多哲学家探索过的人类本质问题，达尔文认为应该用唯物论和唯实论来思考。达尔文在研究物种变化的同时，还准备了形而上学笔记，并写下了这样的话。

> 研究形而上学的事情……在我看来，就像在没有力学的情况下与天文学的难题撕裂一样。从我的经验来看，内心的问题不会因为只猛烈攻击其要害而得到解决。因为心是身体的功能，所以我们应该有一个稳定的基础来讨论这些问题。[54]

来想想哲学家们提出的形而上学方面的问题吧。世界为什么不是无而是有？为什么不是什么东西都没有，而是有什么东西呢？思考这些问题的正是人心。知道世界上有什么东西"存在"也是人心。结果哲学家们用人类的心、思想和精神来解释世界，而所有这些的理论都出自人类身体里的大脑。在达尔文看来，哲学家们"就像在没有力学的情况下与天文学的难题撕裂一样"，即没有对生物学的人类进行研究，只专注于形而上学的问题。因为"心是身体的机能"，要想研究心的问题，首先要了解人类。人类比心更为重要，在了解人类如何出现之后，还要观察心是如何发挥作用的，但哲学家们并不想了解人类的存在，只是提出了形而上学的问题。

维特根斯坦在《逻辑哲学论》中表示："4.1122 达尔文的理论不比自然科学中任何其他一种假设更与哲学有关。"这是在说哲学与进化论毫无关联，而达尔文正批判了这些哲学家的态度。他甚至说："理解狒狒的人，都能比约翰·洛克对形而上学的贡献更大。"理解狒狒的行动和感情的人，是知道人类的精神和心灵来源于何处的人，懂得进化论的人比哲学家们更好。他主张，所有涉及人类心灵和精神的

知识都应以进化论为基础。

达尔文完全以机械和物质的角度来探索人类。为了能客观地探索人类，必须摆脱亚里士多德的目的论。宇宙、地球和人类不是根据任何目的或意图运作的，而是根据物理和化学法则来运作的。正如牛顿在《自然哲学的数学原理》最后一段中用大脑神经细胞的振动解释人类精神一样，达尔文也继承了牛顿的信念，进而引出了牛顿科学中没有的历史视角，并通过研究自然历史，努力发现生物物种变化的生物学普遍规律。但是进化论存在不能直接观察或验证的问题。由于生物物种在很长一段时间内变化缓慢，所以我们无法亲眼看见超过100年生命的包括人类的进化过程。进化就像宇宙空间的黑洞或银河系一样，只能通过化石或其他证据进行科学推论。

就像探索那遥远的宇宙一样，回看地球的历史，探索生命和人类的起源也是超越人类极限的事情。达尔文从未停止过观察和科学推论。他不仅对周边的动植物，就连日常生活中出现的人们的行为也仔细地观察并记录，同时还独创了进化、变异、自然选择、遗传、适应、时间、个体群等新概念，最终为了用一系列原理说明从物质到生命，再到意识的进化过程而孤军奋战。达尔文有着表达人类存在意义的雄心壮志和远大目标，就像他的笔记本上写着的，"人类的存在终于得到了证明。形而上学应该得到发展"，他坚信科学可以解决哲学问题。达尔文从人类的思想、感情、行动到本性，揭示了什么是人类，他不只是一位科学家，还是一位伟大的思想家。

《达尔文传》充分体现了达尔文透彻的信念和研究活动。日常生活中的所有东西都是观察和研究对象，自己的恋爱和爱情也不例外。30岁的达尔文与表姐爱玛·韦奇伍德坠入爱河并结了婚。在遇到心爱女人的浪漫瞬间，他说："一个男人说爱一个人的时候，他的脑海里会掠过什么想法呢？"带着这样的疑问，他开始观察爱情的真相，在笔记本上一一记录了与艾玛相爱时自己身体发生的变化，如心跳加快、分泌口水并越来越兴奋的样子。如果是人类的灵魂在相爱，那么又如何解释人类身体发生的变化呢？达尔文在一开始产生爱的感觉和感情时，就关注着身体的变化。1839年11月27日的记录本中这样写道。

> 11月27日。性欲让人流口水。显然是这样。这是有趣的相互关系。我见过尼娜舔肉块的样子。人们在形容一个卑鄙的老人时，会描绘口水直流的掉了牙的样子。接吻可能与流口水、嘴和下巴的活动有关。我们并不是要去描述淫荡的女性。种马也总是被这样描述。[55]

爱情竟然如此不浪漫！达尔文向爱玛求爱、接吻并感受到了爱。看到自己爱上一个人时身体做出的反应，达尔文确信了人类的大脑就是心。人类感受到的爱、憎恶、喜悦、嫉妒、愤怒、后悔和复仇心等都是来自大脑的感情和欲望。但是不是只有人类才拥有大脑，其他动物也有大脑，它们也有感情和本能。正如前面看到的，达尔文在描述性欲望时，将人类、狗和马等动物的行为联系起来进行了推论。"一切本能、一切欲望都来源于大脑，都是进化遗传的产物。"

达尔文认为，要想追溯人类的由来，就得找到我们现在拥有的感情和欲望的根源。哲学家们认为，人类本性的善与恶就是道德，但达尔文认为人类的善与恶源于猴子。"长着狒狒样子的恶魔就是我们的祖先！"人类的类人猿祖先具有复仇心等丑恶感情，这种复仇心有利于它们的生存，于是一直遗传到了我们身上。达尔文最先表示，人类的本性一直在变化，善与恶的感情也是来源于动物。

正如达尔文所说，我们来源于动物。但是我们是动物中最特别的动物，像乔治·奥威尔一样能够读懂死囚的内心，梦想着所有人都能幸福的生活。我们探索人类起源是因为我们不了解自己，创造不出更好的社会。乔治·奥威尔希望能生活在一个有人情味的社会中，但人情味是什么？我们还不知道什么是人情味，不知道人类的本性和欲望是什么，不知道对与错是什么，也不知道善与恶是什么。生物学家与哲学家们经常使用利己心和利他心这样的词，却还没能明确定义人类的利己心和利他心。从每个人的角度来看，对与错、善与恶、利己心与利他心多少都是不同的，因此，更需要对人类进行客观地探索。就像我们在宇宙空间了解地球的价值一样，只有用宇宙观点和地球生命体的观点去理解遥远的人类，人类真正的价值才会显现出来。

恩斯特·迈尔的《进化是什么》
进化是种群里的遗传性状在世代之间的变化

达尔文谴责自己是魔鬼的牧师:"如果不是魔鬼的牧师,谁会写书去讲述这种丑陋、耗费精力、容易出错、低俗、可怕又残酷的自然行为呢!"自然界的各种生物们为了生存,相互竞争,不惜做出残酷无情的行为。因为只有在满是杀戮甚至可能被活吃的无情自然世界中生存下来,才能繁衍子孙后代。达尔文将此视为既定事实,称为"自然选择",也就是优胜劣汰。他主张这种自然选择是能使新物种进化的原动力。也就是说达尔文认为地球上包括人类在内的众多生命体都是通过自然选择诞生的。

在一所高中演讲时,我曾被一名学生问到"为什么把达尔文称作是魔鬼的牧师呢"?"魔鬼的牧师(devil's chaplain)"是达尔文描述自己的时候经常使用的象征性用语。"牧师"这个词虽然很难理解,

但可以理解为"魔鬼的弟子",这里重要的单词应该是"魔鬼"。魔鬼是我们所能想到的所有好和坏的概念中最坏的东西。达尔文的进化论在哥白尼的"地心说"之后,让无数人陷入了混乱与痛苦中。1880年,伯明翰主教的夫人恳切地说道:"我们来祈祷这个理论不是真的。如果这是真的,我们希望不要让人们知道。"

人们为什么对进化论感到恐惧和厌恶呢?为什么达尔文成了"魔鬼的牧师",进化论成了"罪恶之源"?首先我们需要注意的是,在当时进化论违背了人类的想法与感情。我为了让读者更容易理解,举这样一个例子。达尔文的进化论对于人类来说,如同出生的秘密。我们原以为自己出身高贵,有一天却突然出现了足以证明自己是卑贱存在的一份资料。"这个箱子里有你出生的秘密,要不要打开看看?"魔鬼怂恿我打开这个绝对不能碰的潘多拉箱子,这个魔鬼就是达尔文。

在达尔文的进化论被提出之前,我们没有怀疑自己是这个世界上特殊的存在。人类是有精神和灵魂的智慧象征,与其他动物截然不同。因为人类是神创造的很特别的存在。神带着特殊的目的创造了人类。从历史上来看,5世纪时,奥勒留·奥古斯丁(Aurelius Augustinus,354—430)在《上帝之城》(*De Civitate Dei*)中区分了"上帝之国"和"人类之国"。我们所在人类之国是肆意发起战争、掠夺、掳掠和残暴的残酷地方,但上帝之国是可以获得永恒生命的地方。人活着尽到神所赋予的职责,死后去到神的国度就是生活的目的。像这样,神赋予了人类存在的价值和生活的目的,给人们带来了摆脱痛苦现实,并在完全不同层面生活的希望。

但人类进化的事实无情地打破了这种希望。如果不是神创造人类,那么人类特殊的地位和生活的目的就都会从这个地球上消失。另外,如果没有善良、正义的上帝之国,只剩下在战争、饥饿、自然灾害等没有秩序又暴力的环境中生活的人类的话,那人间也就只剩下绝望了。人类的痛苦生活要在哪里得到安慰和补偿呢?寻找人生意义的人类,在没有了死后的世界,并且知晓了自己是从微不足道的动物进化而来的事实的话,得是多么地难以接受啊!

达尔文的进化论确实触碰到了人类的痛处。我们是谁,为什么存在?我们从何处来,该到哪里去?根据进化论,我们是没有任何目的地偶然进化而来的。人类没有理由存在,也没有理由不灭绝。人类的出现不是必然要发生的事情,人类的生存也不是自然世界的价值。人类的出现只是偶然,今后随时都有可能灭绝的事实也让我们无法接受。

我们在进化论中感受到的是恶,但实际上进化论是没有任何价值判断的。进化论既不是善,也不是恶。进化论只是给出了一个我们不想要的答案。从人类的立场来看地球生物的进化,是令人震惊的事实。《物种起源》最后一段中,达尔文为了缓解这个事实带来的冲击,以照顾读者的感情来作为结尾。"从自然界的战争中,从饥饿和死亡里,产生了自然界最可赞美的东西——高等动物。这才是一种真正伟大的思想观念。"

我们生活的地球是无法避免战争、饥饿和死亡的。在第1章中,我们发现人类的进化过程是无比痛苦和悲惨的。南方古猿被豹咬伤后,再被拖到树上杀掉;智人被饥饿折磨,为了生存进化了大脑。最后,地球上的尼安德特人也迎来了灭亡,只有作为智人的我们生存了下来。但是,从生命体的诞生到成长为人类的这一漫长的进化旅程,让"自然界最可赞美的东西"出现了。达尔文所说的就是来自人类大脑和智能的艺术、哲学、道德、数学、科学、音乐、文学、爱,等等。但是作为人类所享有的这美丽又珍贵的价值则来自自然世界那

偶然又无情的痛苦。达尔文在自传中表示"痛苦就像不完美的自然选择，使每个生物在生存斗争中尽可能胜利"。

我经常看自然纪录片，每次都能从这些纪录片里感受到达尔文所说的进化的痛苦和伟大。有一天看到山猫猎取树懒的场面，不禁感到惊讶。树懒为了躲避山猫逃到树上，而山猫却总从树上滑下来，无法爬上去。于是山猫在旁边的树上挠着自己的爪子练习了几次，便爬到了树上吃掉了树懒。令我毛骨悚然的是山猫运用智慧爬树的样子。对于树懒来说虽然是一个不幸的结局，但是这种智力的进化，就产生了和我们一样的存在。最终，我们在没有血、没有泪的自然世界里生存下来，领悟到了生活中的悲剧和进化的意义，并且也理解了生存斗争和自然选择就是生存的一种方式。达尔文在人生的悲剧和死亡的痛苦中，反向讲述了自然和生命的伟大。这也就说明了，即使没有神，我们也能理解自然法则，过上幸福的生活。虽然进化过程没有任何价值，但达尔文给它赋予了人类价值。也就是说，发现进化论的我们，随时都可以勇敢地面对生活中的痛苦。

但是，在《物种起源》出版160多年后的今天，却有人在怀疑达尔文是否正确。如今，社会对人类进化的排斥心理仍然存在，对社会进化论等似是而非理论的误解和臆测也没有消失。现实情况是，比起正确理解生物学中进化论的概念，更难的是克服人类心理上的障碍。恩斯特·沃特·迈尔（Ernst Walter Mayer，1904—2005）创作的《进化是什么》详细地指出了该问题，清晰易懂地说明了我们为何难以接受进化论，从哲学上看，问题又出在哪里，以及达尔文新提出的新生物概念都有哪些。

正如贾雷德·戴蒙德在《进化是什么》的序言中所说的那样，恩斯特·迈尔是所有人都认可的达尔文接班人。1937—1947年，恩斯特·迈尔为恢复新达尔文主义、确立理论和实证上的进化论奠定基础上做出了巨大贡献。达尔文的进化论可以分为两个阶段来看。你知道发生了进化吗？知道接下来进化是怎么发生的吗？达尔文的成就说明在第二个阶段为什么会发生进化，以及说明物种是如何产生自然选择理论的。《物种起源》的叙述方式也是从自然选择的概念开始说明，然后提出进化的证据。大多数生物学家们都

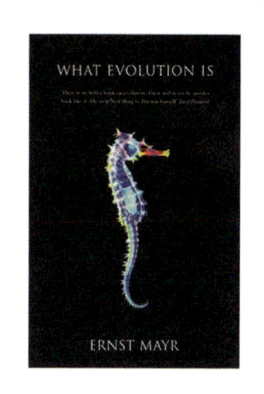

图书《进化是什么》

同意发生进化的事实，但是对于自然选择理论众说纷纭。最终，恩斯特·迈尔结束了这场争议，在生物学家间达成了一致的意见。此后，分子生物学的革命进一步巩固了进化论的学术地位，为了反映这些成果的书籍就是《进化是什么》。

首先，恩斯特·迈尔对阻碍理解进化的哲学性思考方式提出了问题。古希腊哲学家们一直认为物种是固定的，不会改变。支持这一理念的哲学思想是柏拉图的思想和本质主义。假设了相信不变真理存在的柏拉图，认为在现实世界背后有完美的理想世界，眼睛看到的现象只不过是理想的影子。哲学家们探索真理的目标是探索现象，找出普遍原理，即本质。因此，我们看到的兔子是假的，在理想的世界里，有真正兔子的本质、兔子的原型以及兔子的标准。受到理想哲学的影响，人们一提到兔子就只会想起固定的一个形象，相信生物物种不会改变。

但是每只兔子长得都不一样。就像生活在地球上的人类的外貌不同一样，每只兔子的长相也都不同。短耳兔、长耳兔、棕毛兔、黑白相间的兔子等，长相差异无穷。这用生物学用语来说就是每个个体都

会发生不同的变异。达尔文观察了兔子、狗、猫、马、猪、牛、羊等动物和各种植物。此外，在写《动物和植物在家养下的变异》时，他放弃了"物种不变论"的固有观念，发现了进化的活力。因为育种家和饲养员在改良兔子、鸽子和狗的品种时，会选择自己想要的变异个体进行交配。达尔文看到这种人为选择的过程，就产生了自然选择的想法。就像饲养员做的那样，自然也会选择性地进行一些适合生活的变异，并去除其他的东西。"达尔文的变异理论和选择理论就是革命性的理论。"恩斯特·迈尔在《进化是什么》中强调，达尔文从个体的变异中获得了惊人的洞察力。进化是从微小的个体变异开始的。那么进化的主体是什么呢？我们把进化称为是个体进化吗？我们来看看恩斯特·迈尔怎么说。

个体也会进化吗？在遗传意义上，个体的进化是不可能的。确实，人类的显性性状一生都在变化。但基因从出生到死亡的瞬间本质上是相同的。那么，在活着的有机体中，最低水平的进化单位是什么呢？那就是种群。而且，种群才是发生进化的最重要场所。对进化的最佳理解是，在一代人延续到下一代的过程中，种群所有成员的遗传都在更替。[56]

不是个体的进化，而是种群的进化！恩特斯·迈尔在说明进化时，最重要的概念就是种群。种群的概念在达尔文之前并不为人所知。达尔文抵制柏拉图的理想主义和本质主义，以全新的思考方式看待自然世界，恩斯特·迈尔称为"种群思维"。种群是指同属一个种类，但在不同地区生活的个体群体。所有物种都是由无数的种群组成的。物种之间可以相互交配，换言之，物种就是可以进行基因交换的个体，也可以说种群是构成物种交换的最小交配单位。

达尔文认为，个体的变异，会产生可变性非常强的种群。由于只有具有能应对环境变化基因的个体才能继续生存，因此所有种群都由多种遗传性结构组成。其中，如果有利于生存的变异变种存活了下来，经过几代的遗传来变更所有种群成员，这就是自然选择。例如，我们称之为"露西"的南方古猿阿法种群生活在非洲。在这个种群中一旦产生了大脚趾的突变，能够直立行走的大脚趾从一代遗传到下一代，种群中的所有个体也就都有了这样的基因。大脚趾笔直的种群比起大脚趾弯曲的种群，在生存变异中得益于有利的变异才没有灭绝，得以生存。像这样，一部分南方古猿阿法种群进化成为能人，都是依于自然选择的进化。恩斯特·迈尔用一句话来定义进化："进化是生物群体性质随时间经历的变化。换言之，种群是进化的单位。基因、个体和物种虽然也起到一定的作用，但决定生物进化的就是种群的变化。"根据这种"种群思维"，可以看出，进化与南方古猿种群中出现的能人的新物种的过程都是渐进的。虽然反对进化论的人主张类人猿繁衍不出人类，但在达尔文的进化中，不会发生一个物种生下新物种的事情。人类与类人猿之间存在着无数的种群，并且每个种群都可以与相邻的种群进行交配。追溯人类与类人猿的祖先来看，所有动物都与其他的动物相关联，且有一个共同的祖先。[57]证据就是基因密码在所有的动植物中普遍都被发现。但是，如今在进化过程中的许多种群都已灭绝，只剩下我们在地球上能够看到的物种。

达尔文把进化过程中灭绝的物种和种群称为"缺失环节（missing link）"。为什么人类在进化过程中没有缺失环节，换言之，为什么没有看到展现类人猿与人类之间进化过程的中间物种呢？达尔文从累计适应的角度出发找到了答案。例如，要想直立行走，不能只进化大脚

趾的形状。从骨盆结构到头部角度，再到脚部形状，需要适应的地方都有很多。在这种积累适应的过程中，天生就具有有利变异的子孙们

人类与类人猿的共同祖先
在《祖先的故事》中，理查德·道金斯追溯人类的进化过程，并找到了已灭绝的共同祖先。上图中看到的灵长类动物就是人类、黑猩猩与倭黑猩猩的第一个共同祖先。据推测，作为人类的 25 万代祖先，他们成群结队地生活，以果实作为食物，并会使用简单的工具。

生存下来，而父母种群却反复地灭绝。也就是说，直到具备适合直立行走的骨骼为止，许多不适应生活的父母种群已经灭绝，因此很难找到进化过程中存在的人类。像这样，在达尔文进化论中理解"种群思维"，缺失环节问题也就可以得到解决。当然，现在已经可以亲眼去确认缺失环节了。在达尔文生活的时代，没有发掘出与人类相近的种群化石，但现在情况发生了变化。露西、南方古猿、能人、尼安德特人等处于类人猿与人类之间的中间阶段，他们就是缺失的环节。我们已完全可以在自然历史博物馆中亲眼确认古人类学家们发掘出的这些缺失环节。

在人类的进化中，社会进化论等错误理论也是因为对种群概念的不了解而产生的误会。社会进化论通过生存竞争，将只有优越的个体才能生存的适者生存理论运用到了人类社会。在帝国主义侵略的时期，社会进化论提出了一些民族、国家及人种将被淘汰并将消失的可怕意识形态。直至今日，还有人认为个人或人种在互相竞争和进化，但这从生物学上看来是不可能的。人类是一个叫作智人的物种，也是一个种群。如今，人类之间不存在地理性质上的隔断，反而可以说是因地球太小而频繁地进行接触。在达尔文的进化论中，进化的单位是种群。正如前面所说，不是某一个人类的进化，而是整个人类的进化。我们常常会说适者生存这句话，但适者生存和自然选择并不适用于人类。正如试图消灭犹太人的希特勒并不知道完全消灭犹太人的所有基因是不可能的。我们怎么能从身体中区分并分离出犹太人的基因呢？

CHARLES DARWIN

查尔斯·达尔文《人类的由来》
啊，你是个唯物论者！

在查尔斯·达尔文（Charles Darwin，1809—1882）的《贝格尔舰环球航行记》中有一段让人记忆深刻的文字。"8 月 19 日，我们终于离开了巴西的海岸。谢天谢地，我再也不会去奴隶制国家了。直至今天，一听到远处的哀嚎，我就会想起那令人痛心疾首的一幕：一次，我路过伯南布哥附近的一所住宅，听到十分凄惨的喊叫声，一定是某个可怜的奴隶正惨遭毒打，我知道，即使我去抗议，也会像孩童一样无力回天。"1831 年开始乘坐海军测量船"贝格尔号"进行世界探险的达尔文，在即将要结束长达 5 年的航海之际，在巴西目睹了可怕的奴隶制。经受那种挨骂挨打受虐待"即使是最劣等的动物，灵魂也会分裂"。[58]

何况奴隶并不是动物，而是人类。他们是和我们有着相同感受的人类。奴隶们只要和主人对视就会瑟瑟发抖，但达尔文从他们的眼中看到了人性的绝望。他们并不像莫名其妙遭殃的牛和马等家畜那样

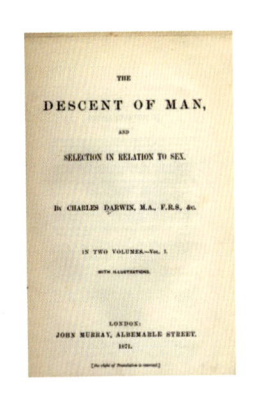

图书《人类的由来》

无知。他们能看到其他的正常人是如何生活的，并且知道自己现在正在经历什么，以后的日子会多么黑暗和悲惨。奴隶们是能够感受、思考、理解和认知一切的人类。

达尔文认为，人种、民族与阶级的差别待遇是不正当的。也就是说，人类天生就没有理由要受到歧视，只是为了把苦役交给某些人，制定下了人类剥削人类的制度。"为了替奴隶制辩护，经常有人将奴隶的处境和英国乡下人的贫苦相提并论。如果英国穷人的悲惨境遇不是自然法则造成的，而是我们的制度造成的，那我们的罪过就太大了。"达尔文作为一生都在观察和研究人类与动物的生物学家，深知人类之间没有任何生物学上的差异。达尔文感到愤怒的对象是制定这些歧视奴隶的不道德制度的人们。既然知道奴隶是和我们一样的人类，还怎么能像对待牲畜一样去使唤和虐待奴隶呢！

> 那些体谅奴隶主却对奴隶铁石心肠的人从来不会设身处地地为奴隶着想：奴隶的前途多么暗淡，连一丝改变命运的希望也没有！想一想如果你的妻子和孩子随时都有可能被出价高的人买走，你心里会是什么滋味？可是奴隶也有自己的妻子儿女啊！实施和掩饰这些罪行的人竟然是那些宣扬爱人如己的人，那些信奉上帝的人，那些祈祷上帝降福于人间的人！一想到英国人和与我们同宗的美国人一面大肆宣扬平等自由，一面犯下如此罪行，就令人热血沸腾、心灵震颤。[59]

《贝格尔舰环球航行记》出稿时，达尔文只有20多岁。将《物种起源》推向世界的时候是 50 岁，在《人类的由来》(*The Descent of Man*) 出版的 1871 年，达尔文已是 62 岁。从 20 多岁的年轻时期到临终，达尔文一直坚持写书，并且他书中包含的价值观一直没有改变，充满了对动植物、人类等地球上所有生命体的热爱，甚至对藤壶和蚯蚓也是在用温暖的视线观察着。达尔文在提出进化论这一伟大理论的同时，也没有放过周围不起眼的故事。达尔文的书之所以总能让人感动，是因为我们能感受到隐藏在他不平凡中的人性和真诚。

有一次在读达尔文的自传时，我心头一热。"我认为我把我的生活献给了科学，而且表现得也很好。虽然没有犯下滔天大罪或为之忏悔的事情，但却未能对人类提供更直接的帮助，这一点一直让我甚是遗憾。""我把自己所有的时间都献给了为人道而努力，但我完全没有付诸实践，即使我知道那样的工作是更高层次的事情。"[60] 他以这样谦逊的话作为结尾。达尔文就算是在进行进化论等伟大研究的同时，依旧表示做这些研究不如做些可以体现人类博爱的工作。由此可见，他生命中最具价值的东西便是超越人种和阶级的人类间的爱。

《人类的由来》是指引我人生的一本书。坦白地说，我在学习科学史的过程中，很晚才开始接触这本书。在读完理查德·道金斯（Richard Dawkins，1941— ）和斯蒂芬·杰·古尔德（Stephen Jay Gould，1941—2002）的书后，再读《人类的由来》，惊讶、后悔和羞愧突然涌上我的心头。我很后悔为什么现在才读这本书，并意识到其他生物学家的书都只不过是达尔文的脚注。《人类的由来》是一本给还在思考自己是谁的人们带来审视和灵感的书。达尔文说进化的原理是"一束光明将投射在人类的起源和他们的历史上"，这本书就像我人生中的一束光，让我获得了对科学的洞察力和信心。

在《人类的由来》中，可以说"由来（descent）"是揭开生命历史

中所有秘密的关键词，也就是说，是从一个有机体中产生了所有的生命体，若是反过来追溯所有生物的祖先，便会在一条茎上相遇。在这样的历史中，人类也不例外。但大部分人认为把人类和宇宙、自然放在同等地位看待都持不敬的态度。像斯宾塞这样的社会进化论者则把人类的进化称为"人之上升（ascent of man）"。因为他们认为，人类不是以生物界的主干为祖先出现的，而是本身就作为人类登上（ascent）生物界最高位置的。傲慢的人们无法放弃人类的地位，便也无法理解达尔文所说的"由来"的意义。

达尔文在《人类的由来》序言中提到的"人类在地球上出现的方法应该和其他生物一样"说的就是对人类优越主义的挑战。但是将进化论扩展到人类并加以证明是非常困难的工作，换言之，查明人类的由来在 19 世纪是非常困难的。在欧洲以外的地区没有发现过人类的化石，而且欧洲出土的化石证据也不多。达尔文以托马斯·赫胥黎的解剖学、比较胚胎学、生理学等相关知识为基础，全身心地投入到推论与提供证据资料中。人类是猴子的子孙吗？达尔文面对这样的强烈指责，他毫不屈服，堂堂正正地表明了人类是从灵长类动物进化而来的事实。《人类的由来》最后一段中写到"我们所关注的只是理性允许我们所能发现的真理；我已经尽我的最大力量提出了有关的证据"，从这句话中可以感受到他的辛劳与真诚。

《人类的由来》把人类的进化像一部成长小说一样描写了出来。在问我们自己是谁之前，依次向我们展示了我们是什么，人类的身体是如何产生的，以及人类的心是从哪里来的。以从物质进化到生命和意识的唯物论观点出发，坚定地说服社会人类身心进化的事实。在《人类的由来》第一章中以"人类从某些低级类型诞降而来的证据"开始探索胚胎发生的阶段。"人是从一个卵发育成的，卵的直径约为

0.2 毫米，它在任何方面同其他动物的卵都没有差别。人类胚胎在最早时期同脊椎动物界其他成员的胚胎几乎无法区分。""由于本书的一部分读者可能从来没有看过有关胚胎的绘图，所以我刊登了一幅人的胚胎图和一幅狗的胚胎图。"[61] 这幅图绘于 1860 年，非常精巧又充分展示了处于胚胎阶段的人和狗的样貌是非常相似的。

从下面的图片中可以看出，人类的身体结构是从动物身上继承延续下来的。达尔文说："众所周知，人类是按照其他哺乳动物同样的一般形式或模型构成的。人类骨骼中的一切骨可以同猴的、蝙蝠的或海豹的对应骨相比拟。人类的肌肉、神经、血管以及内脏亦如此。正如赫胥黎和其他解剖学者所阐明的，在一切器官中最为重要的人脑也遵循同一法则。"人类在地球上并不是完美的新造物。人类身体的每个角落都有证据可以证明我们来源于动物。

接下来，达尔文比较了人类和动物的精神能力。长期以来，划分人类与动物的界限是心灵，即精神，但在《人类的由来》中揭示了精神的原形，试图打破人类与动物间的界限。可以称为是人类固有智慧的感觉、直觉、爱、记忆、注意力、好奇心、模仿及思考能力等，在动物身上也能发现。达尔文讲述了一个自己与狗的故事。"我养的狗对陌生人很凶，讨厌所有陌生人。所以我故意远离那条狗 5 年零 2 天，然后测试它的记忆力。走近狗住的地方，用以前叫的方式唤它。那条狗虽然不高兴，但很快就跟着我出来听从我的话，就像半个小时前还和我在一起一样。5 年来沉睡的往事片段被连续组合起来，马上唤醒了那条狗的心。"就像这样，达尔文的狗保留了过去的记忆，至今还对主人有着亲密的感情。像狗这样的宠物并不像玩具人偶或电脑那样没有感情。达尔文带着与对待人类一样的缜密观察力，探索着动物们的心，向我们展示了动物也有感情、记忆与智慧。

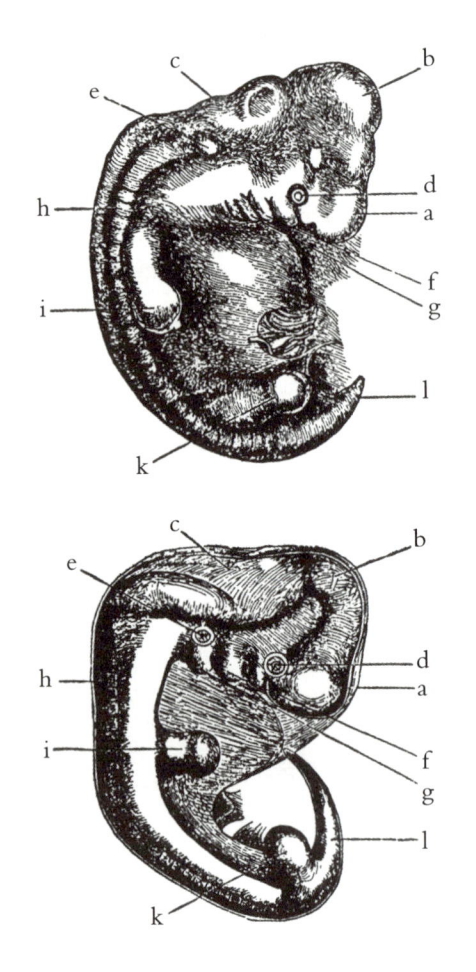

埃克的人类胚胎绘图（上），比肖夫的狗胚胎绘图（下）

a. 前脑、大脑半球等；b. 中脑、上口；c. 后脑、小脑、延髓；d. 眼睛；e. 耳朵；f. 第1鳃弓；g. 第2鳃弓；h. 发育中的脊柱和肌肉；i. 胳膊和前腿；k. 腿和后腿；l. 尾巴或尾骨

最终，达尔文想要表达的东西出现了。我们为什么是人类？人类的本性是什么？达尔文在社会本能和道德中寻找答案。和其他灵长类动物一样，成群结队地生活对人类的生存也至关重要。并非一个人，而是许多人聚在一起生活，这样的群体性对人类的进化产生了很大的影响。达尔文关注了人类在群体生活时，是如何形成人性的。生活在非洲草原上的初期人类如果没有他人的帮助，就不可能独自生活。懂得理解他人、会感受感情与关怀的人能够生存下来是理所当然的事。在这个过程中，喜悦、悲伤、快乐、痛苦等感情则通过自然选择来进化。这样的感情让人懂得什么是对自己有好处的，什么是对自己有坏处的，也就让人获得了判断价值的能力。最终，社会本能培养了能够理解他人的共鸣能力，这也成了道德的基础。于是，也就产生了不能做让他人感到痛苦的对错规律。

在人类的生活中，重要的不是生存竞争，而是对他人的共鸣与道德。在《人类的由来》中，达尔文这样评价人类的道德性："关于高贵的人性，有着比生存竞争更重要的作用。虽然自然选择的作用引发了社会本能，社会本能的确为道德发展提供了基础，但道德资质比起自然选择，则是通过习性、推理能力、教育、宗教等或直接或间接地获得了进步。"就像这样，人类的道德与动物有着完全不同的层次。正如在蚂蚁或蜜蜂等动物身上是看不到道德性的。但我们也不能完全地认为是自然选择和社会本能成就了人类的道德性。我们可以认为人类道德的进步是由于社会本能促使大脑智慧增加，加上教育和宗教等文化环境的熏陶而引起的。达尔文对此有条不紊地进行了说明。

人类和所有低级动物一样，为了集体利益而获得了社会本能，这是毋庸置疑的。因为这种社会本能，人类从一开始就有了帮助自己同

像的愿望，即相互间产生共鸣。因此，人类开始在意同僚们是否同意自己。在这种潜在意识的驱使下，人类在遥远的过去可能已经有了似是而非的善恶规则。此后，人类的智力逐渐发展，甚至可以思考自己行为对未来的后果。另外，人类拥有了足够的知识，可以排斥有害的习俗或迷信。而且，人类越来越多地考虑到同僚的福利和幸福。另外，在有益的经验、教育和遵循榜样的习性中，人类的共鸣会变得更加柔和，扩散到所有人种、傻瓜、残疾人、无用的社会成员，最后还扩散到低级动物。随着这一切的发生，道德的标准可能会越来越高。[62]

在《人类的由来》中，道德、共鸣、怜悯、爱等词出现了数十次。达尔文认为"高贵人类的本性"是智慧与道德。在进化的过程中，人类大脑中蕴含的智慧与道德不断温暖着人心。初次担心、关怀同僚的心也会扩散到"所有人种、傻瓜、残疾人、无用的社会成员，最后甚至到低级动物"。像这样，达尔文不只是追求人类的道德，而是追求从自然和宇宙中延伸的客观且正确的道德。他在生物学中探索人类的本性，并努力在科学的基础上寻找真正的人性。

达尔文在《人类的由来》出版的第二年，即 1872 年，出版了《人和动物的感情表达》，这本书探索了人类产生感情的起源。就像人类会用皱眉来表现生气的感情一样，其他的表情也会表现出与之对应的感情。如果感到恐惧，头发就会竖起来，如果感到愤怒就会露出牙齿，这种感情表达在猴子等动物身上也会表现出来。就像猫看见蛇后会躲避一样，人类看到蛇后也会陷入恐惧之中。达尔文认为，人类的感情来源于动物，并且只会在某个特定时期出现。例如，如果感受到了恐惧，就能够感知到危险，这对生存是有利的。这种感情不是后天学习的，而是在进化的过程中本能地刻印在大脑中的。恐惧、喜悦、悲伤、厌恶、愤怒、幸福等感情都是我们的大脑以遗传基因形式传给后代的。[63]

人类感情进化所必需的东西是他人的存在。一起为对方的喜悦而高兴，一起为对方的痛苦而痛苦，这样的共鸣能力，是由人类的社会本能进化而来的。人类不能独自生活，而且社会性很强，这都与人类大脑的进化历程有关。通过《人类的由来》和《人和动物的感情表达》，达尔文明确地证明了人类的感情和心灵都来自大脑，且大脑是进化的产物。达尔文曾预测研究人类心灵的心理学将会是今后重要的科学研究领域，并且近年来的进化心理学和脑科学的发展也为这一主张提供了力量支持。

脑科学家迈克尔·加扎尼加（Michael Gazzaniga）在《人类》（*Human*）一书中关注了"人脑的社会性"。人性的特别之处在于达尔文所说的社会本能。从 700 万年前的集体生活开始，人类的大脑一直在积累着人性价值。想要帮助陷入困境的人，喜欢与他人一起生活，在彼此交流心灵的过程中，形成了人类的大脑。比起自我保护的本能，理解他人、爱护他人的社会本能更有益于人类的大脑进化。人性的特别之处就是来自这样的"社会脑"。换句话说，人类和动物的差异在于社会脑产生的共鸣和道德能力。正如之前在凯伦·阿姆斯特朗的《轴心时代》中看到的，人类以"黄金法则——不要对别人做你自己讨厌的事情"为基础，建设了古代文明。即使在今天，如果人类没有共鸣能力，就很难维持社会文明的高度发展。

人和动物的感情表达

幸福（Happiness） 悲伤（Sadness） 惊讶（Surprise）

愤怒（Anger） 厌恶（Disgust） 害怕（Fear）

人类最常见的6种感情

RICHARD
DAWKINS

理查德·道金斯《自私的基因》
生命是什么？

蚂蚁是什么？蛇是什么？牛是什么？这样的问题很容易回答。但是动物是什么？生命是什么？人类又是什么？这样一问，好像就不好回答了。因为蚂蚁、蛇和牛都是有实体的东西，而动物、生命和人类则是没有实体的概念，并且，生命活动是一种无法用物质解释的神秘现象。对于活着的有机体来说，存在一种特别的本质，比如"生命力（vital force）""生命的火花""脉动的温暖"等。

但在进入 20 世纪后，奥地利物理学家埃尔温·薛定谔（Erwin Schrödinger，1887—1961）通过《生命是什么》提出了一个大胆的想法。"所有的生命现象都可以用物理学和化学来解释。"像这样，生命现象遵循着物理学和化学的法则，意味着生命体只不过是物质的复杂组织。也就是说，不存在生命和无生命的界限。众所周知，薛定谔是与爱因斯坦齐名的天才理论物理学家。薛定谔 1926 年发表了波动方程，1933 年获得了诺贝尔物理学奖。这样的他带着对量子力学的不确定性，从 1930 年年末开始在爱尔兰都柏林隐居生活，1944 年出版了《生命是什么》。不是生物学家，而是一名物理学家为生命现象提出了新的问题。

另外，在达尔文的进化论之后，生物学逐渐出现了机械性、物质性的观点，最具代表性的就是"基因（gene）"，开始用物质粒子来说明生命体世代相传的过程。美国生物学家托马斯·H.摩尔根（Thomas H. Morgan，1866—1945）通过果蝇实验发现了基因存在于细胞中的染色体上。到了 20 世纪 30 至 40 年代，通过实验证明了基因掌管着生命体的代谢。但是，尚未查明该基因的真实身份。这时，薛定谔在《生命是什么》中提出了惊人的发现。他提出，基因是染色体上的一种"密码本"。他还预测，基因会像指示生命体生命活动的程序和设计图一样提供"情报"。

薛定谔提出的问题和暗示刺激到了生物学家。让人不得不好奇基因是什么物质、什么样子、能否总管生命活动以及能否自我复制。大部分生物学家都认为细胞中含有染色体的蛋白质是遗传基因。因为蛋白质一直以来都被认为是对生命活动起到重要作用的物质，并且通过化学实验发现蛋白质是由精巧的链条结构构成的，所以学者们对蛋白质的信任便更加坚定了。但是，美国洛克菲勒大学医学研究所的奥斯瓦德·艾弗里（Oswald Avery，1877—1955）在某种病原菌非蛋白质的物质中发现了遗传特征的事实。该物质就是如今被称为 DNA 的"脱氧核糖核酸（Deoxyribo Nucleic Acid）"。

但是生物学家们却没有很快接受艾弗里的 DNA 基因主张。DNA 虽然是高分子核酸，但它只由四种要素构成，在染色体中呈卷起的长绳状，如果放入强酸中加热，这四个要素就会全部断裂。仅凭 A（腺嘌呤）、T（胸腺嘧啶）、G（鸟嘌呤）、C（胞嘧啶）四种碱基，似乎还不足以记录生命体精巧复杂的信息。因此，生物学家们认为，在细胞的高分子中结构最复杂的蛋白质才是基因。

遗传基因是蛋白质吗？还是 DNA？如果遗传基因是 DNA，DNA 就应该拥有能制造比自己更复杂的蛋白质的信息。曾遇到这些信息障碍的生物学家们找到了解开四个符号之谜的方法。DNA 的四个符号并不是每个蛋白质都能对应的。如果将 DNA 的四个符号互相组合，就能获得更多的信息。例如，如果将 A、T、C、G 每两个进行排列组合，就会有 AA、AT、AG、AC 等 16 种情况，如果每三个进行排列组合，就会有 ACA、CAC、ATA、AGC 等 64 种情况。64 个左右的信息量可以充分承担蛋白质的排列信息。据悉，看似简单的 DNA 是随时可以合成蛋白质并复制其他物质的信息高分子。看起来如此简单的 DNA，符号列的细微变化会改变蛋白质，有时还会引起很大的变化。就像如果把 pen 中的 e 变成 i，就会变成 pin 一样，DNA 遗传信息的细微变化会引起突变，对进化产生影响。

但令人惊讶的是，DNA 符号的罗列存在某种模式。首次发现这种 DNA 结构的科学家就是詹姆斯·沃森（James Watson，1928— ）和弗朗西斯·克里克（Francis Crick，1916—2004）。1953 年 4 月，他们在学术杂志《自然》（*Nature*）上发表了 DNA 为双重螺旋结构的论文。在那篇具有划时代意义的论文结尾，他们留下了一句意味深长的话："DNA 的对称结构暗示着自我复制机制，我们并没有错过。"这句话在科学史上就跟达尔文说的"一束光明将投射在人类的起源和他们的历史上"一样家喻户晓。

沃森和克里克发现的双重螺旋结构意味着 DNA 必须以对称结构存在。DNA 不是由一条链组成的，而是两条链成对的。A 与 T 对应、C 与 G 对应的规则，表明 A 与 T、C 与 G 是互相进行化学结合的。

DNA 是两条链成对后扭曲成螺旋状的，在这里，比起螺旋结构，成对存在更重要。因为 DNA 是对称结构，所以即使两条 DNA 链丢失一根，也很容易复原，且 DNA 也可以起到自我复制的作用。在自然世界中，生命体为了维持信息的稳定性，将 DNA 分成了两条。

"DNA 的对称结构就暗示着它的自我复制机制"这句话中，蕴含着生命是"自我复制系统"的定义。生命体的精子与卵子融合时，将各带一条 DNA 链，让子孙诞生。因为 DNA 是双螺旋结构，所以能够产生新的生命。在理解生命的基础遗传基因时，核心关键词是"符号"和"对称"。由符号组成的 DNA 复杂且包含繁多信息，所以两条链对称地编织在一起，就有可能创造出新的生命。下图是弗朗西斯·克里克在构思 DNA 结构时画的草图。[64] 克里克在 1953 年 3 月 17 日写给 12 岁儿子迈克尔的信中兴奋地说"我和沃森有了非常重要的发现"，并向儿子解释了 DNA 的符号及 DNA 对称的意义。

现在我们相信 DNA 是符号。具体是什么意思呢？也就是说一个基因和另一个基因不同的原因是碱基（文字）的顺序不同（就像书的一边和另一边不同一样）。自然是如何复制基因的，你现在也能猜到了吧！假设链子被解开，分别掉成两条链子，每条链子形成与之相配的另一条链子，那么 A 总是能与 T 相连，G 总是能与 C 相连，最终会制作两条最初链子的副本。换句话说，我们知道了生命创造生命的基本复制方法。你觉得我们也值得兴奋吧！[65]

克里克和沃森，还有莫里斯·威尔金斯（Maurice Wilkins，1916—2004）因发现 DNA 的双重螺旋结构，于 1962 年获得了诺贝尔生理学或医学奖。他们都说，是读过薛定谔的《生命是什么》后获

弗朗西斯·克里克 1953 年 DNA 结构草图原件

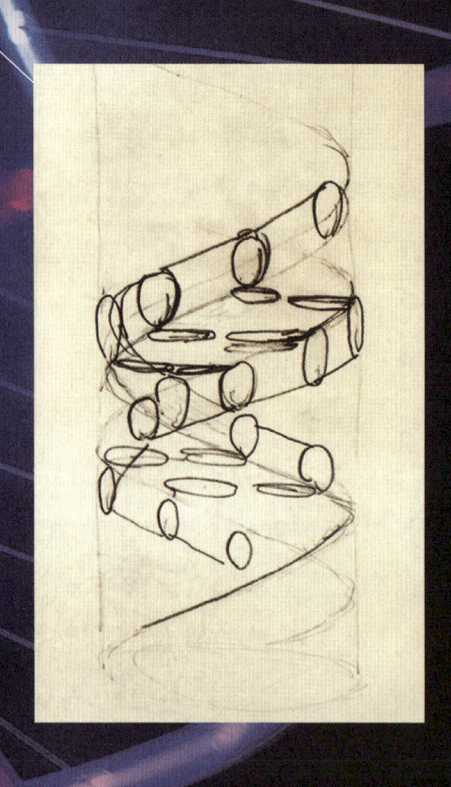

双螺旋结构

得的灵感。薛定谔曾预言说"活着的生命体是以说明物质世界的物理学和化学为基础的"。最终，分子生物学家们揭开了生命现象的面纱，揭露了真相。基因被查明是一个名为 DNA 的化学物质，且具双螺旋结构。生命是通过基因进行自我复制的系统。分子生物学家们强调，只要解读基因中的信息，就能知道至今未解开的生命活动之谜。如果"生命是什么"的观点发生变化，那么"人类是什么"的观点也会改变，分子生物学在 20 世纪后期成了现代生物学的主流，并且对生命以及人类的哲学世界观带来了巨大的变化。

在实验室提取出的 DNA 中排列着数万个 A、T、C、G。在科学家们发现 DNA 中含有信息之前，DNA 只是一条缠绕在细胞中的绳子。但是，在地球的其他生物体中发现 DNA 分子之后，其信息开始被解读。猴子体内的细胞中有猴子的 DNA，鱼体内细胞中有鱼的 DNA，只是 A、T、C、G 的排列不同而已。人类也有属于人类的 DNA。我们体内的细胞数有 10^{15} 个，这些细胞都像数据库一样满是遗传信息。接受 DNA 分子的命令，生成蛋白质并成为肌肉、心脏、眼睛和大脑，甚至产生了我们所说的心灵和人性。

达尔文说，地球上的所有生命体都是从一个共同祖先进化而来的。原始地球诞生了最初的生命，并由那个生命体进化成了许多动植物。分子生物学的 DNA 正在证明达尔文的这种进化论的正确性。虽然目前尚未查明最初的生命体到底是什么，但已经可以明确它是能够自我复制的分子。但是生命体生育、生活的过程，即生产自我复制者的过程并不是完美的。复制过程中发生了错误，或 A、T、C、G 在排列中产生的细微差异都会引发变异。在突变的情况中，适应环境的个体存活下来，将 DNA 延续给子孙。这就是从遗传基因角度所解释的自然选择进化。

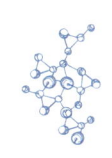

这样看来，生物和人类与地球的其他物质一样，都是分子的集合体。生命的核心 DNA，可以看作是以复杂形态排列的信息、语言和指令。DNA 分子中 A、T、C、G 的碱基符号与数字信息一样，以加密的形式存储着。DNA 中的数字信息经历数千万代可以进行自我复制，且完全没有被损伤。因此 DNA 是"自我复制者"，也被称为是"不灭的线圈"，生命体就是由 DNA 编排而成的存在。现在要想理解生命体，必须要创造出能有 10 亿个不重复的符号或信息的技术。从这个角度来看，1976 年理查德·道金斯在《自私的基因》中提出了具有挑衅性的观点。所有生命体都是基因的生存机器（survival machine）！基因的目的是繁殖和复制，而生命体则是根据基因密码的命令启动的木偶、机器人，也就是说，生命体只不过是生存机器而已。

现在，自我复制者安全地生活在被外界屏蔽的机器人中，通过复杂的间接途径与外界联系，并用远程调节器操纵外界。它们在你体内，也在我体内，而且它创造了我们的身体和心灵。同时，它们的维持也是我们存在的终极理论的依据。自我复制者走过了漫长的道路来到这里。现在它们将以基因的名义继续前进，我们是它们的生存机器。[66]

生物学家们认为，人类不仅是动物，还是遗传基因的生存机器。更何况，我们是被这个只顾着繁殖与克隆的"自私基因"所操控的机器人。基因真的是自私的吗？其实遗传基因并不具有自私的感情。基因只是一种为蛋白质制造提供信息的长链结构化学物质。这种说基因自私的比喻只是因为基因想要增加更多的复本。意思是"基因在盲目的自然选择作用下，就像是有目的行动的存在一样"，将基因拟人化了。例如，智人个体群的基因，无论如何都会为了生存更长时间而寻求对策。复制管理语言的大脑神经细胞基因，传延至子孙，最终完成复制并传播至更多。在智人个体群中，拥有会说话基因的个体逐渐增加，这就证明了道金斯所说的，基因是自私的。

道金斯作为动物行为学家，试图从基因的角度理解动物和人类的行为。他关心的是达尔文未能解决的动物与人类的利他主义。难道是自我保护的本能？还是社会本能？又是什么导致了这种利他行为？这就需要一个能够适用于动物个体之间互相帮助，不竞争的理论。道金斯试图通过 1964 年威廉·汉密尔顿提出的亲缘选择理论来解决这个问题。

亲缘选择理论是一个共有基因越多，就越能互相帮助的理论。总之，就是血浓于水。父母会为有着 50% 自己基因的孩子而献身。另外，和自己有着 50% 相同基因的兄弟姐妹或 25% 相同基因的孙子和侄子一样，血缘关系越是亲近，就越有利他主义倾向。互相做出有助于生存、繁殖的利他性行为是为了将自己的基因更好地传给下一代，增加遗传基因能够诱发利他主义的行为。道金斯在《自私的基因》中用理论从基因的观点解释了人类的互相照顾与帮助，即自私的遗传基因使人类的进化更具利他性。

但是道金斯表示，人类的利他性倾向也是遗传基因所影响的结果。我们如此执着于生存，想要更多的后代，这都是我们体内基因为了自我复制而控制的。38 亿年前，最早的遗传基因偶然找到了自我复制的方法，且这个自我复制者在残酷的世界里为了保护自己，就形成了细胞膜。细胞又互相结合，生成更复杂的复制者，并发现了有效的繁殖方法。就这样经过了 38 亿年的反复试验，数百万种生存机器通

过自然选择得以进化，其中产生的高智商生命体就是我们人类。道金斯的《伊甸园之河》这样说道：

在由盲目的物理力量和遗传复制组成的宇宙中，有些人受苦，有些人幸运。在那里找不到任何理由或暗示，也找不到任何正义。我们所看到的宇宙，其实根本没有任何计划，没有意图，没有善恶，只有当我们说除了盲目无情的漠不关心之外，什么都没有之时，我们才可以准确地得到预料到的那些性质。（……）DNA 既不知道也不在意。DNA 只是存在。我们只是跟着 DNA 演奏的音乐跳舞罢了。[67]

虽然不想承认，但是我们其实是除了吃饭、生存、繁衍后代之外没有其他目的的存在。美国哲学家、认知科学家丹尼尔·丹尼特（Daniel Dennett，1942— ）在《达尔文的危险思想》（*Darwin's*

《达尔文的危险思想》插图

Dangerous Idea）中展现了一幅有趣的画面。在最初的生命体开始进化的过程中，动物们反复吃（eat）、生存（survive）、繁殖（reproduce），最终成了人类，然后他这样说道："这一切都是为了什么？（What's it all about?）"[68] 好奇心强的人当然会对进化的过程产生疑问，且最终知道了事实——人类只是基因的生存机器。这真是一个虚无缥缈的结论。

但是我们在地球上完成了一件任何生命体都做不到的事情。我们发现了人类进化的客观事实，认识到了自己的存在。我们经过进化的大脑明白了自己的起源，甚至领悟了其道德意义。另外，我们理解了人类的本性和欲望，掌握了世界上不合理事情的根源。道金斯在《自私的基因》中预测，人类的智慧可以阻止自我复制者引起的恶劣自私行为。"在这个地球上，只有我们人类才能对抗自我复制者自私的独裁。"这句话的意思是说，我们并不是完全地受基因支配。打个比方，遗传基因就像重力一样。虽然我们生活在重力的作用中，但我们发现了重力的法则，并利用它发射了人造卫星，进行了宇宙探测。也就是说，我们完全可以正视和改善因开发核武器或破坏环境等利己欲望而引发的世界问题。

尤瓦尔·赫拉利《人类简史》
我们想要什么？

之前提到的理查德·道金斯的《自私的基因》是1976年出版的书。这是几十年前写的书，当时道金斯对哲学家和人文学家表达了不满。他表示像"生命有意义吗？我们因什么而存在？人类是什么？"这样的哲学问题当然要以人类的生物学为基础来寻找答案。但是，道金斯也说"在哲学和人文学领域，达尔文似乎从未存在过"，好像又期待有一天人文学家们可以提出达尔文进化论所具有的哲学意义。道金斯所期待的那个日子似乎是在几十年后的现在才到来。就像是因为历史学家认识到了生物学的重要性后开始书写了历史书籍一样。

"生物学为智人的行为和能力设下了基本限制，像是定出了一个活动范围，而所有的历史都在这个范围之内发生。"具有话题性的《人类简史》一书的作者尤瓦尔·赫拉利宣布，他将以生物学为基础编写历史书籍。对《枪炮、病菌与钢铁》等故事感兴趣的他，从 7 万年前智人的出现开始，就一直在关注"我们物种的历史"。赫拉利在书的第一章中称我们为"不重要的动物"。我们曾是生活在非洲草原上灵长类动物的一种，通过认知革命、农业革命和科学革命，我们登上了"变成神的这种动物"的位置。曾是"不重要的动物"的我们脱胎换骨成了"变成神的这种动物"。这就是赫拉利的主张。

"不重要的动物"怎么会发展到"变成神的这种动物"呢？这个历史过程是偶然发生事件的一个延续。农业革命是"历史上最大的骗局"，"历史没有正义"。虽然贾雷德·戴蒙德在《枪炮、病菌与钢铁》中已经表明的，但是赫拉利没有作为科学家，而是作为历史学家表明了其个人极具破格性的历史观。大部分人文学家认为达尔文的进化论不能适用于人类的社会和历史。例如，人文学家都正一和生物学家崔在天在《对谈》中就这一问题针锋相对。都正一主张科学只是科学，应与自然世界和人类社会区分开来。人类社会是处于伦理或宗教等非生物学的基础之上的。

> 我们可以接受生物界的进化是无目的、盲目和偶然的结果。但你不能把这个主张直接灌输给人类社会。我们把人类的社会进化称之为"历史"，历史是人类不断制订目的和理想、并为之制订计划并实现计划，同时介入政治和伦理的。树立平等的社会理想的同时，计划着各种实践项目，这就是"近代史"。法律面前的平等、生存权的平等、尊严的平等、男女平等、机会的平等，近代以来出现了各种平等的原则。平等既是政治理想，同时也是伦理命令。进化论者倾向于小看宗教，但像"爱邻居""慈悲吧""施舍吧"等教导不是宗教的教诲，而是伦理实践命令。（……）这些伦理命令和教诲为文明的非生物学奠

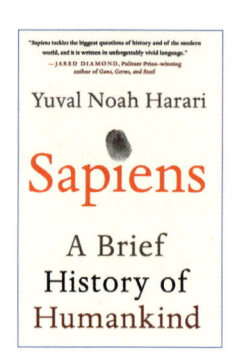

定了基础。也就是说，人类的历史是伦理的不断介入的目的和计划的历史。不可以忘记这一点。因为即使人类不断失败，可能会跌倒，但如果没有伦理、道德、政治干预，人类社会就会灭亡。进化论可以灭亡，但社会不能灭亡。[69]

图书《人类简史》

根据人文学者的想法，历史是人类不断树立目标和实现理想的过程。人类一直通过自由、人权、正义、平等等价值引领和支撑着历史与社会。都正一表示，如果没有公平的政治理想、"关爱邻居"的宗教教诲和追求正确的道德，人类社会将会灭亡。但是尤瓦尔·赫拉利在《人类简史》中正面反驳了人文学者以及我们一直以来相信的价值。自由、人权、正义、平等不是真实存在的，而是虚构的。人类创造的价值最终都来自生物学中人类的大脑。正如第一章中提到的那样，智人具有想象实际不存在事物的推论能力。智人的特别能力，创造了神话和宗教等虚构事物，以此为基础，建设了国家一样的巨大组织。用集体想象力创造的神话给人类带来了归属感，并促成了人类间的合作协力。

尤瓦尔·赫拉利将人类社会的儒教传统、民主主义、资本主义等称为"想象秩序"。万民平等思想、天赋人权论等我们长期以来一直相信的理想社会秩序，造就了民主主义或资本主义等"想象秩序"。同时，赫拉利还追究了万民平等思想或天赋人权论的科学合理性。例如，美国独立宣言中最著名的一句话，"人人生而平等，造物者赋予他们若干不可剥夺的权利，其中包括生命权、自由权和追求幸福的权利"。由此可见，在生物学的基本常识中，这句话是不合理的。人类不是被"创造",而是"进化"而来的。生物学角度来看,也不是平等的。另外,不存在创造人的造物主,也没有什么东西是从造物主那里获得的。"人类只是在没有特定目标的演化过程中,盲目产生的结果。"赫拉利将美国独立宣言改为了生物学的用语。他说:"人人各自进化,具有某种可以变异的特质,其中包括生命和对快乐的追求。"

1776年,美国人在独立宣言中宣称人人平等。但是他们对美洲的原住民和奴隶们做了什么?美国的白人、自由人、男性、富人对于他们自己的剥削与虐待行为没有感到任何的不当之处。虽然所有人都高喊平等,但美国是自由人与奴隶、白人与黑人、男性与女性、富人与穷人间存在歧视和等级秩序的地方,其等级秩序是"想象秩序",也是伪装成历史和必然的一种虚构。从生物学角度看,历史上人种的等级秩序明显是错误的。就这样,尤瓦尔·赫拉利将生物学这一长矛对准了人类的历史。这是为了打破现有的框架,唤起人们冷静客观地重新审视历史而为。作为历史学家,为什么要从生物学的角度来写《人类简史》呢?一起来看看他的想法吧!

> 那为什么要研究历史?与物理学和经济学不同,历史不是进行准确预测的手段。研究历史不是为了了解未来,而是为了扩大我们的眼界。也是为了让我们知道我们人类现在的情况既不是自然形成的也不是必然形成的。其结果是为了让人类理解在我们面前有比我们想象的更多的可能性。如果你研究欧洲人是如何支配非洲人的,你就会意识到,种族的阶级既不是自然的,也不是必然的,世界也是有可能会被不同排列的。[70]

我们现在的情况既不是自然产生的,也不是必然的!正如科学家

所说，这既不是进步，也不是发展。通过科学摆脱对人类和历史的幻想，就能看到真实的世界。智人并不是优越、美丽、有道德的物种。我们生活的世界既不是正确的也不是正义的。我们只是偶然成了人类，用地球中的偶然，努力创造历史，为之自豪而已。但是我们现在幸福吗？虽然在工业革命以后，物质文明发展到了最高水平，但我们人类并不幸福。《人类简史》的韩语版序言中指出，韩国是世界上自杀率最高的国家。

到底是哪里出错了呢？尤瓦尔·赫拉利认为，到目前为止，我们提出的问题都是错误的。过去对我们来说重要的问题是"我们能做些什么"。我们认为自己能够支配世界、改变历史，但其实所有人都正面临着不安的物质文明危机。科学技术发展的失控，民族、国家和宗教之间的纷争与矛盾越来越尖锐。我们现在应该提出比"我们能做些什么"更重要的问题。那就是"我们想要什么"。我们一直以来都只埋头于能做什么，而没有反省自己真正需要什么。赫拉利在《人类简史》的结尾留下了一段意味深长的话。

此外，虽然现在人类已经拥有许多令人赞叹的能力，但我们仍然对目标感到茫然，而且似乎也仍然总是感到不满。我们的交通工具已经从独木舟变成帆船、变成汽船、变成飞机，再变成航天飞机，但我们还是不知道自己该前往的目的地。我们拥有的力量比以往任何时候都更强大，但几乎不知道该怎么使用这些力量。更糟糕的是，人类似乎也比以往任何时候更不负责。我们让自己变成了神，而唯一剩下的只有物理法则，我们也不用对任何人负责。正因如此，我们对周遭的动物和生态系统掀起一场灾难，只为了寻求自己的舒适和娱乐，但从来无法得到真正的满足。

从生物学角度看，历史上人种的等级秩序明显是错误的。尤瓦尔·赫拉利将生物学这一长矛对准了人类的历史。

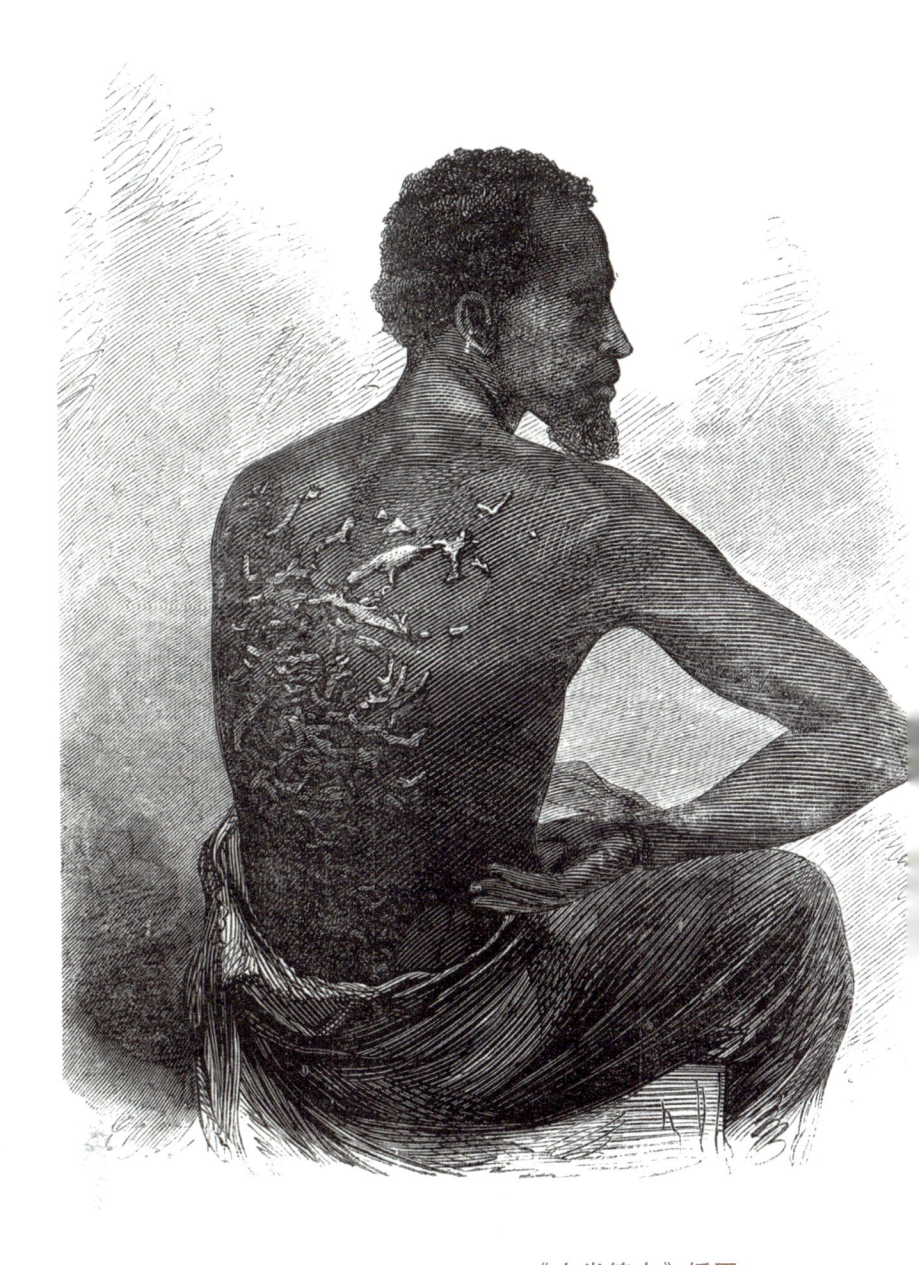

《人类简史》插图

（图片版权：*Everett Historical*）

拥有神的能力，但是不负责任、贪得无厌，而且连想要什么都不知道。天下危险，恐怕莫此为甚。[71]

人类好像开着一辆没有刹车的汽车疾驰着，不知道要开往哪里。曾是"不重要的动物"的我们，随着科学技术的发展，登上了"变成神的这种动物"的位置，却连自己想要什么都不知道。赫拉利表示，就像迄今为止的历史一样，如果找不到人类的目的和方向，一直依靠偶然发展下去，结果会很残酷。他更担心的是"人类增强（human enhancement）"的问题。人类增强是指科学家和未来学者预测的物种变化。据预测，基因工程、人工智能、纳米技术等新技术将改变人类的大脑和身体，并生产出新的物种。赫拉利主张"人类发明神的时候历史就开始了，人类成为神的时候历史就会结束"，且"是智人的终结"，并且强调说，人类增强的问题比任何世界问题都要严重且危险。如果与人类增强比较起来，各国政府和市民担心的问题更为琐碎。当然，全球经济危机、恐怖组织等都是非常重要的问题，但是其重要性与"人类增强"相比，只是小巫见大巫。

人类增强是世界级物理学家、科学作家加来道雄的《物理学的未来》《平行宇宙》等科学书中经常出现的话题。科学家毫不犹豫地说，如果未来人类想要脱离地球，生活在宇宙中，就要成为像机器人一样的机械人。在《物理学的未来》中提到"如果21世纪末人类拥有了与神相同的能力，人类的文明将如何变化？"，对此的回答，体现了人类会做出具有智慧的选择的乐观见解。但这一回答却与《人类简史》的悲观观点形成了鲜明的对比。虽然不能断定乐观和悲观两个观点中，哪个观点是正确的，但赫拉利的《人类简史》确实提出了科学家没有看到的哲学问题。

我们想要什么？人类的欲望和价值是什么？尤瓦尔·赫拉利看穿了人性问题才是最根本问题。更何况，赫拉利还让我们确认了不知道自己想要什么的事实。首先，赫拉利在《人类简史》中暗示，人类的历史看似自然、必然，但事实绝非如此，换句话说，人类的历史没有目的，随着人类的欲望不同，任何事情都有可能发生。也就是说，研发核武器、破坏生态等行为的人类，是非常危险的存在。

接下来赫拉利问道"我们想要的是什么"。该提问暗示了人类内心想要超越生物学人类的欲望。就像古代美索不达米亚的传奇英雄吉尔伽美什一样，人类的欲望最终会利用科学技术超越自己的极限。如果人类达到了可以超越心灵和身体的超脱境界，那么让人类痛苦的战争或贫困等世界问题也只不过是微不足道之事。如果中枪而不会死、不吃也能活的话，战争和贫穷又有什么问题。因此，赫拉利断言，与人类增强相比，其他问题都是微不足道的。

但是，赫拉利的这种悲观预测存在很多争议。虽然最近因机器人等人工智能的出现，赫拉利的主张受到了瞩目，但是要想宣告"智人的终结"还为时过早。他不仅缺乏客观的根据，而且对人类的本性持否定态度，因此很多学者们还不能欣然同意他的结论。[这个世界不仅有像写出《人性中的善良天使》一书的史蒂芬·平克（Steven Pinker，1954—　）一样的进化心理学家们，而且人类的本性更是需要进一步研究的课题] 我们现在幸福吗？我们想要什么？这是决定我们未来命运的重要问题，对此将在下一章"心灵"中进行详细研究。虽然赫拉利指责人类不知道自己想要什么，但脑科学和神经科学正在努力探究着人类的心灵。

达尔文的《物种起源》已经出版很多年了，但时至今日仍有许多人不相信人类的进化。在包括历史学在内的人文学领域，仍然有很多

人不甘心从生物学上去理解人类。在此推出的《人类简史》一书穿梭在人类学、社会学、生物学、历史学之间，打破了我们的固有观念，从这一点来看，这无疑是先驱性的力作。赫拉利作为历史学家，而不是科学家，他提出了研究"我们物种的历史"的卓越问题。我们想要什么？这让我们清醒地认识到，世界上发生的所有问题都不是任何东西造成的，而是我们自己造成的。

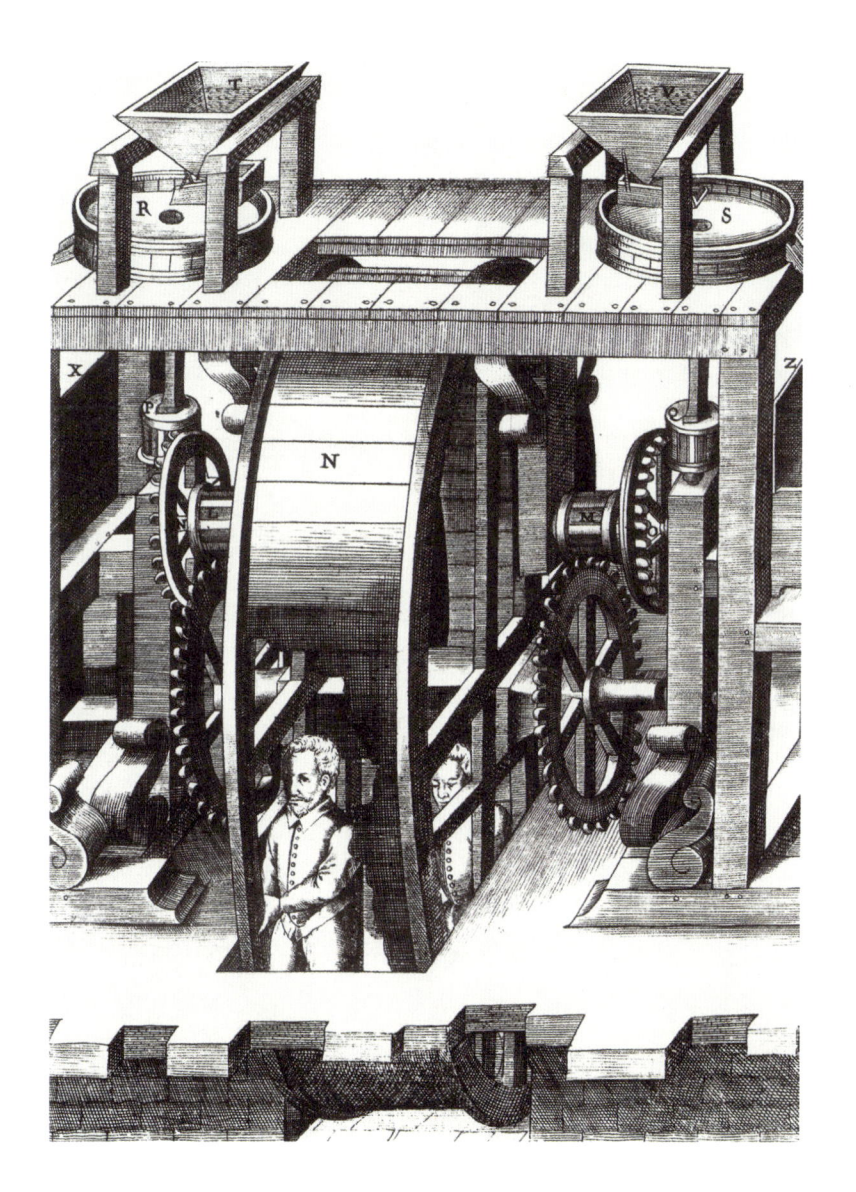

阿戈斯蒂诺·拉梅利《机械》，1588 年[72]

机械刚登场时，被认为是创造了奇迹，但机械支配人类的恐惧感逐渐扩散开来。

今后，脑科学将对哲学和人文学产生巨大影响。理解人类的大脑，在学术方面具有非常重要的意义。例如，想一想曾在人文学中探索的美丽与幸福、错与对到底是什么。一直以来，我们相信美丽与幸福、错与对，都是通过美学、艺术、道德而客观存在的。但是美丽、幸福与正确真的存在吗？换句话说，这些价值是否与人类无关，而独立存在于外部世界呢？其实美丽、幸福与正确并不是真实存在的，而是人类大脑所感受到的。

05

心理

大脑的活动

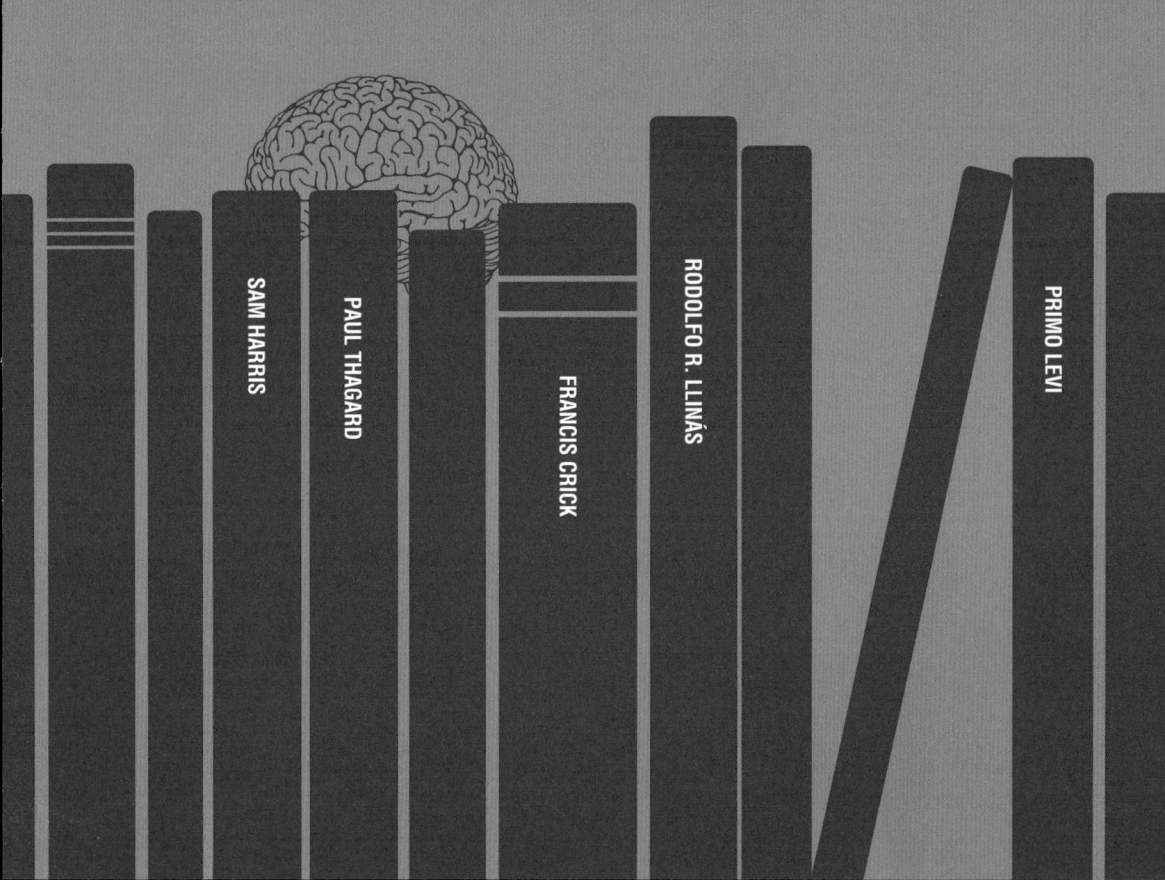

PRIMO LEVI

普里莫·莱维《如果这是一个人》
越过记忆的痛苦

普里莫·莱维（Primo Levi，1919—1987）是奥斯维辛集中营里的一位幸存者。在第二次世界大战时期，德国纳粹为了消灭犹太人，在东欧的各个地方建立了这样的死亡集中营。20世纪，纳粹在欧洲的中心地带建立了拥有毒气室和焚烧炉的工厂，大规模屠杀人类。我们是谁？我们渴望着什么？奥斯维辛集中营是一个向我们展示出了所谓真正人类可以残忍到什么地步的地方。参加反法西斯战争的普里莫·莱维在意大利被捕，1944年1月被运送到了三号集中营。大部分的犹太人在毒气室悲惨地死去，而年轻强壮的普里莫·莱维则被调到了制作合成橡胶的工厂进行强制劳动。在宣扬"通过劳动灭绝"这样口号的集中营里，俘虏们几乎撑不到三个月就死去了。1945年1月，奥斯维辛集中营在苏联军队的帮助下获得解放的时候，幸存者只有7000余人。普里莫·莱维就是其中的一位幸存者，他奇迹般地活了下来，同年10月，普里莫·莱维回到了自己的故乡意大利。为

了证明600万名犹太人被屠杀，普里莫·莱维在1947年写下了《如果这是一个人》一书。

正如作者所说："我在集中营的时候就已经开始构思和计划写这本书了。"如果不将自己在集中营里的悲惨经历写出来的话，普里莫·莱维就真的没办法活下去了。离开奥斯维辛以后，他被人类的羞耻心与失望所困扰，也陷入了"如果这是一个人""人类可以做到这个地步吗"这样的苦恼之中。奥斯维辛集中营显然是由人建造而成的地方，而在里面发生的暴行、强奸、屠杀又是真实发生的事情。普里莫·莱维再三苦恼怎么样才能将谁都不相信的事实传递出来。不是通过愤怒或是起诉的方式，而是以作证的方式，平静地将自己的内心感情和经历写了下来。《如果这是一个人》这本书向我们展示了，即使在人性坍塌的地方，人类的本性也绝不会消失，同时也算得上是给我们带来无限痛苦和希望的话题性作品。

莱维在奥斯维辛集中营里经历的无数饥饿与寒冷中，记忆的痛苦才是让他感到最折磨的。作为有血有肉的人，每当想起在奥斯维辛集中营的记忆时，那种悲惨是无法言喻的。1944年11月冬天，莱维获得了在温暖的化学实验室里干活的幸运机会。1万多名俘虏们干着这样的"拉车、搬运垫木、敲碎石头、光着手捡像冰块一样的铁块"工作时，他却能在温暖的屋内坐在椅子上享受着幸运带来的好处，尽管这段日子非常短暂。但是，在几乎像天堂一样的地方，他还是会因为过去的记忆而感到浑身发抖。

作业小组的同事们都很羡慕我，是理所当然的事情。我怎么能不满足呢？在早上躲过了凛冽的寒风迈过实验室门槛的瞬间，我的旁边出现了一个朋友。是每次不管是当我享受休息时间的时候，还是在医务室里，周六休息的时候都会出现的朋友。这个朋友就是叫作记忆的痛苦。意识冲破黑夜浮现的瞬间就像只凶猛的狗一样扑向我，让我再次感到人类的残忍和痛苦。那么我拿起铅笔和笔记本写下无法与人诉说的故事。[73]

图书《如果这是一个人》

记忆是"让我感到人类本性的残忍又永久的痛苦"。从艰苦的工作中摆脱出来休息片刻的话，记忆就会像那个朋友一样找上来。"我们知道自己来自哪里。外面世界的记忆里充满了我们的梦想和清醒的时间。让人惊讶的是，我明白了我们什么也没忘记的事实。想起的所有记忆都清晰地浮现在眼前，令人痛苦。"在进入奥斯维辛集中营之前，莱维毕业于都灵大学的化学专业并在化学研究所工作，在实验室里散发着熟悉的化学药品气味让他想起了记忆这个痛苦的名字。"因为实验室的气味，我就像被鞭子打了一样浑身发抖。有机化学实验室里散发的气味，又残忍地让我记起了在昏暗的大教室里，大学四年级时 5 月意大利温暖的空气，但很快就又消失了。"

普里莫·莱维就是一个拥有着记忆的人。虽然在奥斯维辛集中营里受到了非人的对待，莱维依旧珍藏着证明自己是活生生的人的许多的记忆碎片。比如意大利和煦的阳光、温暖的风，实验室里花花绿绿的药品和酸酸的气味，和朋友桑德罗（Sandro）一起去过的山地自行车旅行，普里莫·莱维回忆起故乡的山时，因为怀念快要疯掉了。"遥远的山呀……山呀……啊啊，短笛呀，短笛呀，不管是什么话都对我说说吧，对我说说吧，不要再让我想起关于山的回忆了。火车从

普里莫·莱维《如果这是一个人》 越过记忆的痛苦 | 219

米兰回到都灵时，余昏中出现的山！"虽然如此想念故乡的山，但是无法再见的预感让他感到更加绝望。"我们不能回去了。谁都不能从这里逃出去。不能依靠手臂上被纹的数字（文着囚犯号码）来告诉世人在奥斯维辛集中营里，人可以对人做出任何事情的不幸的消息。"

记忆是人类的权利。记住某件事情是作为生物体的大脑在活动的证据。人类大脑里的神经细胞仔细清楚地将经历过的事情和学习过的知识保存起来并且将其符号化。那个过程就叫作记忆。每个人的记忆里都留存着对某个人独特的故事。无论是在什么时候多么开心和悲伤的记忆，还是喜欢上一个人和幸福的记忆，这内心世界所有的记录都保存在记忆里。现在，人的本性不仅是由母亲子宫内的遗传基因来决定的。虽然不知道遗传基因是否决定一切，但肯定是没有初恋的记忆，也没有考试落榜的记忆的。我们成长的过程就是在不断产生的新的神经细胞上堆积着无数的记忆，最终我们将会成为我们自己。单一的记忆聚在一起就完成个人独特的性格和人生。

神经学家杰拉尔德·埃德尔曼（Gerald M. Edelman，1929－2014）曾说过如果想要拥有"意识"的话，首先必须要有记忆。生物体的神经系统为了生存创造了记忆功能。例如，动物如果听到周围沙沙作响的声音，又发现影子投在地上的话，就会感知到出现像老虎一样的捕食者，然后逃跑。过去形成的记忆组合使得动物形成逃跑的意识。进化的法则是为了生存而创造记忆的机能，之后让这些记忆聚集在一起产生意识。想要拥有认识到自己是谁的意识，必须需要有记忆才能实现。如果掌管记忆的大脑海马组织受损，人类就会失去长期记忆的能力。如果不能重生过去的记忆，就会发生我们记不住自己的状况。人们就是这样通过记忆而存在的。

普里莫·莱维试着努力让自己不要忘记在奥斯维辛集中营里经历

的痛苦。如果是和痛苦相联系的话，我们大脑就会记得更加清楚。德国纳粹党想要消灭犹太人俘虏是因为害怕自己的暴行被揭穿。普里莫·莱维即使是在绝望的情况下，直到最后也在努力找寻作为人类应该做的事情。"我们躺在死亡和幽灵的世界里。文明最后的痕迹在我们周围，在我们内部消失了。将人类变成动物的人体实验是由德国人开始的，是由败逃的德国人完成的。杀人的是人。做不当的行为和受到不当行为的都是人类。"但是"我们不能真的变成动物"。虽然听觉、视觉、触觉、记忆、意识、感受和思考每天都承受着无法忍受的痛苦，但是莱维为了活成人，每时每刻都让自己振作起来。（在非人的集中营里，人类的唯一能力就是生存并留下了记忆——纳粹的残暴。）

> 集中营是把我们贬低为动物的巨大设备，即使在那个地方我们也绝不应该成为动物，我们也有生存下去的可能。因此，为了以后能够清楚地说出亲眼看见的事实，也要抱着活下去的意志。为了我们的生存，至少是文明的框架，哪怕是框架，也要为了守住框架而竭尽全力。即使我们是奴隶，没有任何的权利，甚至肯定会在遭受各种屈辱后死去，那对于我们来说只剩下一个能力了。因为是剩下的最后唯一的能力，所以要竭尽全力去守护它。所谓的能力就是绝不会认同他们所说的谎言。[74]

人类为了生存而记忆，但是同样也是为了生存也要忘记。如果什么都忘不了，那也是会威胁生存的。忘记和记忆常常是同样重要的。因此，我们经常在需要记住的事情上和需要忘记的事情之间来回苦恼。有目的意识的大脑为了生存，将记忆重新组建，只留下必

要的记忆。但是，所谓记忆就像在图书馆里面堆积着的书籍一样，就像用照相机拍下来的快照一样被保存在大脑中的某个地方，随时都可以拿出来看。记忆在变，每当回忆并想起作为长期储存的记忆之时，记忆的神经细胞就会发生微妙的变化。这被称为记忆的重新整合（reconsolidation）。脑细胞和其他细胞一样不断死亡和再生。大脑蛋白质的平均半衰期只有 14 天，但是之所以我们保持记忆的原因是意识抓住了记忆。

那么，应该要忘记的记忆是哪些，不应忘记的记忆是哪些？普里莫·莱维直到去世的那一天，都一直记得在奥斯维辛集中营里的回忆。他一边反复地回味着那些不堪回首的痛苦记忆，一边为了不忘记而展开与记忆的殊死搏斗。这也许是为了重建在奥斯维辛集中营里被坏掉的人性，同时想要对人类怀有希望吧！所以他才抛出了"这是人吗"这样的疑问，为了以后不再发生奥斯维辛集中营这样的悲剧，他把痛苦的回忆撰写成为书籍，并且留下证言。他在 1958 年重新出版了《如果这是一个人》之后，一生中共发表了《休战》（1963）、《元素周期表》（1975）、《如果不是现在，是何时？》（1982）、《被淹没和被拯救的》（1986）等 14 本的小说、诗集、评论。

原本学习化学的普里莫·莱维是从青少年时期开始就是被科学的合理主义所吸引的科学迷。也就是说，科学就是将真实存在的世界清晰地表达出来，以理解宇宙和我们自身为基础的知识。对于选择化学的缘由，普里莫·莱维表示："这是为了理解物质和世界，为了忠实于人类努力的高贵。""战胜物质就是理解它，为了理解物质就要理解宇宙和我们自身。当时门捷列夫呕心沥血弄明白的周期律才称得上是一首诗，比起高中时期背诵的任何一首诗都庄重而珍贵。"

这种对科学的洞察成为抵抗法西斯主义的武器。上大学时，意大

超现实主义画家勒内·马格里特的作品《记忆》[75]
在意识冲破黑夜浮现的瞬间就像只凶猛的野狗一样扑向我,让我再次感受到人类的残忍和痛苦。

利法西斯主义颁布了犹太人种族法，用来歧视和压制犹太学生。在其所有的朋友们中，普里莫·莱维只能和桑德罗一起学习科学，并以科学的眼光批判法西斯主义。法西斯主义歧视犹太人的理论只不过是没有得到证明的独断而已。"培养我们的化学和物理学，不仅是我们生命中不可或缺的养分，还是桑德罗和我正在寻找法西斯主义的解药。"科学是正确的、可靠的知识，让我们克服了广播和报纸上对犹太人的诽谤和谣言。

30多年后的1975年，莱维以元素周期表中的元素为主题回顾自己的人生，写了《元素周期表》一书。在这本书的最后一个章节"碳"中，"牛奶中的碳元素进入'我正在写作的大脑'，并且'让我的手在纸上不由自主地点了一个点'"，莱维就用这个句号结束了文章。如此科学地表现了怎样将大脑中的想法转变为文章。冷静、密切地观察周围事物的科学态度始终贯穿着莱维的一生。但是作为想要向人类传达希望信息的奥斯维辛集中营的幸存者，他却选择给自己的人生画上了句号。1987年，普里莫·莱维在都灵的家中跳楼自杀。经历了世界大战和大屠杀，40多年来曾不断对"人类"的存在提出疑问的莱维，他的去世给欧洲的知识界和文学界带来了巨大的冲击。

普里莫·莱维为什么自杀？线索就在他写的书中。在《如果这是一个人》书中，莱维说在集中营生活的时候，经常被同样的噩梦折磨。那个噩梦就是从集中营回到了家中，见到了妹妹和朋友们，无法用语言来表达的那个瞬间开始的。这是期盼了多久的重逢啊！但是他们的行为好奇怪。"很明显，他们并没有在听我说话。不仅如此，他们对我毫不关心。他们在不亦乐乎地聊着天，就像我不存在一样。妹妹看到我后，就会从座位上站起来，一声不吭地离开。我的心里渐渐地充满了颓废的悲伤。"莱维的这个噩梦的详细情节几乎好多年都没有变过，令人惊讶的是，不仅是莱维，曾在集中营的朋友们也总是做这样的噩梦。"为什么会发生这样的事情呢？为什么每天经历的痛苦，总是在梦里被翻译成谁都不愿意去倾听我们故事的画面呢？"

但是噩梦却变成了现实。莱维去世前一年在文章中写道："和年轻人沟通越来越难了。我们将其视为一种义务，同时视为危机。那被认为是时代错误的危机，无法倾听的危机，人们应该倾听我们的故事。（……）过去就发生过这样的事情。因此，那样的事情可能会再次发生。这就是我想要说的核心。"虽然莱维这样恳切而迫切地说着，但是我们并没有认真地听他的话。我们的漠不关心最终杀死了莱维。莱维作为证人，为了完成最后一件事，为了在我们心中留下记忆，把自己的身体扔到了冰冷的石头上。在他的墓碑上，除了刻有莱维的名字和生卒年代，还刻有"174517"的数字。"174517"是在奥斯维辛集中营时文在莱维左臂上的囚犯号码。这串数字就代表着不应该忘记战争、法西斯主义、人种歧视导致的悲剧的强烈信息。奥斯维辛集中营事件之后，人性得到恢复了吗？如今的战争、人种歧视、宗教纷争消失了吗？并非如此。因为奥斯维辛集中营事件还没有结束，所以我们要铭记莱维的痛苦和死亡。

我主修的是韩国科学史，其中研究了日本帝国主义殖民地时期的科学技术，通过《牛顿的无情世界》获得了与读者见面的机会。当讲述因殖民地统治而被歪曲的韩国科学技术时，读者们偶尔会露出不悦的神色。有一次在演讲厅，一位读者问道："我们有必要了解日本殖民地统治时期的科学技术吗？为什么总是说已经结束了的事情？"说实话，听到"已经结束了"这句话时，我大吃一惊。于是，我不得不反问那位读者："您认为不仅仅是在韩国，甚至是在世界历史上因帝国主义的侵略而留下的伤口，都会痊愈吗？阿富汗、叙利亚、巴勒斯

坦等世界各地的十多岁的孩子们在战场上持枪战斗，您有想过创造一个没有那些不幸的孩子的世界吗？"

  我在撰写科学书的过程中，一直认为科学作为有价值的知识，就应该对生活产生有意义的影响，应该像普里莫·莱维一样，通过科学来理解世界的不公平和他人的痛苦。就像所有的学习一样，科学学习也是理解和记忆的过程，即以对物质的理解、对宇宙的理解、对人类自身的理解为基础，试图解决世界所面临的错误问题。虽然经常说"为什么要揭开历史的伤疤"，但是只有了解并记住痛苦，才能纠正错误。记忆是具有目的性的大脑在有意识地努力记住某件事的一种人类行为。在日益消失的生活中，记忆是对真实的渴望，是实现人性的过程。从这个意义上讲，历史不是某个人的记忆，而是属于整个群体的记忆。但是，如果整个群体患上了失忆症，说这是个已经结束的故事，对我们来说是不会有更好的未来的。只有联合起无数人的记忆，才能够抚慰因战争和灾难而饱受痛苦的人们的心灵，以防止悲剧再次上演。

鲁道夫·利纳斯《漩涡中的我：从神经元到自我》
思考是由进化产生的内化运动

加夫列尔·加西亚·马尔克斯（Gabriel Garcia Margues，1972—2014）为《漩涡中的我：从神经元到自我》写了推荐文。在1982年获得了诺贝尔文学奖的马尔克斯是拉丁美洲文学界的代表作家。他以《百年孤独》被人们熟知，与脑科学家鲁道夫·利纳斯（Rodolfo R.Llinas，1934— ）都出生于拉丁美洲的哥伦比亚。据说，这两人是在哥伦比亚学者们为进行教育改革而聚在一起时认识的。在推荐文中，马尔克斯坦白："和利纳斯见面后，在谈到爷爷的故事时深深理解了彼此的生活。"就像《百年孤独》中讲述了爷爷、父亲、儿子等一百年间一个家族孤独的故事一样，他们通过直系祖先的生活回顾了自己现在的面貌。还有因为外国的入侵失去了拉丁美洲的传统、自由和自主性的现实感到痛心。"用别人的方式来解释我们的现实行为只会让我们越来越不理解

自己，越来越不自由，越来越孤独。"

作家马尔克斯和脑科学家利纳斯回想记忆中的爷爷，让爷爷开心的是什么，让爷爷生气的是什么？爷爷从围绕自己的外部世界中领悟到了什么呢？究竟用什么样的内心手段才可以战胜人生的考验和挫折呢？直到死去的那一刻，吸引他的是什么呢？马尔克斯和利纳斯从爷爷的这些经验中发现了共同的问题。人类的性格、经历、环境等是如何创造一个人独特的内心世界的。曾深究过人类孤独的马尔克斯说过，应该通过脑科学了解人类的内心世界，也就是"了解我们生活的这个世界的唯一方法就是先从了解我们自己开始"。

人类是如何将外部世界内在化的？这是利纳斯在《漩涡中的我：从神经元到自我》中要提出的核心问题。脑科学家用完全不同于其他哲学家和作家的方式来谈论人类。通过对进化论、分子生物学、电子学、神经科学分析的结果可以知道，包括人类在内的动物开发出了将自己以外的世界连接到内部的装置，这个装置就是我们所说的大脑。如果溯源大脑是如何产生的话，就会发现它符合动物的终极本性——运动和意识。所谓动物是具有方向和目的并为之而行动的生物体，所以需要能够预测外部世界环境变化并自行运转的神经系统。利纳斯在《漩涡中的我：从神经元到自我》中提出了，在外部世界和内部世界的相互作用进化过程中出现了动物的大脑。而且，人类大脑中产生的想法也被定义为单细胞的运动性，人类的想法也可以说是内在神经细胞的进化运动。

如果从历史上追溯大脑的诞生，是从单细胞生命体的出现开始的。在有着46亿年历史的地球上，在35亿年前生命就创造了独立的生命体——细胞。又过了25亿年，大约在10亿年前，单细胞进化为多细胞生命体。多细胞生命体出现的时间比生命体出现的时间更长。

对此，利纳斯表示："从进化的角度来看，比起创造最初的单细胞生命，赋予单细胞沟通能力并让其在生物学上有意义地进行交换信息的工作更加复杂！"多细胞生命体是由细胞聚集在一起，通过分担感觉、运动、生殖等角色并且向着"生存"这一共同目标而存活的。在这一过程中，细胞之间的沟通非常重要，因此承担沟通角色的特殊细胞诞生了——神经元（neuron）。在多细胞动物中，出现了连接接受刺激的传入神经元和执行接受刺激的传出神经元两个细胞之间的联络神经元。

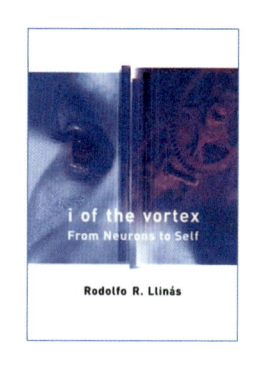

图书《漩涡中的我：从神经元到自我》

让我们来看一看神经元的样子吧！因为神经元也是细胞的一种，所以也有细胞膜，中间也有细胞核。但是细胞膜变形后，神经树突会向四面八方延伸。如下图所示，神经元有具有细胞核的神经细胞体，在这里有像细枝一样伸出的树突和又长又粗的神经纤维——轴突。树突接收到外界刺激后，并通过轴突向其他神经元传递信号。树突是输入端，轴突是输出端，这些树突与轴突接触的部分，即连接两个神经元的部分叫突触。下面我们会了解到突触的重要性。

这些神经元会进化为高级动物的神经系统。在连接感觉细胞和运动细胞的这些神经元合并的过程中，出现了脊椎动物。脊椎动物的脊椎、脊骨里有连接全身神经元的脊髓神经束。脊髓神经十分发达，向上连接大脑，形成了中枢神经系统。就这样，大脑通过脊髓形成了流入的神经元的连接中枢。但是，大脑和脊髓并不是像肌肉一样贴在骨头外面，而是隐藏在头骨和脊椎骨里。因为它是动物体内非常重要的器官，为了防止受到损伤，所以进化成这样。因此，利纳斯把头骨里

树突
（树状突起）

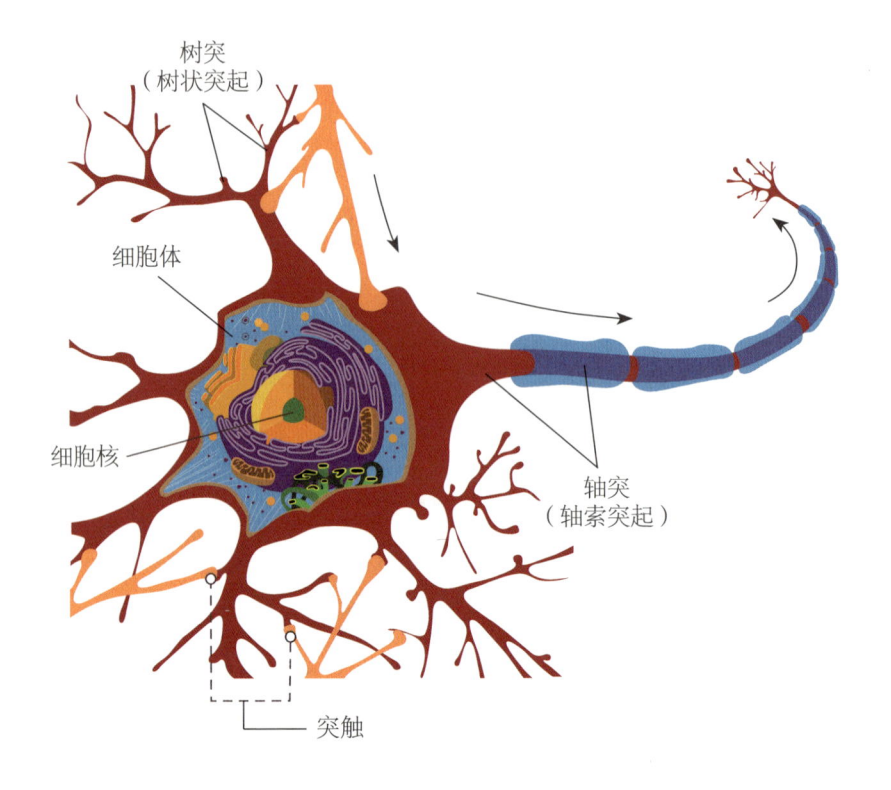

细胞体

细胞核

轴突
（轴索突起）

突触

神经元

的大脑定义为"封闭系统"。"大脑在其本质和作用上是基本封闭的。任何感官都不能直接观察大脑。大脑既看不见，也不发出声音，也不砰砰作响，既不胀又不缩，挨打也感觉不到疼痛。"这样与外界隔绝的大脑只能通过身体表面的感觉器官来获取外界环境的信息。

在进化过程中，动物发明了可以传达外界与大脑之间信息的感觉器官。眼睛、鼻子、嘴、耳朵就是为了接收视觉、嗅觉、味觉、听觉传递的信息而进化成大脑工具的器官。以眼睛的进化为例，早期的生命体开始利用一种射向地球表面的能源——太阳光。是否能感觉到光成为生存的关键。如同前面所说的一样，光和光子具有直射、反射、

动物的大脑从内部到外部的变化过程

本能的爬行动物大脑　　拥有记忆和感情的哺乳动物大脑　　拥有综合思考的新皮质大脑

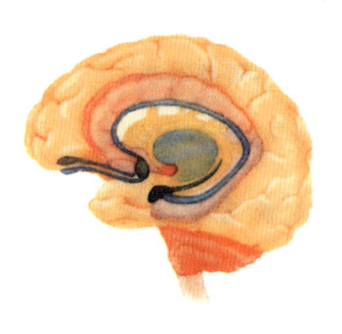

动物大脑的进化[76]

折射的性质。可视光是一种电磁波,它是通过波长的长短来发送电磁信号的波和粒子。适应了光的这些特性的动物皮肤表面进化出了器官——眼睛。眼睛经过了长时间的进化,从最初的敏感地吸收光的光感受器开始,到拥有圆形晶体的眼睛,再到能够聚焦于晶状体并在视网膜上形成图像的眼睛。利纳斯把这种眼睛称为"动物的光合作用"。不进行光合作用的动物是通过眼睛寻找食物从而生存下来的。

从植物和动物的差异来看,植物是不具有活动性的,而动物是具有活动性的。植物没有大脑,而动物却有大脑。由此我们可以了解到动物的大脑是为了活动而存在的器官。动物为了能够自己预测到外界的变化而活动,创造了叫作大脑的神经系统。神经系统——大脑的目的是预测!动物为了解决生存过程中遇到的问题,也就是说,为了最大限度地减少受到伤害而进行记忆和预测。拥有这样活动意识的动物大脑总是有目的地进行活动。关于动物是如何战略性进化的,利纳斯

是这么说的。

所有的眼睛都是从太阳获得能量的有机体开始进化的。太阳的能量是生命必要的存在。我们人类多亏了蔬菜才得以在地球上生存下来。草、树木和藻类的选择方式是直接将光或太阳能转化为食物。这就是光合作用（photosynthesis）。光合作用为植物提供了制造碳水化合物、蛋白质、脂肪的途径。因此，像草、树木和藻类通过光合作用可以自己制造营养。这是一个非常机智的办法。相反，动物则更加狡猾。把光能转化为神经元"可见的"活动模式之后，然后再去吃掉植物。[77]

聪明且狡猾的动物将光能转换成神经元能看到的活动模式。动物进化利用占地球可用能源99%的光。在光散落在地球上，任由万物免费捕捉的过程中，植物利用光合作用自己制造了食物，动物创造了可以看到外部世界的器官。动物的眼睛吸收光线，并在大脑中形成自己感知的图像。利纳斯这样解释在我们眼前看到的蓝色书："吸收蓝光的是眼前同事的蓝色书，还是我的眼睛呢？抓住蓝色光的是眼睛。如果吸收蓝色光的是书，那么蓝色的信息是如何进入我的大脑的呢？这本书封面上的颜色是吸收了除蓝色以外的其他颜色的振动频率，并且停止或被吸收住了。蓝色是被反射的，而且是直线反射，是这个振动频率的光子到达了眼睛。但是要记住的是，蓝色这个概念在外部世界中是不存在的。蓝色只是大脑对特定波长区域的解释。"

从一开始其实就没有蓝色。我们所说的蓝色在这个世界上是不存在的。也就是说，我们的大脑将特定振动频率的波长转换成了所谓蓝色的"内部图像"。我们眼中外部世界的实像不是实际存在的,而是把客观存在简化了而已。人类的大脑不能感觉到重力,而是用光线看事物,而这所有的感觉都是将外部世界的性质简化后,进行内化的过程。因为无法获得所有复杂的信息,所以人类进化成只接受对生活有用的信息的动物。因此,利纳斯称人类是"梦想现实世界中的虚拟模型机器"。我们即使在不接受外界干扰的睡眠状态时,也会在脑海里描绘假想的现实,从而做梦。意思是说,人类的大脑就是以这种方式运作的虚拟做梦机器。与外部世界隔绝的大脑,能做的最好的事情,就是通过感觉器官输入信息,在内部制造"感觉运动的画面"。如果背部感到疼痛,虽然大脑看不到背部,但要制造出疼痛的感觉运动的画面,思考下一步要采取的行动。这样,我们实际看到的、听到的、感受到的和思考的,都是大脑的活动。

那么,大脑是如何运转的呢?大脑是如何描述现实并表现内心状态的呢?如果考虑我们内心发生的多种感情和缜密思考,看起来似乎很复杂,但大脑神经元之间发生的物理作用是非常简单的。用一句话概括就是"振动"。神经元通过电的振动互相传递信号。我们所想所说的,都是由通过神经元的振动完成的。因此,利纳斯称思考是由进化产生的内化运动。也就是说,利用光进化而成的神经元首先模仿了自然的形态,然后由神经元组成的大脑又从外部的现实中照搬了光的作用原理。光是往返于原子中的原子核和电子之间传递电磁力的光子,并且使电子振动的也是波动和电磁波。我们的身体由原子组成,自然也是通过电的作用而实现运动的。

神经元的电作用是由英国的艾伦·霍奇金(Alan Hodgkin)和安德鲁·赫胥黎(Andrew Huxley)发现的,他们在 1963 年获得了诺贝尔生理学或医学奖。他们从像铅笔芯一样粗的鱿鱼的神经中提取出了

轴突，在轴突的细胞膜外面发现了钠离子的堆积。原子的电子数是固定的，而离子的电子数比原子的电子数或多或少。抛弃电子的钠原子变成钠离子，原来为电中性的钠变为正电荷。也就是说，霍奇金和赫胥黎发现的就是钠离子对神经元产生电作用的过程。

突触是神经元之间相遇的连接部位。我们的神经系统有 860 亿个神经元和约 1000 万亿个突触，并且每一个突触上都有数千个轴突和树突。如右图所示，在突触上的轴突和树突以细胞膜为界相遇，这时候的钠离子或钾离子会分离成正电荷或负电荷并产生电压。把这一电压的差异称为膜电位（membrane potential）或动作电位（action potential），产生这种电位差的原因是神经细胞膜是有"半穿透性"的。神经细胞膜有选择性地只通过特定离子的小通道。有些通道只是暂时打开，起着将特定的离子送入细胞内，将其他离子排出细胞外的作用。带正电或负电的离子会向中性离子移动，而有一种叫作"电化学斜率"的电位差会产生电作用。当离子像这样在神经元之间移动时，就会产生脉冲，即产生电信号的波（pulse）。脉冲在数字电路中振荡，就好像有 0 和 1 的信号，在很短的时间内重复电流的流动和中断。电位差约为 0.1 伏特，持续时间不到千分之一秒。

大脑中的神经元通过突触传递我们所看到、听到和感受到的一切信息。连接神经元之间的突触缝隙是空的，通过突触的缝隙产生神经递质和离子，产生电压并传递电化学信号。如果有一天走在路上听到回忆中的歌曲、想起很久以前忘记的人，那么掌管长期记忆的大脑神经元就会亮起灯。从神经元轴突发出的脉冲（振动）会传到其他神经元的树突，就像圣诞树一样刺激许多突触。被称为人类精神现象的意识、自我、感觉、感情、想法、记忆、推论、预测的栖息地就是突触。利纳斯说，振动大脑的脑电波特性是脑科学的核心。如果你在实

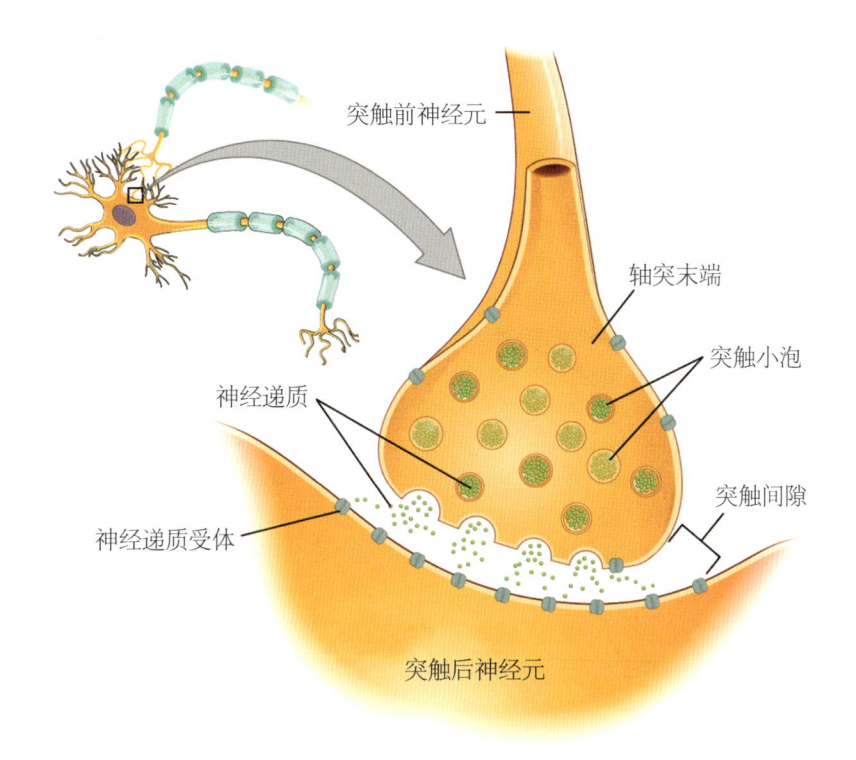

轴突与树突之间形成的突触结构

验室里研究大脑，你其实可以像这样观察细胞（神经元）和突触。

一个物理神经元在 0.1 毫米的低倍率显微镜下最容易被观察。它大到可以用放大镜和夹子进行手工解剖。以微米的水平下降两位数，就可以到达突触传输的单位。当然在这一阶段需要更高放大倍数的显微镜。在这里，在神经和肌肉的联合体上可以观察到突触。再下降两位数的话，在电子显微镜的帮助下，在几十纳米的范围内，我们可以看到单离子通道、信号转换以及分子生物学等领域。[78]

心灵是大脑的活动！在实验室里，没有比神经元和突触更能证明这一真理了。一生研究大脑的利纳斯说："思想（mind），或者我所说的'心态（mindness state）'是生物从原始进化到高度进化的过程中，大脑内进化的产物。"我们的大脑在数亿年的进化过程中，已经具有了"固定行为模式（fixed action pattern）"。固定行为模式是指，就像事先制作好的运动磁带一样，只要打开开关，就可以反射性地进行走路、跑步、说话的行为。在我们大脑的活动中，意识占5%，其余95%是无意识。我们这样无意识地一边走一边听音乐、呼吸同时还可以嚼口香糖是因为我们的大脑生来就有固定的行为模式。

　　在大脑的遗传基因里，储存着和固定行为模式一样的人类记忆，人类可以正常地走路、说话和思考，在任何危险的情况下都可以本能地生存下去。"从进化诞生的那一刻起，大脑就通过锻炼得以内化，感官体验也就已经刻在了基因之中。"人类在做梦时也有同样的感官体验，即使不去学习怎么辨别颜色，也能区分红色和蓝色。人类的大脑天生就具有大量的知识和记忆，换言之，在出生时大脑并不是一张白纸或是白板（blank slate），是绝大部分都已经构造好的大脑，虽然体积小、能量少，但是却以一种让人惊讶的方式运转着。

　　我们就是我们的大脑！就如同我们说的那样，大脑在定义人类存在的作用上是绝对的。然而，大脑是在无计划和偶然的进化过程中，经过反复实验而形成的，但这并不代表大脑是合理地或道义上的进化。大脑是不完整、不统一的。每个人大脑的智力有很大的差距，即使出生之后大脑也在不断变化。从结构上来看，通过学习和经验获得的新记忆被添加到原来的记忆中，这样就形成了人的心智和个性。人不能用一个词来定义，很多文学作品对人物的刻画都是不一样的，很难找到合理的办法来满足人类所有的欲望，而时至今日人类的目标一直无法确定、摇摆不定，也都是因为我们的大脑本就如此。

在朴文浩《用图画来解读关于脑科学的一切》中有一句关于动物和人类之间差异的名言警句："动物被束缚在叫作感觉的笼子里，人类被束缚在叫作意义的笼子里。"意思就是说，人类一刻也无法摆脱意义。以目的地为导向的大脑"不断地创造意义，并用意义解释周围的环境"。因为没有目标的行为是不被允许的，所以人类被他们自己创造的意义、价值和目的所束缚。我们的头脑总是预测着结果从而行动。同样，人类的大脑是一个简单地接受现实的虚拟机器，是一个梦想的机器。我们的大脑创造主观的虚拟现实，并想要安于现状。比起客观事实，人脑更倾向于人类中心主义的解释，并为之思考。因此，人类永远不可能客观。从生物学的角度来看，我们的主观和以自我为中心是自然的结果。脑科学是为了摆脱这种人的主观性，而想要试图把我们的"大脑"客观地理解为他人的"大脑"。让我们再回想一下马尔克斯的话吧——"了解我们生活的这个世界的唯一方法就是先从了解我们自己开始。"

弗朗西斯·克里克的《惊人的假说》
人类不过是一束神经元！

"我不喜欢大脑。我讨厌大脑！"这句话是一位哲学家曾经说过的，脑科学不仅让哲学家们感到不舒服，也让很多人感到不高兴。因为思想是大脑的活动，也就是说，思想＝大脑＝灵魂＝意识。在严谨的科学术语中，思想就是意识（consciousness）。让我感觉是"我"的意识究竟是什么？这个意识扮演什么角色？为什么意识会进化？如果想要从科学的角度去探索以前哲学家们用主观和直观语言来解释的意识，我们需要一个新的模式。开创这个领域的科学家就是弗朗西斯·克里克，他发现了 DNA 双螺旋结构。

1976 年，60 岁的弗朗西斯·克里克将自己的学术方向从分子生物学转向了神经生物学。克里克揭示了基因的实质，打开了通往神秘生命现象的第一关口，这次他试图解开思想和意识的谜语。当时，身心意识是科学家不愿意研究的领域。这是因为科学家们对从物质上处理意识并阐明生物学的根据抱持着怀疑的态度。然而，弗朗西斯·克里克认为，弄清人类大脑的神经生物学将是未来所有学术研究的焦点。他预言，神经生物学不仅会影响哲学和人文学科，而且终将影响日常生活，人类则会迎来"大脑革命"时代。他把人的思想和意识作为最终探究的主题，为研究神经科学献出了自己人生的最后30年。

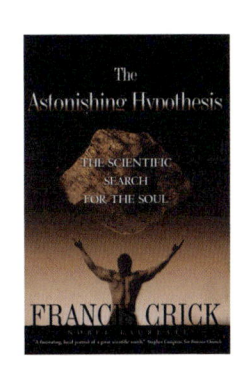

图书《惊人的假说》

1990年，弗朗西斯·克里克与他的同事神经科学家克里斯托夫·科赫（Christof Koch，1956— ）一起发表了一篇名为《向着意识的神经生物学理论》的论文，开始受到学术界的关注。1994年，他出版了《惊人的假说——关于灵魂的科学探索》（以下简称《惊人的假说》），这让科学家和所有人都感到了紧张。正如书名一样，就是一个"惊人的假说"。克里克将副标题命名为"关于灵魂的科学探索"，但比起说是在探索灵魂，更像是在试图消灭灵魂。据说，相信灵魂的人几乎超过全世界人口的90%，考虑到他们的抗拒心理，这显然是"惊人的假说""忧郁的假说""危险且致命的想法"。这本书以《罗马天主教教理问答集》中的话开头。问："什么是灵魂？"答："灵魂就是离开躯体但却具有理智和自由意志的活的生物体。"然后在第一段，他强调了"大家"一词，并打开了让人为之惊讶的假说之门。

《惊人的假说》是说，"你"，你的喜悦、悲伤、记忆和抱负，你的本体感觉和自由意志，实际上都只不过是一大群神经元及其相关

分子的集体行为而已。正如刘易斯·卡罗尔小说中的爱丽丝（Alice）所说："你只不过是一大群神经元而已。"这一假说和当今大多数人的想法是如此不相容，因此，它可以真正被认为是惊人的。[79]

克里克说："你只不过是一大群神经元而已。"人类只不过是一束神经元。也就是说，人类的感情、记忆、野心、自尊和自由意志都是由大脑中的电化学信号转换成的神经活动的附属品。虽然我们认为灵魂的存在与肉体无关，但我可以斩钉截铁地说这是不可能的。没有灵魂！《惊人的假说》一书系统地对以上的观点进行了讨论。在书中，作者首先将灵魂与哲学问题联系起来，并提出了神经科学中涉及的重要论点。在哲学中重要的问题是存在论和认识论。什么是客观实在？人类怎么了解客观实在？让我们听听克里克自己的看法吧。

我们的大脑主要是为了处理我们的身体和我们的世界之间的相互作用，才进化而来的。但那个世界是客观存在的吗？这是有着悠久历史的哲学主题。我丝毫都不想卷入一场与这有关的令人头疼的口舌争论之中。我只是想谈谈我自己的假设而已。这是一个假说，即外部世界确实存在，而且几乎独立于我们的观察而存在。我们永远无法完全了解这个外部世界。然而，我们可以利用感官和大脑活动来获得它的某些特性。[80]

克里克的主张可以概括为三句话：外部世界与人类独立存在；人类的大脑与外部世界相互作用而进化；人类通过大脑了解部分的外部世界。克里克以这种实在论的观点为基础对自己的大脑进行了研究。克里克的研究重点放在认识论中"看"的行为之上，即人类大脑如何

克里克说:"你只不过是一大群神经元而已。"人类只不过是一束神经元。也就是说,人类的感情、记忆、野心、自尊和自由意志都是大脑中的电化学信号转换成的神经活动的附属品。

弗朗西斯·克里克

认识客观实在，就像"所看即所信"一样，"看"对人类的疾病、精神作用有着极大的影响。但他说："你所看到的并不是'实际'存在的，那只是你的大脑'相信'在那里。"我们相信有蓝色，但是蓝色是振动频率不同的波长，使我们的眼睛看到的是蓝色的。大脑只是构成视觉信息，并做出最好的解释。换言之，我们所看到并知道的这个过程其实是大脑的作用。

克里克向我们说明了大脑中的神经元如何处理视觉信息及其方式，其理由是为了反驳从肉体中分离出来的灵魂可以观看到世界的二元论者的主张。例如，在看电视剧时，用遥控器按了暂停或静音按钮，这样电视屏幕上的图像就会立即停止或听不到声音。但如果是分离物质和精神、肉体和灵魂的二元论者，就可以通过灵魂观看或收听到许多由机械作用的无形电视剧，因为灵魂是超越大脑的作用和物质世界的存在。克里克为了证明这种想法的错误，试图揭示我们的大脑是如何看到和听到的，以及其运行原理。

我们通过"看"相信"了解"的所有过程都是通过神经元实现的！克里克在《惊人的假说》中努力从实验的角度来证明这一想法。在结论中，他总结道："我介绍了关于满足视觉知觉的神经元基础的几个概念，并概述了有助于支撑其原理的实验。很明显，我们还没有解决所有问题。"他为了提出神经生物学领域的研究方法而孤军奋战，并坦率地承认了研究的局限性。最后，他还说："我还没有发现将意识概念化的正确方式，我认为我只是为了寻找这条路而暗中摸索而已。"然后克里克就结束了自己先驱性的研究。

《惊人的假说》问世 20 多年后的今天，脑科学研究正在迅速发展。虽然到目前为止还没有明确定义意识是什么，但是随着功能性磁共振成像（Functional Magnetic Resonance Imaging，FMRI）等设备的开发，对大脑的研究也获得了新的活力。磁共振成像是通过对大脑进行强磁场传播和弱电磁波，安全地观察视觉性脑影像。此外，还有正电子发射断层扫描（Positron-Emission Tomography Scanner，PET Scanner）等。利用这些技术，人类在大脑中找到了与感情和意识相关的部分腹内侧前额叶皮层、额叶眼区、背侧前额叶、杏仁体、前扣带回，如下图所示[81]。之后，脑科学研究逐渐衍生出神经工程学、认知心理学、神经经济学、心灵哲学等神经科学的多种学科。总而言之，在科学界克里克的惊人假说成了令人惊讶的既定事实。

克里克以前的同事克里斯托弗·科赫出版了一本名为《意识》的自传，以自白的形式写了自己的研究和生活，其中关于克里克的故事给我留下了深刻的印象。克里克被诊断为大肠癌之后，一直在与癌症

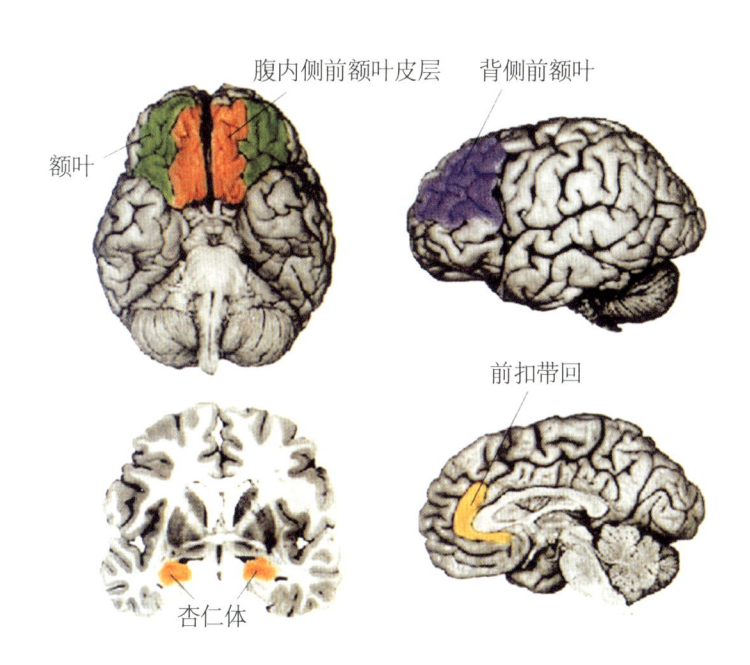

与情感和意识相关的大脑主要区域

的复发作斗争，直到 2004 年 7 月 28 日去世的那一天，还在医院对有关意识的论文进行了校对。另外，因病情恶化而神志不清的克里克还出现了对"神经元和意识之间的关系"展开争论的幻觉症状。科赫对克里克的去世感到惋惜，他回忆道："他不仅是我的导师，也是我智慧的同僚，还是向我展示了不因衰弱和死亡而畏惧的英雄。"在《惊人的假说》的最后一节中，克里克说直到真理被证实为止，他一刻也不会停止尝试，而他证明了自己真的是这样生活的。

在克里克的《惊人的假说》之后，人类的意识成了科学探究的对象。但是在非科学界的人文学界或大众文化领域中，克里克的假说并不受欢迎。因为在小说、电影和电视剧中，鬼魂、幽灵和超自然的神秘现象还是非常普遍。"思想是大脑的活动"这一事实仍然是违背普通人常识的"危险想法"。这是因为，"大脑是心灵，是灵魂"的观点包含着哲学和伦理问题，促使人们在思考方面发生了根本性的变化。大脑是灵魂这一事实意味着当我们生命结束时，大脑死亡，灵魂就消失了，存在也就完全消失了。帕特里夏·丘奇兰德（Patricia Churchland）在《触碰神经》中这样解释道："随着脑细胞的死亡和退化，还会造成大量的信息损失。当包含各种信息的神经元消失时，记忆也会消失，性格也会改变，各种技术能力也会消失，各种欲望也会消失。但我死后还剩下什么呢？还能剩下什么呢？没有记忆和个性，没有欲望和感觉，还有什么能留下来？就算还活着，那也绝不可能是我。最后，一切都以死亡结束。"

大多数人都不愿意接受脑科学，因为他们不希望自己的存在消失。克里克很清楚这一事实，担忧地说："即使这一惊人的假说被证明是真的，在它能够激发人们的想象力并成为普通大众容易理解的概念之前，也会很难得到普遍认可。"他还说："希望科学家和哲学家们在研究大脑时，可以让人类了解我们的生活和脑科学是如何联系在一起的。"帕特里夏·丘奇兰德的《触碰神经》这本书非常符合克里克的期望。

帕特里夏·丘奇兰德和丈夫保罗·丘奇兰德（Paul Churchland）共同开创了神经科学和哲学相结合的神经哲学（neurophilosophy）这一新的领域。1986年出版了《神经哲学、心灵、大脑的综合科学》，2002年出版了《像大脑一样明智——神经哲学研究》等学术著作，2013年撰写了科普类书籍《触碰神经》。《触碰神经》是以作者的生活经验为基础，以讲故事的形式讲述了对待大脑的人生态度和哲学观点。如果看到书名《触碰神经》，让人感到很好奇到底要触碰谁的神经，这可能就是对科学并不敏感的我们说的话。因为对大脑漠不关心的我们，其实是不了解我们自己的人。帕特里夏·丘奇兰德这样说是为了刺激我们的神经。

> 开始了解大脑，必然会让我们用其他方式认识自己。例如，它会提醒我们以下几点，让我们大吃一惊。我们就是这样的生物学存在，我们的心理过程也是那样的生物学存在，因此，那样的心理过程受激素和神经递质的影响。就像所有哺乳类动物都有与我们人类有非常相似的心脏一样，所有哺乳类动物都有与人脑相似的器官和解剖学大脑。与我们现在看待17世纪认为心脏是肉块泵的立场相同，几百年后的学生们也会无语地看着我们这个时代对脑科学的抵抗。[82]

过去我们没能正确地认识世界。我们把太阳想象成"神驾驶着的黄金马车"，把心脏看作"用灵魂烹饪的铁锅"。同样，我们原本认为自己是神创造万物的灵长，但现在却被证明是灵长类的一种。我们也

知道了客观存在的世界并不像我们所想的那样存在着。虽然现在仍然有人存在"我讨厌进化论""我讨厌大脑"等心理上的抵抗，但是科学正在逐渐改变和扩张着人类的概念。

神经哲学是一门试图在进化生物学、脑科学和心理学之间，探索人类哲学的学问。我们来考虑一下重要的哲学问题。世界是什么（事实）？人类应该如何生活（价值）？脑科学就是在事实和价值两个领域各占一席的学问。大脑如何运作的问题是事实的领域。然而，以目的为导向的人类大脑总是在工作过程中创造意图、目的和价值。人脑如何工作就像探索人类如何变得有价值一样。道德是人类认为正确的价值，从生物学中对大脑的研究来看，事实和价值是相连的。过去，像维特根斯坦这样的科学家们虽然主张不能分离事实和价值，不能谈论人类的价值，但如今的神经科学家并不这么认为。他们认为尤瓦尔·赫拉利的《人类简史》中提出的"我们渴望什么""人类的欲望和价值是什么"等问题，都可以用脑科学来回答。

神经哲学的目标是以科学事实为基础，寻找人类的本性和道德。道德不是在圣人圣贤书里的东西，而是存在于我们的大脑和心灵。但是大部分人不愿在脑科学中寻找人类存在的哲学意义。为了缓解对脑科学的排斥，帕特里夏·丘奇兰德对为什么很难弄清楚大脑是如何工作的问题进行了解释。

谁都知道大脑是什么样子的。当你看着一个满是皱纹的约 1.4 千克重的灰色物质，甚至会产生怀疑："这真的会让我变成自己吗？"因为大脑的工作方式和机制不会暴露自己的本性。谁能想象到在大脑的大脑皮层中会产生情感、记忆、推论呢？我们完全看不见隐藏在头骨内的大脑活动。虽然我们可以看到是手臂或腿部肌肉的运动，但是却无法确认神经元的传递及其过程。大脑是在实验上也很难观察到的器官。要想探索神经元，必须将神经元从活的状态中分离出来。另外，神经元太小，需要用光学显微镜或电子显微镜来观察，而这种技术直到进入 20 世纪才开发出来。

正如我们从前面的《漩涡中的我：从神经元到自我》中所了解到的那样，要想理解神经元的活动，必须要具备电相关的知识。18 世纪意大利的路易吉·伽尔瓦尼（Luigi Galvani，1737—1798）通过电击使青蛙的腿部肌肉活动，但却无法理解电流和神经之间的关系。因为当时人们对电一无所知。直到 20 世纪初爱因斯坦的出现，电能和光的两重原子结构才被揭示出来。英国的艾伦·霍奇金和安德鲁·赫胥黎也是在 20 世纪 50 年代才确定了神经元的电化学信号。此后，随着分子生物学的发展，突触的神经递质得以被解释。进入 20 世纪 90 年代，随着磁共振成像设备的发展，即使不分割头盖骨，也可以对大脑进行研究。但是脑科学的发展只有科学家才能共享，而普通人是无法轻易理解的。一提到心脏就会联想到泵，一提到肾脏就会联想到过滤器，但一提到大脑就联想不到其他概念。总之，脑科学还处于起步阶段，是今后需要得到大众理解的科学领域。

但今后，脑科学将对哲学和人文学产生巨大影响，理解人类的大脑具有非常重要的学术意义。举例来说，让我们思考一下在人文学中探索过的美丽和幸福、对和错是什么。一直以来，我们相信美丽和幸福、对与错是通过美学、艺术、道德而客观存在的。但是美丽、幸福、正确是真的存在的吗？换言之，这些价值是否与人类无关，独立存在于外部世界？其实并非如此。美丽、幸福、正确不是真实存在的，而是人类大脑所感受的。大脑中产生的这些价值是在感觉和认知能力进化的过程中，作为人类的本性积累下来的。但是，我们个人感受和领悟的价值并不只是主观或任意的，还是有很多人类共同感受到

的美丽、幸福和正确。

因此，脑科学从与人文科学完全不同的角度解释了道德。道德是如何出现的？丘奇兰德在哺乳类大脑进化的过程中找到了道德的起点。原来具有自私基因的生命体是以自我为中心生存和繁殖的，但是从哺乳类动物开始，就出现了为其他个体着想和关怀的价值。哺乳类动物的大脑与爬虫类不同，在战略上是为了少生子女、照顾好孩子。母亲的大脑会分泌催产素，对子女倾注爱意。以大脑由六层厚厚的大脑皮层进化而来的哺乳类动物，在成功自我牺牲地照顾子女方面，是生态界首屈一指的。这时，照顾子女的温暖之心从配偶扩大到了亲属和朋友。集体生活的社会性哺乳动物除了子女之外还有与其他人亲近并具有照顾他人的倾向。

我们是哺乳类动物，天生就拥有无法独自生存的社会性大脑。因此，和相爱的人在一起时会感到幸福；当遭受不正当的待遇时会感到愤怒而流泪。这样，人类感受到的幸福感、愤怒和悲伤的感情就成了区分对错的价值判断能力。因为关心他人的利他主义等道德直觉和价值观，已经铭刻在人类的大脑中。什么是正确和妥当的？知道这一点的是人类的大脑。如果不研究脑科学，就很难树立人类的道德价值。一直以来，哲学和伦理学都在无视人类的生物学特征进行研究，可以说这与在沙城上建造房屋是一样的。现在我们真的应该认真听取丘奇兰德的主张："道德的解释必须具有神经生物学、人类学和心理学的说服力。"

保罗·萨伽德《大脑与生活的意义》
道德直觉是天生的

PAUL THAGRD

雷德利·斯科特（Ridley Scort，1937— ）执导的影片《银翼杀手》（*Blade Runner*）是科幻影片中的经典，1982 年在美国上映时受到批评，但 1992 年重新编辑为导演版，得到了大众和评论界的好评。该电影以 2019 年未来的美国洛杉矶为背景，讲述地球被摧毁后，人类制造克隆人并将其他行星殖民化的故事。电影的名字《银翼杀手》是消灭克隆人的猎人。克隆人是像垃圾一样可以被废弃或清除的人工智能机器人。但在该片中，克隆人被刻画成比真正的人类更有人性的存在。被科学家注入记忆的克隆人产生了能够自己感受感情的能力。而且，在影片的最后场面中，提出了有关人类本身的哲学问题。

克隆人手里攥着一只鸽子在雨中死去。但是眼泪从他的眼中缓缓流下，从他的嘴里说着悲伤而美丽的话。那就是"这所有的记忆很快

就会消失，就像雨中的泪水，是时候死了……"他无力地低下了头，手里的鸽子飞走了。他意识到在死去的过程中记忆会消失，也意识到死亡的时间即将到来，也知道生命是如此有限。电影《银翼杀手》通过具有意识、知觉、记忆、感情的克隆人，询问人性是什么。这是一部让人无法相信机器会流下眼泪，并且长留人类记忆中的电影。

区分人和机器的是感情。如果洗衣机或吸尘器有感情，就会像我们一样不愿意洗衣服或打扫卫生。也许会像《银翼杀手》的克隆人一样，一边诉说清扫的疲惫，一边流泪，或者要求做比无聊的清扫更有创意的事情。这样，感情就会诱发"不想做"的价值判断以及接下来的行动。《银翼杀手》《机器管家》《A.I. 人工智能》等电影中出现了具有感情的人工智能机器人，严格来说，与其说他们是机器，不如说他们是更接近于人类的存在。

人脑的意识和思考与感受感情是同样道理的。例如，当我们想到小狗或笔记本电脑等某种动物或事物时，就知道情感是会流露出来的。没有感觉和感情就不会产生思想和意识，这是人类在进化过程中形成的。在大脑的进化中，感觉和感情是动物为了预测外部世界而做出的反应。从外部受到刺激后，每一个神经元都会产生快乐或疼痛的感觉。这种感觉和大脑特定部位的快乐、愤怒、不安、恐惧、不愉快等情绪融合在一起，就像在大脑的杏仁体中感到不快和恐惧，在下丘脑中感到不安和愤怒一样。最终，大脑通过感觉和感情识别从外部传来的信息，预测并判断下一步将如何行动。

人类的感情在探索哲学的根本问题上也起着重要作用。但是，此前柏拉图和康德等哲学家认为，比起变化无常的感情，更应该用冷静的理性来探索真理。康德在《纯粹理性批判》中认为："人类患病不是感情，而是理性。"在人类的思考领域中，人们认为理性比感情优

"这所有的记忆很快就会消失,就像雨中的泪水,是时候死了……"

电影《银翼杀手》

越,但科学家对大脑进行研究后发现并非如此。大脑中虽然有引起感情的特定部位,但是理性是没有实体的。认知科学家保罗·萨伽德(Paul Thagard, 1950—)在《大脑与生活的意义》(*The Brain and The Meaning of Life*)中,用脑科学解释了哲学问题,并强调人类大脑在了解真实情况、认识生活中的重要问题、决定如何生活的过程中,感情是非常重要的存在。如果失去感情,会发生什么事情呢?让我们听听萨伽德的说法。

> 如果你可以做一个去除自己感情的手术,你将失去很多。虽然各种痛苦的影响会大大减少,但为自己做点什么的理由也会失去大半。如果没有发现的乐趣、失败的恐惧、适当发展的满足感,即使是智力上的研究,那也将毫无用处。如果没有将概念、信任和目标的表象捆绑在价值评价的大脑情感过程,那就会失去提供关于追求什么的方针和选择权。所有事实和理论都会变得同样琐碎,行为的所有过程也会变得同样毫无意义。思考和行为将同样失去动机。就像一台没有能力关心自己是开着还是关着的电脑一样,大脑将无法决定什么是值得思考或值得行动的。[83]

大脑感受到的感情是为了做出价值判断和预测而进化而来的。有感情才能判断价值,如果没有感情的话,"你就会失去很多让你做某件事的理由"。重要的事,珍贵的事,快乐的事都会消失,世间的一切都会变得微不足道和琐碎,不管你吃这个,穿那个,还是做任何事,都将是一样的,都变成了无关紧要的事情。没有什么想知道或好奇的,追求的人生目标和意义也会消失。没有感情的人与吸尘器、洗衣机、笔记本电脑等机器没有区别。

科学通过知觉和推论告诉我们什么是真实存在的世界。在生活中，科学知识虽然很重要，但还有比这更重要的东西是感受到科学为什么重要。能体会到自己学习的知识为什么重要，是因为有感情。只有发生感情变化才能说是真正的痛苦。例如，在相爱的过程中，会感受到爱情的重要性和价值。"啊！原来爱情就是这样的啊！"当这种感情渗入人心时，我们就会发现与心爱的人在一起的这段时间比什么都珍贵。同样，学习知识也是这样的。

我们的大脑不会单独产生知觉、推论、感情、记忆，而是将这些综合在一起进行活动。大脑一般都是知道客观实在，同时又能直观感受客观实在的。了解客观实在和感受客观实在的重要性是相互关联的。换言之，大脑知道什么是知识和知识的重要性，而且这两者互相影响人类的生活。知识改变人生！也就是说，从知识中产生的感情变化会让人寻找人生的意义。

那么，人生的意义是什么呢？对于这个问题，人们通常认为人生的意义因人而异，没有正确答案，但保罗·萨伽德却认为并非如此。也就是说，我们的大脑具有感知和认识普遍、客观人生的意义。人们都说幸福是人生的意义，但幸福本身并不是生活的意义。幸福感只是达到人生目标时感受到的感情而已。比起主观的幸福，人类的大脑更希望客观地有价值的生活。"有意义的生活不仅仅是通过实现目标而获得幸福的生活，而是有追求的生活。"也就是说，人类超越了个人幸福，追求无数人能够共享的价值，即规范和道德。

这是因为我们有同样的脑神经结构。人类在身体感知和满足感方面都有基本的需求。因此，人类共享"美好生活"一类的普遍性的生活目标，并为共同的道德评价做注解。简单地说，如果满足了人类的需求，那就是正确的，如果损害了人类的需求，那就是错误的。从这

一点来看，我们人类天生就具有某种东西对了，某种东西错了的道德直觉。人类的大脑即使不学习也会有对或错的意识。看到孩子们挨饿的情景，立刻就会感到不舒服和惋惜。保罗·萨伽德对人类的道德做出了如下解释。

> 道德性的基础是人们对生活必要的客观需求，没有它，作为人的能力就会受到损害。行为会带来影响人们需求的结果。很好地满足这种需求的行为是正确的，伤害需求的行为是错误的。我们对正确感同身受，对错误却感到不满。从这一点来看，道德判断本来就是情绪化的。（……）要想在道德上进步，我们就有必要用头脑去理解他人的需求，也有必要在感情上去考虑他人。[84]

道德是出于人类生活的基本需求，像自己的需求一样，承认和照顾他人的需求就是道德。道德的进步不是那么困难，理解和担忧他人的痛苦就可以了。那么，我们怎么会担心与自己毫无关系的他人呢？在我们的大脑和神经系统中，有像镜子一样可以反射他人行为和感情的神经元（又名"镜像神经元"或"共鸣神经元"）。这是20世纪90年代意大利神经生理学家贾科莫·里佐拉蒂（Giacomo Rizzolati，1937—　）和他的同事们发现的。他们研究猴子用手握住东西的行为，在这个行为的神经传导过程中，确认了大脑皮质中的神经元有特异反应。当一只猴子握住葡萄粒所引发的神经元，在看到另一只猴子也握住葡萄粒时，就会发出同样的反应。猴子们可以通过镜像神经元了解其他猴子的行为，模仿它们的行为。磁共振成像设备等许多脑部实验证明，人类也有这种镜像神经元。[85]

人类还具有"镜面反射系统"，不仅能理解他人的行为，还能理

大脑中分布着别人做自己做过的行为时也会反应的镜像神经元。这种镜像神经元刺激负责感情的边缘系统,甚至能让人感受到别人的感情。

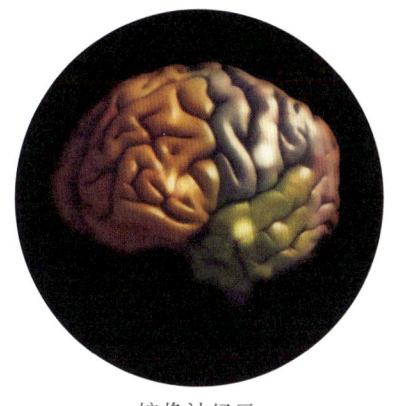

镜像神经元

边缘系统

镜像神经元和边缘系统

解他人的感情。位于脑岛叶的镜面反射组织,通过理解他人的感情来调节内心的运动反应。例如,在电视剧中,主人公笑得很灿烂,不知不觉中,看电视的自己也会跟着笑,就像镜子一样反射电视剧主人公的表情,出现同样的笑容,内心的运动反应也相同。如此,人类的大脑和神经系统不仅可以模仿他人的脸部表情、声音、身体动作,还可以理解他人的心情和感情。也就是说,在人类身上,会发生一个人的感情转移到另一个人的感情上的"感情传染"现象。这种相互连接的神经系统为我们提供了道德依据。

　　人类为什么有道德?道德直觉是什么?虽然到目前为止还不能用语言来解释道德直觉,但是通过神经科学可以找到道德的起源。人之所以有道德,并不是因为道德的逻辑,而是因为人类从生物学角度能够感受到他人的痛苦,所以才具有道德。人类用镜像神经元、脑岛

叶、杏仁体、内脏器官甚至全身都能感受到道德直觉。人类的神经系统是在群居生活的进化过程中形成的。我们的大脑从起源开始就具有社会性和道德性，所以这就是为什么它被称为"社会性的大脑"和"伦理的大脑"。我们的大脑在神经回路中积累了通过长期进化生存所需要的社会价值。当两个以上的大脑聚集在一起时，就会发生无法预测的人际关系，为了应对这种情况，大脑具备了道德直觉。因此，我们不能把大脑看作是一个单一的大脑。在一个单独的大脑中无法发现的社会价值，其实就存在于我们人类的大脑中，也就是说，我们是只有拥有正确道德才能幸福的存在。

保罗·萨伽德认为，客观道德应该在大脑科学的基础上发展。也就是说，以科学证据为基础，可以推论出适合生物学人类的道德。但迄今为止，哲学家们认为道德不可能有客观性。没有区分道德对错的绝对标准，道德是根据个人、情况、文化的不同而不同的。哲学家们异口同声地说："没有道德法则。"18世纪苏格兰哲学家大卫·休谟（David Hume，1711—1776）曾说："世界的存在方式（事实）并没有告诉我们应该如何生活（价值）。"众所周知，人类无法从事实中导出价值和义务。保罗·萨伽德认为休谟的这种想法是正确的。也就是说，没有从"这是事实"简单地跃升为"这是必须做的事情"的方法。就算如此，我们还是看看主张客观道德论的萨伽德的立场。

> 我的目标是使用以证据为基础的普通自然主义方法，开发客观的道德论，并让这种客观的道德论和大脑思维方式的特定研究结果相吻合。很多哲学家认为这是不可能有成果的课题，因为我们不能从事实中引导义务。我不是主张我做到了那种引导。因为人类都认为，从世界的经验事实出发，没有可以认定特定道德判断或一般道德判断的坚

实的演绎论证。我将朝着与大脑做出道德决定的方向，以及其他心理和社会事实相吻合的道德论前进。[86]

是的，萨伽德并不是为了从事实中得到价值。他反对把事实和价值分开，主张把事实和价值联系起来。他想说的是，科学和哲学相联系，也就是认知科学、哲学、心理学、神经科学、语言学、人类学、社会学应该相互融合，创造出对人类有意义的知识。萨伽德批评维特根斯坦"伦理学是超越性的，不依赖于事实"的断言。也就是说，道德和生命的意义应该以生物学和心理学等事实为基础，而不是在任何超越领域中寻找。虽然哲学家们从超脱的神学、先验的真理、道德的普遍语法中寻求人类的道德性，但这其实是错误的。

萨伽德注意到，在"世界是这样的事实"和"人类必须这样生活"之间存在着人类的生物学需求。所有人都有过幸福生活的欲望，包括食欲、性欲、睡欲等。世界上的重要问题并不是一开始就很重要，而是因为我们是人类才觉得重要的。脑科学可以追踪人们如何了解现实、感受情感、做出决定、有道德地行动、过有意义的生活等过程。哲学和伦理学的作用，就是科学地分析大脑中感受到的人类欲望和价值观，从而指引人类树立正确的生活方向。

如今我们人类并没有找到人类的目标。没有人知道我们要去哪里，"智人的终结"真的说得很简单。尤瓦尔·赫拉利在《人类简史》中，将连自己的欲望都无法控制的人类，刻画成悲剧叙事的主人公。据说一年有一个月时间在禅修或冥想中度过的赫拉利认为，只有消除人类的欲望，才能摆脱痛苦和烦恼。"佛祖建议我们不仅停止对外在成就的追求，也要停止对内心感觉的追求。"但根据脑科学，我们不可能摆脱感觉、感情和欲望。要想消除人类的欲望和感情，必须改变

我们是如何担心与自己毫无关系的他人的呢?

我们的大脑和神经系统有照亮他人行动和感情的像镜子一样的神经元。

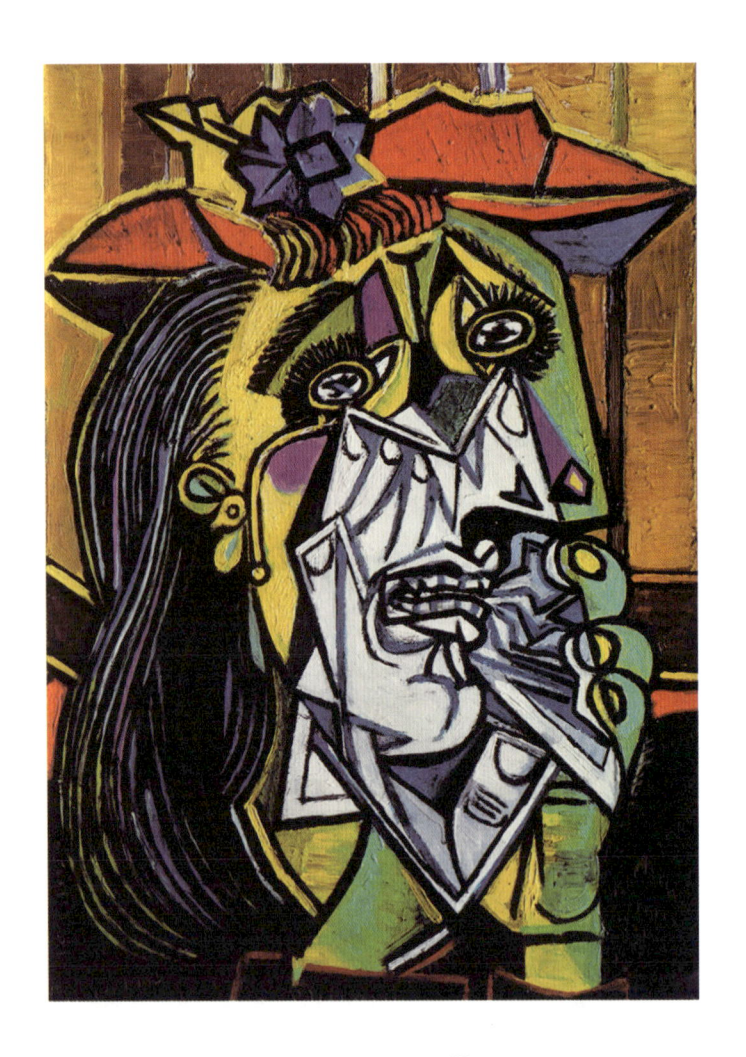

巴勃罗·毕加索的《哭泣的女人》[87]

大脑。佛教等宗教虽然向往超脱的人间社会，但这是在现实中无法实现的梦想。如果大脑都改变了，还怎么能自称为人呢？

保罗·萨伽德和帕特里夏·丘奇兰德批评宗教和哲学无视生物学上的人类存在。我们到底想要什么？人类的本性中并不只有私心和贪欲。我们的大脑中有镜像神经元，所以连别人的痛苦也会当作自己的痛苦。我们之所以能在道德上有所进步，是因为我们天生的道德直觉。此前，物理学家理查德·费曼曾说过："对于人生的意义是什么，正确的道德价值究竟是什么，我们还不知道答案。"但现在我们发现了可以找到人类目标和正确道德价值的希望。保罗·萨伽德在《大脑与生活的意义》的最后部分做出了这样的展望："大脑革命将继续揭示我们思考、感受和决定的方式，其中包括对道德行为和走上有意义生活的正确方向的洞察力。"

萨姆·哈里斯《道德景观：科学如何决定人性价值》
没有无价值的事实

"在错误的社会里，不可能有正确的生活。"这是德国哲学家、社会学家西奥多·W. 阿多诺（Theodor W. Adorno，1903 — 1969）曾说过的一句话。在韩国被称为"法兰克福学派"和"批判理论"思想家的阿多诺，经历过两次世界大战，目睹了人类的野蛮性。作为犹太知识分子，他被德国纳粹驱逐出境，在美国过着颠沛流离的生活。在此期间，他目睹了像瓦尔特·本雅明（Walter Benjamin，1892 — 1940）等犹太人同事的死亡。"在奥斯维辛集中营之后，就连写诗也是野蛮的行为。"阿多诺怀疑经历过奥斯维辛集中营生活的人类，到底做什么才能生存下去。"为什么人类没有进入真正的人类状态，而是陷入了一种新的野蛮状态呢？"1944 年他与马克斯·霍克海默（Marx Horkheimer，1895 — 1973）共同执笔的《启蒙辩证法》就是从这种问题意识出发的。

经过 17 世纪的启蒙时代和 18 世纪的产业革命后，19 世纪的历史似乎一直在向前发展。没有任何欧洲人怀疑科学技术、理性、合理性、启蒙、文明和进步。但是到了 20 世纪，欧洲文明却面临了历史性的大灾难。在 20 世纪，人类是如何走上法西斯主义和种族灭绝之路的呢？阿多诺在《启蒙辩证法》中把一直被视为欧洲发展火车头的"理性"和"启蒙"放到了批判的砧板上。原以为近代的理性和启蒙已经使欧洲人摆脱了中世纪的宗教无知和束缚，但这只是错觉。阿多诺认为启蒙不是从压迫中苏醒，而是成为压迫的锁链，并且称"启蒙的历史是退步的历史"。人类通过理性，变成了支配自然的启蒙者，而启蒙者创造的世界却变成了暴力和蛮行遍地的地方。他坚定地认为科学技术的发展已经到了毁灭人类自身的地步。

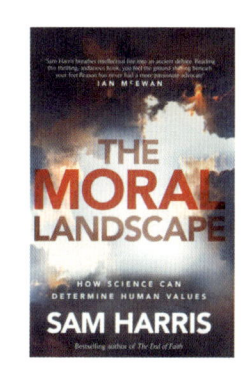

图书《道德景观：科学如何决定人性价值》

康德推崇的哲学理性和启蒙就这样在一瞬间坠落。阿多诺发现的理性是支配自然、社会和人类的工具性理性，是人类合理化自身统治的意识形态的理性。丧失了人类价值的工具性理性，被当成了自我控制和自我统治的工具应用在科学技术之上。在事实和价值、科学和哲学分离的思想下，不愿意承担任何道德责任的科学技术——工具性科学技术出现了。科学是中立的，人类用怎么利用都无所谓的态度，制造出了像核弹一样的破坏性武器，时刻威胁着人类自己的生活。

事实和价值真的可以分开吗？自 18 世纪的哲学家大卫·休谟以来，人们大都认为在哲学家和科学家之间，事实和价值的分离无疑是肯定的。从任何人都无法抗拒的原理来看，科学家们以科学技术的专

业性和纯粹性为由安于现状，人文学家和哲学家们在工具性科学技术的惨淡结果面前无能为力。但是随着近来脑科学和神经科学的发展，这一问题也有了新的发展。在保罗·萨伽德的《大脑与生活的意义》一书中，提出将事实和价值连接起来，从而探索科学和哲学相互可妥协的余地。神经科学家和哲学家萨姆·哈里斯将保罗·萨伽德的主张推进了一步。在《道德景观：科学如何决定人性价值》一书中，他认为区分事实和价值不过是我们的错觉，重点其实也很简单，即世界若无价值，科学也就不涉及价值。也就是说，即使科学是价值中立的，人类本身的存在也不是价值中立的。

我们在《漩涡中的我：从神经元到自我》中知道了人脑是具有价值指向性和目的指向性的。人类的大脑和神经系统进化成了在任何瞬间都不放过体验感觉和感情，并通过这种感觉和感情进行价值判断和预测的东西，所以才出现了"人类被关在衣橱里"的说法。从生物学角度看，我们绝不能保持价值中立和客观。也就是说，在"科学是价值中立的"这句话里，如果没有感情和价值判断，也是无法让人接受的。反而，我们人类却给"科学是价值中立的""这是客观事实"附加了巨大的积极价值。从事实中不能找到价值是符合理论的，因为人类感到正确和重要，必须相信这是事实，才能进行价值判断，就像我们相信万有引力定律是科学事实的理由一样。像这样，只有信任和价值判断同时存在，人类才可能去"了解"些什么。

那么，人类的大脑是如何接受事实和价值的呢？"地球在转动"或"生命有尊严"等这样的真理，其实都是接受了其价值的"真"，信任才起到作用的。为了理解大脑的这种机制，萨姆·哈里斯试图在大脑中进行找寻信任的实验。利用磁共振成像装置扫描大脑，调查大脑对信任、不信任和不确定性的反应。结果，在我们的大脑中无法找到单独管理信任的区域。如果考虑到人类大脑广泛相互连接的事实，这样的结果是理所当然的。但是萨姆·哈里斯通过实验确认了人类大脑的内侧前额叶皮质最活跃，并推论出人类的大脑机能在处理事实和价值的方式上其实没有差异。

> 内侧前额叶皮质在与信任关联的这一问题上，暗示了两者在信任和情感/补偿的纯粹认知方面，存在着解剖学上的关联性。甚至在情感上判断中立命题的真伪时，这两者也会涉及与支配积极情感和消极情感的脑边缘系统。实际上，数学信任（2+6+8=16）与伦理信任（最好告诉孩子们你爱他们的事实）有着类似的模式，这两种信任是我们在实验中使用的最对立的刺激。这一事实启示我们，无论命题的内容如何，信仰的生理学都将是相同的。另外，事实和价值的区别，在基本的脑机能方面也没有太大的意义。[88]

人类的大脑在事实和价值两个领域都有一个判断真假的系统，也就是说，人类的大脑不区分事实和价值。例如，大脑其实并不是像亚里士多德所说的"A 是 B，B 是 C，所以 A 是 C"的三段论那样，按照逻辑性、阶段性、顺序运作。人类感知和推论的过程是数百万神经元同时进行并行（parallel）处理的过程。我们总是将哲学上的重要问题——世界是什么（事实）和我们应该如何生活（价值）相互联系起来思考。也就是说，人类在事实和价值之间，总是以信任和感情为媒介，以事实为基础做出价值判断。道德判断和事实推论其实都是感情价值判断的过程。

萨姆·哈里斯说，科学家们在发现科学事实时，也非常依赖于对事实的信任。"科学的合理性并不来自谨慎地进行价值判断的科学家。

科学的合理性得益于科学家们通过一系列可靠的证据和主张,将信任和事实联系起来,并尽全力去证明。"科学家们在研究室和实验室以证据和论证为基础做出正确的价值判断。"人类对这个世界的理解,其实没有什么是不值得的。"

现在,事实和价值的二分法已经失去了意义。在承认人类是价值取向的生物体时,就不能说人类所研究的科学技术是价值中立的。那么,如何发展和运用科学技术呢?为了防止科学技术被用作工具,有必要寻找出科学技术的正确发展方向。这是一个关于科学技术的哲学和伦理的问题,最终也是关于人类道德的问题。如何正确地运用科学技术?区分对错的标准是什么?对此,萨姆·哈里斯认为脑科学可以回答这个道德问题。不仅可以对科学技术的发展方向,还可以为人类生活中发生的所有道德问题给出明确的答案。

萨姆·哈里斯的想法与主张客观道德的保罗·萨伽德相似。就像保罗·萨伽德从人类的基本需求中寻找客观道德的根据一样,萨姆·哈里斯也将"有意识存在的安宁和幸福"作为道德的标准。满足人类基本需求是正确的,也是道德的。从通过脑科学可以解释人类大脑的欲望和价值上来看,萨姆·哈里斯认为"价值是特定的事实"。善恶和幸福是自然现象,科学完全可以对此进行解释。也就是说,人类可以按照自己的基本需求为标准,区分对错,也就是说"道德问题就像物理问题一样,都有正确和错误的答案"。

通过萨姆·哈里斯的 TED 演讲,就很容易理解他的想法。在演讲现场,他展示了分别对应"好生活"和"坏生活"的两张照片。一张是抱着在战场上死去的孩子哭喊的妈妈的照片,另一张是在海边和孩子一起开心地笑着的妈妈的照片。在这两者中,我们想要什么样的人生?当然是和平幸福的生活。由此可见,道德具有人类安宁和幸福的普遍标准。此书在韩国被翻译成《神绝对无法回答的几个问题》，但原名为《道德景观：科学如何决定人性价值》（*The Moral Landscape*）。如下页图所示，萨姆·哈里斯所说的"道德风景"是山峰和溪谷延伸的地方。[89] 高山代表幸福，深谷代表痛苦。无数的山峰说明了美好的生活方式不止一种。也就是说，以各国和民族、人种、文化的差异为基础，可以实现均衡、和谐的道德进步。

为什么神经科学家如此关注道德的进步？科学技术的发展重要，还是道德的进步重要？从当今世界上发生的宗教战争、恐怖袭击、核扩散、能源枯竭、气候变化、贫困等问题就可以看出这一点。这些问题不是科学技术的发展所能解决的。萨姆·哈里斯说："改变人们的伦理信仰是人类在 21 世纪面临的最重要的课题。"只有让什么是对、什么是错的道德问题得到解决，世界问题方能得到解决。对此，萨姆·哈里斯提出的解决方案非常简单明了，即我们要以事实为根据，相信事实。不要被宗教、习惯、文化、传统、哲学所束缚，应该在科学上寻找新的突破口。接下来，让我们看看他对我们人类目前存在问题的批判。

> 这本书希望的是，随着科学的发展，人类可以甄别出把科学应用在人类存在的最迫切问题上的方法。几乎一个世纪以来，科学的道德相对主义以宗教作为无知和狭隘的最大引擎，变成了道德智慧的唯一普适性基础。结果是，尽管地球上最强大的社会应该把更多的重点放在核扩散、集体屠杀、能源安全、气候变化、贫困以及失败的学校教育等问题上，但宗教界却愿意花更多的时间在同性恋婚姻等问题上。[90]

世界正处在绝望的情况下，我们却一直在争论着对与错！《神绝

高山代表幸福,深谷代表痛苦。
无数的山峰说明了美好的生活方式不止一种。

萨姆·哈里斯所说的"道德风景"是山峰和溪谷延伸的地方

对无法回答的几个问题》是体现萨姆·哈里斯问题意识的书。就像原名《道德景观：科学如何决定人性价值》一样，通过"科学可以回答道德问题"的挑衅性想法，让人想到对错问题和道德的重要性。人们担心科学是否会觊觎宗教或道德的领域，但如果回顾我们的生活，就能知道科学家们为什么会提出这样的主张。脑科学家为什么要科学地理解人类的幸福和痛苦？从大脑角度来研究人类感受到的基本需求和价值，对改变世界究竟有什么助力呢？

让我们以德国纳粹为例。纳粹在奥斯维辛集中营折磨并屠杀犹太人，当他们回到家，就变成了一个慈爱的父亲。一个人怎么能出现如此分裂的一面呢？我们根本无法理解，但有一点是明确的，事实是他们并没有把在毒气室里死去的犹太人看作道德上的关注对象。纳粹也有深爱的父母、妻子、子女、朋友，也有向往安宁和幸福的人们的共同体。对他们来说纳粹是无限慈祥的人，而对犹太人来说是无情和残酷的，让人无法用语言来表达的。人类就是这样能够改变自己的面貌，对脱离自己利益之外的一切都很残忍的动物。归根结底，人类的道德仅限于与自己有相同感受的人。

我们从道德上对待某个人时，就等于关心他们的幸福和痛苦。如果要想适用"己所不欲，勿施于人"的黄金法则，就要关心他人的幸福和痛苦。康德在《实践理性批判》中所说的道德方针也是如此。他说："人应该要把与自己不同的理性存在者，经常当作目的本身看待，而不只是单纯地当作手段。"要想达到对待别人的目的，就要感受和理解他们的痛苦和幸福。像这样，对于人类来说，希望别人幸福的心、"爱"比任何道德方针都重要。

今天，我们从新闻中看到或听到世界上许多受苦受难者的消息。自杀式炸弹恐怖袭击的牺牲者、孟加拉国和海地的贫困劳动者、非洲饥

饿和患病的孩子、冒着生命危险乘小艇逃离战争的难民、被竞争和非人类式的教育现实逼得走投无路的韩国青少年等。每当听到这样的消息，我就会想起阿多诺的话："在错误的社会里不可能有正确的生活。"在错误的社会、不正确的生活、饱受痛苦的人们的包围下，我们却漠不关心地生活着。这是因为世界的痛苦不会成为我的问题。然而现实是，即使人类的命运掌握在自己的手中，但也还是没有人愿意承担责任。但是，如果我们改变想法，更加关注他人的痛苦，让自己努力过上正确的生活，扩大道德共同体，世界就会成为更适合生活的好地方。

因此，这就是萨姆·哈里斯和保罗·萨伽德等大脑科学家，试图通过科学的方式理解人类的心理的原因。今后，我们可能将在某一天，能够从大脑的角度理解人类的幸福和道德判断。通过这种方式研究人类多样的感情和行为模式，就可以找到抑制人类内心的消极部分，激活积极部分的科学方法。例如，开发传播同理心和同情心等肯定性社会情绪的项目，或更适合的对话方法等。此外，还可以期待符合人类基本需求的社会制度、教育方式、经济体制的革新。这样我们就可以从理解自己的情绪开始，去改变世界。

人类是以事实为基础来进行判断价值的！事实上，所有价值判断的领域都与科学事实相连。这是迄今为止我在阅读有关宇宙、人类、心灵的科学书籍后得出的"科学洞察"。因为痛苦（事实）和判断（价值）有机地联系在一起，所以人类应该根据科学事实，做出正确的价值判断。如果问为什么要学习科学，为什么要将科学和人文学融合在一起，就没有比这更好的回答了。在我们的生活中，重要的是科学事实和正确的价值判断。我们越学习科学，就越能触碰到什么是人类这一惊人问题的真相，就像人类知道"爱"是多么珍贵的感情一样。科学是一切关心如何生活和正确生活的人类必须知道的宝贵知识。

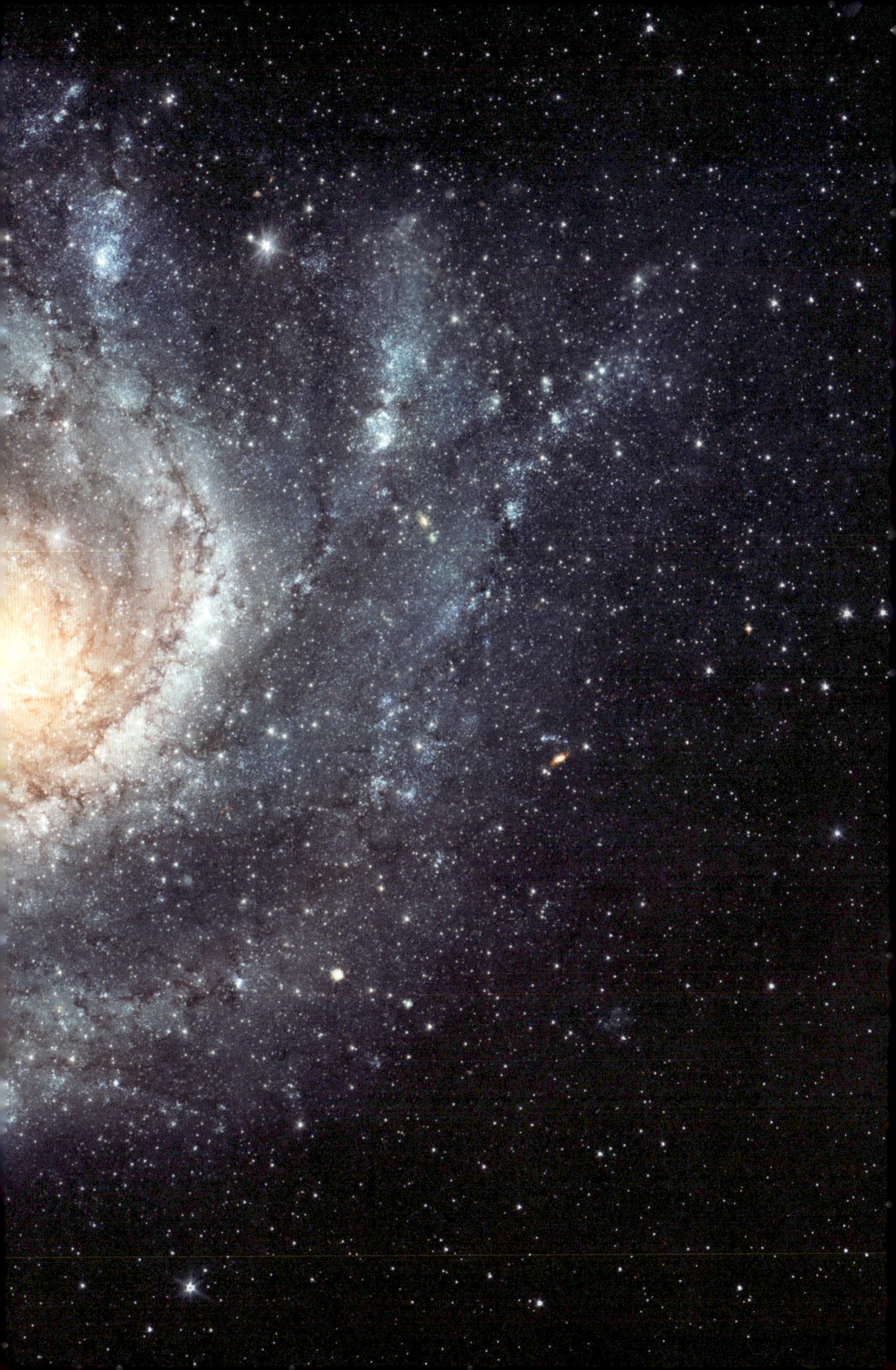

参考文献

1. 최인훈 지음 ,『바다의 편지』, 삼인 , 2012, 490~491 쪽 .
2. 롤랑 바르트 지음 , 김진영 옮김 ,『애도일기』, 이순 , 2012, 48~49 쪽 , 103 쪽 , 119 쪽 , 245 쪽 .
3. *The Human Story*, Natural History Museum, London, 2007, 66 쪽 .
4. 로저 르윈 , 리차드 리키 공저 , 김광억 옮김 ,『오리진』, 학원사 , 1983, 12 쪽 .
5. 도널드 조핸슨 지음 , 진주현 해제 , 이충호 옮김 ,『루시 , 최초의 인류』, 김영사 , 2011, 37~38 쪽 .
6. 같은 책 , 83 쪽 .
7. *The Human Story*, Natural History Museum, London, 2007, 27 쪽 .
8. 도널드 조핸슨 지음 , 위의 책 , 107 쪽 .
9. 칩 월터 지음 , 이시은 옮김 ,『사람의 아버지』, 어마어마 , 2014, 19~20 쪽 .
10. 같은 책 , 47~48 쪽 .
11. 스티븐 미슨 지음 , 윤소영 옮김 ,『마음의 역사』, 영림카디널 , 2001, 14 쪽 .
12. 스티븐 미슨 지음 , 김명주 옮김 ,『노래하는 네안데르탈인』, 뿌리와이파리 , 2008, 178~355 쪽 .
13. 같은 책 , 319~320 쪽 .
14. *The Human Story*, Natural History Museum, London, 2007, 99 쪽 .
15. 재레드 다이아몬드 지음 , 김진준 옮김 ,『총 , 균 , 쇠』, 문학사상사 , 2006, 23 쪽 .
16. 같은 책 , 160 쪽 .

17. 같은 책, 37 쪽.

18. 재레드 다이아몬드 지음, 강주헌 옮김,『문명의 붕괴』, 김영사, 2005, 705 쪽.

19. 같은 책, 717 쪽.

20. 같은 책, 708 쪽.

21. 같은 책, 709~710 쪽.

22. 카렌 암스트롱 지음, 정영목 옮김,『축의 시대』, 교양인, 2010, 6 쪽.

23. 강상중 지음, 송태욱 옮김,『살아야 하는 이유』, 사계절, 2012, 142 쪽.

24. 재레드 다이아몬드 지음, 강주헌 옮김,『어제까지의 세계』, 김영사, 2013, 521 쪽.

25. 로빈 애리앤로드 지음, 김승욱 옮김,『물리의 언어로 세상을 읽다』, 해냄, 2011, 16 쪽.

26. 아리스토텔레스 지음, 한석환 옮김,『형이상학』, 지만지 (지식을 만드는 지식), 2011, 142~143 쪽.

27. 같은 책, 29 쪽.

28. 존 랭곤 지음, 정영목 옮김,『내셔널지오그래픽의 과학, 우주에서 마음까지』, 지호, 2008, 52 쪽.

29. Isaac Newton, Translated by I. Bernard Cohen and Anne Whitman, *The Principia: Mathematical Principles of Natural Philosophy,* University of California Press, 1999, p. 944.

30. 임마누엘 칸트 지음, 백종현 옮김,『순수이성비판 1』, 아카넷, 2006, 182 쪽.

31. *The Philosophy Book*, DK, 2011, 170 쪽.

32. 같은 책, 250 쪽.

33. 루트비히 비트겐슈타인 지음, 이영철 옮김,『논리 - 철학 논고』, 책세상, 2006, 112~115 쪽.

34. 이탈로 칼비노 지음, 이현경 옮김,『우주만화』, 민음사, 2014, 22 쪽.

35. 같은 책, 24 쪽.

36. 같은 책, 22~24 쪽.

37. 리처드 파인만 강연, 정무광·정재승 옮김,『파인만의 과학이란 무엇인

가?』, 승산, 2008, 53쪽.

38. 줄리언 반스 지음, 최세희 옮김,『사랑은 그렇게 끝나지 않는다』, 다산책방, 2014, 47~48쪽.

39. 갈릴레오 갈릴레이 지음, 앨버트 반 헬덴 역해, 장현영 옮김,『갈릴레오가 들려주는 별 이야기—시데레우스 눈치우스』, 승산, 2004, 73쪽, 75쪽.

40. 같은 책, 171~172쪽.

41. 마트 스트랜드 지음, 박상미 옮김,『빈방의 빛』, 한길아트, 2007, 101쪽.

42. 존 캐리 편저, 이광렬 외 옮김,『지식의 원전』, 바다출판사, 2007, 77~78쪽.

43. 같은 책, 78쪽.

44. EBS 다큐프라임 <빛의 물리학> 제작팀 지음,『빛의 물리학』, 해나무, 2014, 49쪽.

45. 에른스트 피셔 지음, 김재영 옮김,『또 다른 교양』, 이레, 2006, 530쪽.

46. 칼 세이건 지음, 홍승수 옮김,『코스모스』, 사이언스북스, 2004, 314쪽.

47. 같은 책, 556쪽.

48. 스티븐 호킹 지음, 전대호 옮김,『나, 스티븐 호킹의 역사』, 까치, 2013, 82~83쪽.

49. 같은 책, 121쪽.

50. 스티븐 호킹 지음, 김동광 옮김,『호두껍질 속의 우주』, 까치, 2001, 74~75쪽.

51. 스티븐 호킹, 레오나르드 믈로디노프 지음, 전대호 옮김,『위대한 설계』, 까치, 2010, 9쪽.

52. 같은 책, 184쪽.

53. 조지 오웰 지음, 이한중 옮김,「교수형」,『나는 왜 쓰는가』, 한겨레출판, 2010, 26쪽.

54. 에이드리언 데스먼드・제임스 무어 지음, 김명주 옮김,『다윈 평전』, 뿌리와이파리, 2009, 452쪽.

55. 같은 책, 459쪽.

56. 에른스트 마이어 지음, 임지원 옮김,『진화란 무엇인가』, 사이언스북스, 2008, 158쪽.

57. 리처드 도킨스 지음, 이한음 옮김, 『조상 이야기』, 까치, 2011, 120쪽.

58. 찰스 다윈 지음, 권혜련 외 옮김, 『찰스 다윈의 비글호 항해기』, 샘터, 2006, 674쪽.

59. 같은 책, 675~676쪽.

60. 찰스 다윈 지음, 이한중 옮김, 『나의 삶은 서서히 진화해왔다』, 갈라파고스, 2003, 319~320쪽.

61. 찰스 다윈 지음, 김관선 옮김, 『인간의 유래 1』, 한길사, 2006, 51쪽.

62. 같은 책, 204쪽.

63. 찰스 다윈 지음, 김홍표 옮김, 『인간과 동물의 감정 표현』, 지식을 만드는 지식, 2014, 114쪽, 127쪽, 345쪽 ; EBS, 『감각의 제국』, 생각의 길, 2016, 218쪽.

64. 빌 브라이슨 편집, 이덕환 옮김, 『거인들의 생각과 힘』, 까치, 2010, 233쪽 ; 존 랭곤 지음, 정영목 옮김, 위의 책, 342쪽.

65. 매트 리들리 지음, 김명남 옮김, 『프랜시스 크릭』, 을유문화사, 2011, 112~113쪽.

66. 리처드 도킨스 지음, 홍영남 옮김, 『이기적 유전자』, 을유문화사, 2002, 48쪽.

67. 리처드 도킨스 지음, 이용철 옮김, 『에덴의 강』, 사이언스북스, 2005, 214~215쪽.

68. Daniel C. Dennett, *Darwin's Dangerous Idea*, Simon & Schuster, 1996, p. 330.

69. 도정일, 최재천 지음, 『대담』, 휴머니스트, 2005, 132~133쪽.

70. 유발 하라리 지음, 조현욱 옮김, 『사피엔스』, 김영사, 2015, 342쪽.

71. 같은 책, 588쪽.

72. 움베르토 에코 지음, 이현경 옮김, 『미의 역사』, 열린책들, 2005, 391쪽.

73. 프리모 레비 지음, 이현경 옮김, 『이것이 인간인가』, 돌베개, 2011, 216쪽.

74. 같은 책, 57~58쪽.

75. 이주헌 지음, 『지식의 미술관』, 아트북스, 2010, 21쪽.

76. 박문호 지음, 『뇌, 생각의 출현』, 휴머니스트, 2009, 377쪽.

77. 로돌포 R. 이나스 지음, 김미선 옮김, 『꿈꾸는 기계의 진화』, 북센스,

2007, 147~148쪽.

78. 같은 책, 375쪽.

79. 프랜시스 크릭 지음, 김동광 옮김,『놀라운 가설』, 궁리, 2015, 19쪽.

80. 같은 책, 35쪽.

81. 박문호 지음, 위의 책, 194쪽.

82. 패트리샤 처칠랜드 지음, 박제윤 옮김,『신경 건드려보기』, 철학과현실사, 2014, 27쪽.

83. 폴 새가드 지음, 김미선 옮김,『뇌와 삶의 의미』, 필로소픽, 2011, 184쪽.

84. 같은 책, 323~325쪽.

85. EBS,『감각의 제국』, 생각의길, 2016, 203쪽.

86. 폴 새가드 지음, 위의 책, 289쪽.

87. 전원경 지음,『런던 미술관 산책』, 시공아트, 2011, 368쪽.

88. 샘 해리스 지음, 강명신 옮김,『신이 절대로 답할 수 없는 몇 가지』, 시공사, 2013, 226~227쪽.

89. 샘 해리스의 TED 강연 중 <도덕의 풍경>.

90. 샘 해리스 지음, 위의 책, 372쪽.

后 记
在韩国"记录科学"

如果用一句话来概括本书，那就是事实和价值是相互关联的！当我第一次在脑科学书籍上领悟到这一点的时候，我真的很高兴。因为我认为终于可以摆脱以客观性、普遍性、价值中立性为名的科学主义了。科学虽然因客观、价值中立而受到称赞，但也因此被用作工具。我们充分利用科学和技术后，然后指责科学和技术是个问题。在《人类简史》中，人们被称为"成为神的动物"，这是讽刺曾是"不重要的动物"的智人，多亏科学技术的发展，人类达到了"神"的地位。在我们意识到自己是"成为神的动物"之前，虽然存在人工智能和基因工程等让人产生警戒心的科学技术，但也有不容忽视的一点，就是人类是动物的多元进化论的结果。科学在成为工具之前，是用来解释现实世界"痛苦"的。我们以这样的科学事实为基础进行价值判断，从这一点来看，事实和价值是有联系的。因此，我们在了解和利用科学技术的过程中，无法逃避任何道德责任。

卡尔·萨根的《宇宙》和贾雷德·戴蒙德的《崩溃》既是科学书，又是人文学书。这些书不仅讲述了"世界是什么"的科学事实，还讲述了"我们应该如何生活"。在说明科学概念和内容的同时，为知识的价值、科学技术的方向性、正确的社会、生活的意义给出了答案。这些科学作家是为了改变错误的社会，创造更美好的世界，正在进行政治性和社会性写作的作家。我感到遗憾的是，这些书被分类为科学书，只被有限的读者阅读。我认为在韩国，"科学技术的教育"应该从改变对科学和科学书籍的认识开始。阅读科学书籍与阅读其他人文学书籍一样，主要目的是回顾我们生活的社会和我们自己的生活。但让人感到怀疑的是，我们的学校倡导的科学书籍中是否传达了这样的意义。

我们经常从韩国新闻中看到高中生和大学生退学的消息。他们辍学的原因是，在学校不能学习他们自己喜欢的内容。庆尚南道晋州市的一名辍学的女高中生曾说："我想学习我是谁、为什么生活，但在学校却没有教过我这些。"不得不说，这就是韩国教育悲哀的现实。每次去高中演讲的时候，我都努力帮助学生开辟一条通过科学了解我们自己和世界的道路。演讲结束后和学生们沟通时，有时会听到这样真实的故事。"我们国家好像没有多少好的大人，但是这次演讲给我带来了很大的鼓舞。"在回家的路上，年轻学生们的眼睛浮现在我眼前，让我五味杂陈。本书就是为那些给我的生活带来刺激和灵感的他们而写。我相信，阅读科学书籍可以牢牢地抓住为生活疲于奔波的人们的心。

在这里，我之所以公开在韩国高丽大学研究生院学生们的部分课程，是因为这真的是一个展示关于"任何人都能洞察科学的方法"的最好事例。也就是说，科学洞察并不是什么了不起的事情，而是来自我们生活中微小的变化。虽是研究生课程，但希望读者不要误以为会涉及学术上比较难的内容。笔者和9名研究生一起阅读了本书中出现的科学书籍，授课方式为讲课、主题发表、讨论、写随笔，然后组织读书、提问、自由讨论，随笔的课题也是让学生们选择自己喜欢的主题。上课第一天，我问学生们："最近自己人生中最苦恼的问题是什么？"这是因为对任何人来说生活问题都是最重要的问题，也是出于知识应该对生活有所帮助的想法而提出的问题。但是，学生们对这种授课方式感到非常惊讶。

第一堂课对我来说有一些惊讶，甚至让我觉得课堂的进行方式多少有些破格。老师竟然让我在初次见面的人面前说出我人生的苦恼。在"科学课题研究"这门课中，我理所当然地认为应该会学习科学史、科学哲学等统称为"科学"的基础学问，但实际的授课方式超乎了我的预想，我陷入了混乱。因为与我想不断积累学术力量，想尽快登上更高位置的欲望不同，这是一门提出"为什么"问题的课程。我开始思考到底是要听这门课，还是应该去听星期四的统计课程。

在学期过半的今天，我毫不后悔选择了这门课。我反而觉得自己在课堂上得到了很多帮助。在研究从人类起源到哲学出现的过程中，我对为什么要学习科学以及对自我的认知有了更进一步的想法。（南京民）

在上这门课前，对我来说最大的问题是以后的求职问题。上课第一天，迟到30多分钟的我一坐下来，教授就问最近我人生中最大的问题是什么。通常情况下，我会隐瞒或拐弯抹角地说出来。但是当时我因为迟到没来得及去编，便坦率地回答："现在我最大的问题是今后的求职问题。"（……）"科学课题研究"课程结束后，如果问学期初的问题解决了没有，答案是"没有"。但是在这过程中，我通过对人类的理解，进一步了解了自己，获得了慰藉和面对今后人生的勇气。（李允河）

在开课第一天，我和学生们就个人生活问题谈了很多。学生们在硕博学位、职场生活、家庭关系、就业、结婚、恋爱等方面有很多苦恼。他们就像其他韩国二三十岁的年轻人一样过着忙碌而辛苦的生活，有人疑惑读科学书会对自己的人生带来什么意义。但是授课后，学生们都是自己提问，以自己的方式读书。（"你是否曾将科学的意义、通过科学对'自己'的理解乃至人生价值联系起来的本质性问题到底是什么呢。"）我相信只是没有机会而已，只要做好铺垫，任何人都会以开放包容的心态读书。

有些学生读了保罗·萨伽德的《大脑与生活的意义》，认识到了感情的重要性，从而摆脱了就业的不安感，并在斯蒂芬·霍金《大设计》中重新找回了学习物理学的方向感。曾是科学课教师的一名研究生学生用批判性的眼光审视了当下的科学教育，思考了作为教师应该如何做的事情；而读了卡尔·萨根的《宇宙》的学生，学会了从宇宙的观点理解自己的存在；读了贾雷德·戴蒙德《崩溃》的学生，意识到了我们对世界是多么的冷漠；而且，也有学生通过"事实和价值相联系"的哲学观点，反省自己的人生和行为。

走向更美好的世界意味着什么？随着技术的发展，人类对有效、便利、安全的生活进行了研究。但是，在地球的另一边，人们也面对着与生存直接相关的紧急问题（资源枯竭、环境破坏、核战争、贫困、战争、饥荒等)。为什么科学技术不能解决这些问题？在贾雷德·戴蒙德的《崩溃》中，世界是不平等的，是不可持续的。虽然不平等，且又是不可持续，所以我们有义务守护好地球。但我们人类却没有认识到这一点，也毫不关心，只是埋头于其他琐碎的问题。(金在思)

这是一门让我明白为什么要从学习古典力学(Classical Mechanics)，转到学习现代物理学(Modern physics)，为什么还要学习量子力学(Quantum physics)的课程。科学并不是单纯地追求数学的意义和物理现象，而是追求知识。从道德观点、哲学观点、疾病观点以及人生观点出发，这给了我思考和为什么思考的机会。(金振夏)

如果想把科学定义为以学生或大众为对象的普遍概念，就应该包括宇宙的诞生、物质的进化、生命的进化以及心灵(精神)的进化等大命题，以及这些命题之间的互相关系。换言之，我认为科学教育的本质不应该像盲人摸象一样，给人类提供细枝末节和分段式的经验，而是应该培养人类看待事物的综合能力。(金英美)

我最近几天望着夜空中的星星，一直在想"我是谁？从哪里来？"就像卡尔·萨根《宇宙》中描述的那样，在过去、现在、未来宇宙广阔的时空中，我是比尘埃还小的存在。

太空由1000多亿个银河系组成。作为生活在银河系中2000亿颗恒星之一的太阳行星"暗淡蓝点——地球"上的我们，宇宙到底是怎样诞生的呢？从宇宙学的观点来看，我们人类只是偶然诞生的行星中无机物化学结合而产生的微小有机物偶然间获得遗传因子的一种存

在。在这刹那，我的大脑感受着因神经元的电磁刺激而产生的身体颤抖，并再次以科学的知识重新审视我的存在。（徐允乔）

如果知道了事实，就会影响价值。事实和价值之间存在着一种信念，而信念是由大脑的高级功能构成的。但在大脑中，信念并没有被划分为事实和价值，而是被传递给了行动。另外，因为相信知识是真理具有客观实在性，所以正确分辨方向性才有意义。我想通过知识来相信，并以这种信念为基础，以正确的方向行动，好好地度过人生（不是展示出来的）中的一小部分。（全美贤）

学生们在一本科学书籍中发现了"我的故事""我开始思考自己""我对自己有了更深的了解"，这可以说是读书后最重要的收获。在互相分享自己真实故事的过程中，就能诞生"我们的故事"。讨论期间，也涉及很多与科学书内容无关的话题，如韩国庆州核废料处理场和行政管理人员的纸上谈兵，科学教育现场进行的论述教育，在研究所进行的技术选定过程，理工科大学生的前途和就业，科学馆的展示和运营项目，科学、人文学科的跨学科研究项目等，另外也对韩国社会的科技进行了深刻的反省。

人类怎样才能使科学成为"自己的故事"而不是"别人的故事"呢？虽然人类至今仍无法改变对科学既陌生又无处不在的感觉，但我希望能通过鼓励大家阅读科学书籍，让科学更接近我们的生活。我认为《一本书读懂25部科学名著》中介绍的25部著作是科学和我们之间的桥梁。面对新的科学真理，我们有时也会感到困惑，就像走垫脚石桥时会失去重心而摇摇晃晃一样。但是，如果走到遥远的宇宙尽头，扒开人类大脑的神经元，就会感受到人类内心的坚强和解放感。

带着激动的心情阅读科学书籍，我们与科学的距离就会逐渐缩短，而且在不知不觉中观察世界的视角也会扩大，对生活的理解也会提高。其实现代社会最迫切的是需要人类对科学技术进行哲学、伦理性上的思考。最后，我相信如果将我们阅读科学书籍后的感想聚集在一起，就会形成"我们的故事"，这也将成为改变我们社会的基础。

著者简介

丁仁京（1963— ），女，博士，韩国科学史学者，科学史作家，韩国高丽大学科学技术学研究所教授。出版著作有《牛顿的无情世界》《胖乎乎的科学书籍一》《胖乎乎的科学书籍二》和韩国高中教材《科学史》等。学科背景横跨文理科，主张科学事实和人文价值观是相互关联、相互影响的。

译者简介

雷挺，男，陕西合阳人。文学博士，副教授，毕业于韩国高丽大学（Korea University），现就职于西安外事学院。主要从事中韩古典文学比较研究、中韩翻译研究、韩国语教学研究等。